清水正之・鶴岡賀雄・桑原直己・釘宮明美 編

生きる意味

——キリスト教への問いかけ

オリエンス宗教研究所

目次

III　生への問い

IV　人生に意味を与える道としての霊性

序章　「生きる意味への問いかけ」がなされる場をめぐって

鶴岡賀雄

1　「問いかけ」の場

「生きる意味」とは何か――。まことに真っ直ぐな問いである。しかし、この問いが表だって問われることは稀である。問われていないわけではないだろう。多くの人は、思春期の頃からこの問いを抱き始め、折に触れて自問し、それなりの「答え」を得て、あるいは曖昧なままにして、日々を生きているだろう。私自身も同様である。問いの重大さにもかかわらず、それとして問われることが稀なこの問いは、どういう問いなのだろうか。どんな答えが期待され、予感されているのか。そのこと自体がよく見えないような問いだから、つまりうまく問えないから、表立って問われないまま、やりすごされているのかもしれない。しかしそれでも、問いは、わたしたちの生きている足下にいつも伏在している。だから、さまざまな折りに露呈する。この、問うこと自体が難しい問いを問おうとするときの、――つまりは本書の企図自体の――問いが問われる場所の構図について、編者の一人として、本書冒頭にいくつかの私感を記しておきたい。

近年では、東日本大震災は、日本列島に住む多くの者たちにとって、そうした問いを喚起する最たる出来事の一つだった。本論集はそこから始まっている。オリエンス・セミナーでは、これに関連する講演を多くの方々にお願いした。被災の甚大さ、深刻さに、私たちのセミナーも震撼させられたからである。その後六年余を経て、被災地は「復興」に向けて、緩やかではあるにせよ着実に歩みつつあるだろう。この震災が、人知の及びがたく抗しがたい巨大な「自然災害」、としては済まされないものとなった最大の原因である原子力発電所事故も、僅かずつとはいえ、「最終処理」に向けての努力がたゆまず重ねられているのだろう。それにともなって、震災や原発事故を巡る言論は少なくなってきている。しかしそれは、この出来事群を「風化させる」ことではないはずだ。そこから発しつつ、そこで露わとなった多くの問いを引き受けながら、本書は編まれた。

とはいえ、大震災自体が本書のテーマなのではない。そこで、露呈した、「生きる意味」への愚直な問いを、あらためて問うことが目的である。ただ、その際、問いの真率さを見失わないために、震災の突きつけた震撼の場面に、不断に立ち戻ることは大切だろう。そこに立ち戻りつつ、そこで露呈した問いを問い続けることが、いわゆる復興の進捗如何にかかわらず、「風化させない」、ということである。これは、したがって、大震災だけのことではない。その数十年前に起こった大戦災も、近年の風潮にもかかわらず、なお「風化」されえないはずである。

だから、原発の是非を論ずるにしても、本書の論考はこれをエネルギー政策論として論ずるものでは、本質的にはない。たしかに、日本カトリック司教団をはじめ、原発への批判は宗教界に強い。それはなぜなのか。いわゆる原発推進派の人々が、宗教こそが問い続けている、「生きる意味」の問いを、問おうとしていないように見えるからである。「推進」したがる人々の足下にも露呈しているはずのこの問いにとりあえず目を塞いで、自身の置かれた社会的地位などからする思考と主張の枠内に自粛・自縮し続けているようにも見える。そしてその枠を越えそうな問いかけについては、概していえば、「国益」といったきわめて曖昧な、かつ射程のごく短い「益」に吸収させたところで思考停止させているようにさえ思える。邪推がすぎるだろうか。

大震災を起点とする「問いかけ」の構図についてもう一言、加えておきたい。震災の衝撃はいくつもの方向に及んでいくが、何よりもそこで大量の人が「無意味に」死んだことが決定的である。それが悲惨なのは、しかし、「量」の問題ではない。人が死ぬことは、つねに大量に起こっている当たり前のことだし、不慮の死、理不尽な悲惨な死も、統計的に見れば数多いことだろう。ひとりの人の死という、何か絶対的な出来事は、それが大量死の中の死であるか否かに関わらない、それぞれに個別の、「そのたびごとにただ一つ」の、「かけがえのない」何かであるだろう。この、人の死の絶対的個別性の次元を、「生きる意味」を問うときに、視界から外すことはできない。この「絶対的な」何かが、にもかかわらず大量にあるということ、「絶対」が無数にあるといういささか理解しがたいこと、これが、人間が生きている世界の根本のあり方である。「大量死」は、この絶対的個別性の次元の謎について、否応なく拡大してすべての人の眼前に突きつけてくるところがある。

しかしまた、大震災から発する問いかけは、人間の死という普遍的問題、「メメント・モリ」「生死事大・無常迅速」を指し示すだけではない。大震災は、予測不能、制御不能、「想定外」の自然の威力、猛威を知らしめた出来事、というだけではない。大地震自体は、地球物理や地質学の言葉で記述されうる事象として生起した。しかしその中で発生した惨害には、多く「人災」としての側面があり、とりわけ原子力発電所の事故は、その面を深刻に露呈せしめた。だから、大震災を起点として「生きる意味」を問い直すときには、この問いが問われるべき地平を覆ってしまっているかに見える私たちの「社会」のありよう自体を、根本的に見直すことも求められてくる。本書の重要な部分はその場面で展開されている。「社会」とは、人と人の関わりの総体だとすれば、そして人生の意味は、自分ひとりでは充実しないものだとすれば、社会活動、社会のあり方という場面に、問いはつねに送り返されてくるはずである。

2 「宗教」の答え

大震災直後、この問いの露呈を感知したからであろうか、そしての深刻さにたじろいでであろうか、ある高名な著述家・政治家が「天罰」という言葉を漏らして顰蹙をかったことがあった。発言の是非は措いて、彼が「天」という、広義の宗教の領分に発する言葉を使うことになってしまった所以は了解できないものではない。被害のあまりの深刻さを受け止めるには、その深刻さに応じた巨大な何かを召喚するしかなかったのだと推測される。このときかろうじて示唆された「天」――「天罰」を加えてくる何か大きなもの、災害に「罰」としての「意味」を与える何か――について、発言者が具体的なイメージをもっていたのかどうかは知らない。しかし彼も、大災害に「意味」がありうるとすれば、それはもはやこの世の秩序に属する何かではなく、それを超えた、その外にある次元を考える他はない、と、無意識裏にではあれ感じていたのだろう。こうして「宗教」の次元が、「人生の意味」を問うときに、ほとんど否応なく導き入れられてくる。

では、宗教は「生きる意味」の問いに答えるのか――。（本書のもとになったオリエンス・セミナーはカトリックの修道会を基盤にして運営されているが、本書の執筆者は、筆者を含めキリスト教徒に限られてはいないので、「宗教」という枠で問うておく）。答えは「然り」、である。むしろ、この真っすぐな問いに正面から向かい合って、その答えが確かにあるとし、それを示すことこそが、「宗教」である、と言ってよいと思う。宗教は、この問いに最終的・決定的な「答え」がある、それはこうだ、と、敢えて主張する。例えば――、

「人は主である神を讃美し、敬い、これに仕え、それによって自分の救霊《たすかり》を全うするために創造《つく》られたのである。そして地上にあるその他の事物は、人のために、また人が創造された目的を全うするための助けとして、創造ら

れたのである。〔…〕」（バラ訳）

イグナチオ・ロヨラが『霊操』のはじめに屹立させている、「霊操」を行うに当たっての「原理と基礎」という一節の冒頭である。これは、何かに基づいて論証されたことであるよりも、人が生きるということの「原理と基礎」をこう定める、という宣言であろう。だが、このように強い言葉で断言できる根拠は何なのか。イグナチオにとっては、それは疑いようもなく確かなことだった。その確かさを身に刻み込むために、霊操を行うのでもあろう。

しかし、現代世界は、このようなきっぱりとした主張が容易になされえない状況にある。その主張が宣べ伝えられる知的、社会的基盤は、往時とは大きく変わった。「神」と言われたときに感じられるリアリティは、それがいつからかは議論はあり得ようが、イグナチオの時代と現代では同じではあり得ない。現代日本のような社会では、「神」を、あるいは「仏」の実在を表だって想定しないで生きることが大半の人々の自然となっている。宗教なしで生きることを前提に、近代社会は制度設計されている、と言ってもよい。しかもそこでは、宗教が複数存立し、共存する状況が当然なこととされている。

そうした状況下にあっては、宗教もまた、自らが奉じてきた「答え」について、その内容はともかくその「答え方」については、またその答えに即して「生きる」かたちについては、自問することが不可避となっているだろう。答えをたしかに持ちつつ、答えの内容も答え方も必ずしも共にしない人々と共に生きるかたちが、宗教には求められている。そのとき宗教は、いったん自らの奉ずる「答え方」を、伝えられたままの形ではなく、より一般的な、信仰内容を共にしない人々にも通ずるかたちで語り直すことが求められるだろう。これは現代の宗教に求められている冒険だと思われる。

「生きる意味」への問いかけ、という言い方は、この一般化のひとつのかたちである。その問いは、したがって、個々の宗教の「答え」——たとえば前掲のイグナチオの言葉——が立ち上がるより一歩手前のところに設定されている。だが、この、「意味を問う」という問い方は有効だろうか。そう問われたときの「意味」とはそもそも何か。少々こだわってみたい。

3 「意味」の意味

「意味」とは何か。「意味の意味」は、難しい問題である。哲学や言語学には「意味論」という分野があって、文字通り『意味の意味』と題する名著もある。が、そこで議論されているのは、もっぱら「言葉とその意味」の関係である。「生きる意味」を問うとき、「生きる」という言葉の意味が問題なわけではない。ただし、英語の life は日本語では「生命」「生活」「人生」、あるいは「いのち」等と訳し分けられる。このとき、この問いでの「生きる」の意味は、「人生」に近いだろう。「人生」という日本語には、誕生から死までの間の時間をひとり一人が生きること、という、「生きる意味」を考えさせる方向性が込められている。

では、「生きる意味」、すなわち「人生の意味」というときの「意味」は、何を意味しているだろうか。「言葉とその意味」の関係を「人生の意味」に類比させて、少し考えてみたい。言葉は何かを意味しなければ「意味が無い」。たんなる音の連なりや線の組み合わせは、それだけでは言葉ではない。それ以外、それ以上の何か――「犬」であれば、具体的実在としての犬という動物、あるいは「犬」という言葉によって頭の中に浮かぶ想念なり観念――を指し示すことで、はじめて（意味のある）言葉となる。このとき、音や線と、その「意味」とは、あり方の次元をたしかに異にしている。同様に、生まれてから死ぬまで人がそれぞれの仕方で生きていく事実の連なりを、その「事実」そのものとして見るのではなくて、そのように生きることによって、そこに備わり、あるいは生まれてくる、事実とは次元を異にする何かが人生に意味を与え、つまり人生を「意味のある人生」たらしめる。具体的事実の重なりと連鎖を「善きもの」として肯定させ、ひいては讃美させてくれる――。このように考えることができるとすれば、この、事実とは次元を異にするという意味では「この世の外」から来る――哲学的な語を使うなら「超越」の――次元を欠いた、たんなる事実のつらなりとしてだけ見られた人生は、「意味が無い」。自分がいろいろな（平凡な？）事実を日々重ねていること、そしていつか死んでいくことに、「意味が見いだせない」と感じられるとすれば、この事実の地平の「外」に、あるいは「別に」、考えられるべき何かが、そもそもそうした何かが見いだされるべき次元が、見つからないからだろう。失楽園の後、アダム、つまり「人」は、「生涯食べ物を得ようと苦しむ〔…〕。額に汗してパンを得る、土に返るときまで。塵にすぎないおまえは塵に返る。」という呪いの言葉を受けた。これが事実としての人生のありさま、「人間の定め」を言い尽くしている、と感じる人は多いかもしれない。額に汗して働き、土に帰る。そのことに何の意味があろうか。人生が無意味な事実の連なりに見えてくる意味喪失の状態を、「ニヒリズム」ということもある。言葉が何も意味せず、たんなる音の連なりになってしまうような地平に閉じ込められてしまうのに似ているかもしれない。だから、生きる意味を（見）失う人にとっては、寄り添う人の言葉も意味をもたず、心に響かないかもしれない。

そこで、生きる意味と言葉の意味の類比をもう少し続けてみよう。言葉は、つねに、それを言う者だけでなく、その言葉を聞いたり読んだりする者にとって意味作用をなす。そもそも言葉は、ある人が別の人に向かって「言う」ものである。これが言葉の初発の現場である。「はじめに言葉があった」と言われるときの「言葉」もそうだったのではないか。言葉の意味は、それを聞く者、読む者にとってあるのなら、人の生もそうなのではないか。ある人の人生は、その生の当人にとってだけでなく、その当人以外の誰か――「他者」――にとって、意味をもつ。むしろ、他者によってこそ、その人の人生の意味が見いだされ、他者によって意味を与えられる、という面が本質的にあるように思われる。「あなたの人生は私にとって意味がある、大切である」、と言ってくれる、思ってくれる人がいることで、個々の人の人生ははじめて意味を持つ、充実するのではないか。すでに意識を失い、自分が生きている、という認識さえもたずに横たわる人が、それでも「ただ生きている」だけで、その人を大切に思う人々にとって大きな意味をもつ、といった場面は十分にありうる。そこで横たわる人の人生は、その人が生命体としては死んだ後にさえ、人々にとって意味を持ち続けることになるかもしれない。このとき、死せる人が生き残った人に生きる意味を与え、生き残った人が死せる人にその人が生きたことに意味を与える、といった事態が生ずるかもしれない。キリスト教徒なら、こうした「他者」の究極に、イエス・キリストの姿を思うことだろう。ここに、人間が「社会」的存在だということ、「関わり」においてこそある存在だということの根拠があると思われる。ということは、そのような「意味を与え合う」あり方が保たれている「人間社会」が築かれねばならない、ということである。

宗教も結局、そこに関わるのだろう。宗教は、生きる意味はしかじかである、と論じる教えであるとともに、むしろ、生きることに意味を「与える」こと自体である。空しく不条理に亡くなったかに見える人、何の「成果」も挙げず空しく日々を送ると見える人の生にも、(無限の)意味を「見て取る」、すなわち「与える」ことを、宗教はなそうとする。弔い、葬儀の根本の意義はここにある。そしてそれが「宗教」でなければならないのは、つまりなんらか「この世の地平」の「外」を想定する思考であり実践でなければならないのは、この世の地平に限定されて理解され構築された社会には収まり切れない不幸が、ついに拭い去りえないからなのだろう。人の、私の人生に意味を与えてくれるのは、結局のところ「神」とか「天」とかと呼ぶほかはない大いなる・永遠の何かである。それに信頼することでこそ、私は私の人生の意味を自らに認め得る。

4「キリスト教」への問いかけ

しかし、先の指摘に立ち戻るなら、生きる意味を与えてくれるこの「大いなる何か」にくっきりした一つのかたちを与えることが難しくなっているのが、現代の状況である。そうした中で、しかし、人生に意味を求める願い、生きる意味は何かを問う問いかけは、変わらずに残っている。その問いの場にあるとき、人は最も「人間らしい」あり方をしているように私には思われる。キリスト教に帰着する以前の青年期、親友の死に衝撃を受けて、「私自身が一つの大きな問いかけになった」と、アウグスティヌスは回顧している。人生の意味という大きな「謎（ミステリウム）」に直面するとき、その謎の大きさにふさわしい答えは、つまり「宗教」が差し出すべき答えは、現代的状況下で、どんなものになりうるだろうか。本書には、その模索が連ねられていることはたしかである。そうありたいと願っている。

「生きる意味」という言葉は、しかし、時に、重く感じられることもあるかもしれない。「意味のある人生を送らなければならない」、と思うとき、その「意味の意味」は、それにふさわしい広い地平で考えないと、つまり、ひとつの先入主にとらえられすぎて「意味」を求めるとき、その不在——意味の無さ——が却って人を不安に落とし込むかもしれない。「薔薇は何故なしに咲く」という、よく引かれる詩句がある。一七世紀ドイツの宗教詩人、アンゲルス・シレジウスによる二行詩で、「薔薇は咲くから（咲くものとして）咲く」と続く。詩の意味はいかようにも解釈できようが、薔薇は、薔薇として（美しく）咲いているという事実の「外に」、その咲く「意味」を求めないし、要しない、そのように人もまた生きるのだ、と解することもできよう。そこには、「意味」から、というより「意味を求める」志向自体から、解放され・自由になった、清澄で平安で豊穣な境地が示唆されている、とも感じられる。これは、「キリスト教的神観念」を有しない「東洋的」な思惟や宗教伝統に親和的な考え方だとされることもある。

しかし、こうした境地が「キリスト教的」でないとするのは、キリスト教を狭めることでしかないだろう。仏教もキリスト教も、また他の諸々の宗教伝統であっても、それらを何か一つのステレオタイプに収斂させて対比させることは、比較宗教学をやる場合はともかく、宗教が生きられている現場ではあまり「意味がない」、と思う。「神」も「天」も「無」も、人間の側からなされる特定のとらえ方に限定されるには、あまりに大きく、広く、開かれたものだろうから。

Ⅰ　問いかけとしての東日本大震災

第1章　東日本大震災と宗教

中下大樹

1　はじめに

人生にある三つの坂　〈上り坂〉〈下り坂〉〈まさか〉

私が僧侶となって最初に勤務した職場は、緩和ケア病棟（ホスピス病棟）であった。そこで「まさか私が癌になるなんて」「まさか私の父（母）が」という言葉を、私は患者さんやご家族から何度も聞かされることとなった。

そして二〇一一年三月一一日に発生した東日本大震災の被災地で支援活動中、津波で助かった方々から「まさか津波が来るとは」「まさか原発が爆発するとは」という言葉を数多く耳にすることとなった。

さらに二〇一六年四月一四日に発生した熊本地震の被災地支援の活動中にも、「まさか熊本に地震が来るとは」など、〈まさか〉という言葉を再び耳にすることとなる。

最近、私は〈まさか〉という言葉を聞く度に「祇園精舎の鐘の声、諸行無常の響きあり。沙羅双樹の花の色、盛者必衰の理をあらわす。驕れる人も久しからず、ただ春の世の夢のごとし。たけき者も遂には滅びぬ、偏に風の前の塵に同じ」という『平家物語』の一節が思い浮かぶようになってきた。

人生には何をやってもうまくいく時〈上り坂〉もあれば、その逆の時〈下り坂〉もある。そして「想定外＝まさか」と呼ばれる事態に直面することもある。だが、その〈まさか〉といわれる状況の時こそ、人間の本質が問われ、その人の生き様が剥き出しになるように感じている。

東日本大震災発生直後の被災地で、私はコンビニ等を襲い、盗みを働く人を見てきた。一方、自分が食べていないにもかかわらず、他者に自らの食べ物を分け与えようとする人も見てきた。

ホスピス病棟では、病気が進行し、心身共に思い通りにならない苛立ちから、スタッフや家族を怒鳴り散らし、孤独の中で死んで逝った人を数多く見てきた。一方、末期癌になっても、周囲に感謝と思いやりを忘れずに、笑顔で逝った患者さんも多く見てきた。

私自身も含めて、人間は善も悪も併せ持つ、煩悩だらけの存在である。しかし、〈まさか〉という非常事態・極限状態に直面した時こそ、その人の〈人間力〉が問われることは間違いないだろう。

2 「ママにしてくれて、ありがとう」

粉雪が舞う季節だった。それは忘れもしない二〇一一年三月中旬のこと。私は宮城県のとある市の遺体安置所に入った。「おびただしい数の死者を納棺するため、棺が大量に必要だ。その棺を大量に東京から持ってきて欲しい」という依頼を知人から受けていた私は、棺を大量に首都圏から持ち込んだ。初めて安置所に足を踏み入れた時の光景を、私は一生忘れることはないだろう。おびただしい数のご遺体が、規則正しく床に並べられ、剥き出しの足の裏が私の目に飛び込んできたのである。当時はまだ棺も充分に届いておらず、遺体の数が多すぎて、毛布やブルーシートで包まれたままの状態であった。

中には、子どもと思われるご遺体だろうか？　大人が両手で抱き抱えられるくらいの大きさで、ブルーシートに包まれたご遺体もあった。ご遺体の上には、白い手書きの紙が一枚、貼り付けられていて、紙には「○月○日○時○分、○○地区で発見、○才くらい・焼死体」と遺体を発見した自衛隊の方が書かれたのだろうか、そのような文字が手書きで書かれていた。その脇を遺族が懸命に自分の親族を探し求めている。時々、「お父さん」「お母さん」と言いながら泣き叫ぶ声が聞こえてくる。

この世の地獄とも言える光景が、今、私の目の前に広がっていたのである。私はただ言葉を失い、呆然とただその場に立ち尽くすことしかできなかった。

ブルーシートで覆われ、顔は見えないとはいえ、まだ小さな赤ちゃんが私の足元に横たわっていた。何とも言えない感情が込み上げて来る。

警察官の話によると津波で流された遺体は、恐怖のあまり「目を見開いた状態」のまま亡くなっている方が多いという。何とも言えない気持ちになり、私は言葉を失った。

しばらくすると、僧衣を来ている私の元に、「すみませんが、お坊さん、亡くなった私の子どものために、お経を読んでくれませんか？」とブルーシートに包まれた赤ちゃんのご遺体を抱き抱えた三〇代くらいの女性が声をかけてきた。その場にいた警察の了解を取った上で私は読経を始めた。お線香に火をつけ、花を手向け、遺体に手を合わせた。近くにいた数人の遺族が手を合わせ、静かに合掌している姿が見えた。すると女性は感謝の言葉を述べた上で、自分の子どもに向かってこう語りかけたのである。「ほら、お坊さんがお経を読んでくれたよ。○○ちゃん、安らかに眠ってね。ママにしてくれて、本当にありがとう。ありがとう」そう言い、泣き崩れたのである。

私は思わず胸が熱くなってしまった。本来、親は子供を養育する立場にある。従って、「育ててあげる」立場にある。しかしこの若い母親は「ママにしてくれて」と子供に語りかけたのである。「あなたのおかげで、私は母親になることが出来たよ。あなたに会う事が出来て、私は幸せだったよ。嬉しかったよ。短い時間しか一緒に過ごせなかったけど、出会えてよかったよ。私の子供として生まれて来てくれて、ありがとう。あなたの死から、私は、生きるということの儚さ、死ぬということの悲しさを教えてもらったよ。私の人生に気づきを与えてくれてありがとう……」

そんな思いが「ありがとう」という感謝の気持ちとなって出てきたのではないか？

そして、そこには作法に則った宗教儀式も、戒名も遺影写真もお位牌も何もなかった。しかし、私の読経中、傍にいた警察・消防・自衛隊員は皆、帽子やヘルメットを取って整列し、敬礼し合掌していた。そして、その若い母親の姿を見つめるまなざしは皆、優しかった。

津波発生直後から、生存者の救出活動、ご遺体の捜索・検視（死）・収容など、厳しい死の現実を見ながら、過酷な状況の中で必死に死と向き合ってきた彼らだからこそ、その若い母親の痛みがわかったのだろう。人が死ぬという無念さや恐怖を知っている彼らだからこそ、何も言わず、ただ敬礼し、合掌してくれたのだろう。

死の現場の最前線にいる彼らと死者の距離は近かった。だからこそ、死者へ礼を尽くしたのだろう。その姿は美しく、気高かった。

また別の遺体安置所に行った時に「申し訳ないのですが、読経をお願いできませんか？　私の幼馴染が亡くなったのです。四〇年近く一緒に過ごした親友なんです」と僧衣姿の私に話しかけてきたのは、地元の警察官と思われる方であった。私はその場で短い読経を行い、手を合わせ、そして深々と頭を下げた。そして持参した柩に、ご遺体を丁重に納棺し、その場にいた大勢の弔問者と共に祈りを捧げた。

そして、柩の上蓋を閉じる瞬間、その警察官は故人に向かって親友の下の名前を叫びながら「また会おうな」と大声で叫んだのである。その瞬間、私は「また会おう」という本当の意味がよく理解できなかった。しかし、何故か熱いものが胸に込み上げて来て、涙がポロポロと私の目からこぼれ落ちた。

何故、あの時、私は泣いてしまったのだろうか？　後になって考えると、「また会おう」というその言葉に、力強い覚悟のようなものを感じたからだと今は思う。

「お前は、津波で死んで、俺は生き残ってしまった。俺もいつかは、必ずお迎えが来る。その時は、またあの世で一緒に楽しく酒でも飲んで一緒に過ごそうな。でも俺は生きている限り、この街を復興させるために全身全霊を尽くすよ。あの世から、俺を見守っていてくれ。お前と出会えて、俺は幸せだったよ。良かったよ。楽しかったよ。お前の分まで、俺がしっかりと生きるから。お前の死を無駄にしないから。限りあるいのちを、俺はしっかりと生き抜くから。絶対に無駄にしないから」。

そういう覚悟と決意を私は感じたのだ。だから胸がいっぱいになったのだろう。

その警察官が信仰を持っているのかどうかは、今となってはわからない。しかし、深々と頭を下げ、手を合わせ、祈りを捧げる警察官の姿に、私は何か尊いものを感じずにはいられなかった。「自分だけが生き残ってしまった」という自責の念も抱えつつ、突然訪れた死別という悲しみにしっかり向き合おうと合掌し、祈りを捧げるその姿は気高く美しかった。

後日、私はある場所で瓦礫の撤去作業を行った。瓦礫を撤去していると、人間の腕と思われるものが見つかった。周囲を見渡すと、自衛隊の方、消防、地元住民の方々など約一〇名程が瓦礫の撤去を行っていた。

私はありったけの声を出し、周囲に協力を求めた。そして約二時間後、重機を使って中年の男性と思われるご遺体を、瓦礫の中から引きあげた。遺体はもう人間の姿の原形をとどめてはいない。まずは遺体を毛布でくるみ、行政が指定する遺体安置所へ自衛隊の方の力を借りて搬送する。

その時だった。そのご遺体を囲むように、その場にいた誰しもがごく自然に輪になり、合掌し、深々と頭を下げたのである。誰しもが無言であったが、これから自衛隊の車にご遺体を搬送する際、自衛隊のリーダー格の方が一言、「瓦礫にずっと埋もれていて、重かったでしょう。苦しかったでしょう。長い間、本当にお疲れ様でした」と、ご遺体に向かって語りかけたのである。「中下さん、お経を読んでよ」と仲間が言う。私が読経をはじめると、抑えきれない感情を爆発させたのだろうか、傍にいた誰かが嗚咽して泣き始めた。

しばらくすると、自衛隊の方々はご遺体に一斉に敬礼をして、丁寧に車へ運んだ。その姿を残された私たちは見つめ、車が見えなくなるまで見送った。だが、その場に残された誰ひとりとして、そこから離れる人はいなかった。自衛隊が遺体を乗せた車が見えなくなるまで、ある人は合掌し、ある人は深々と頭を下げていた。そこには死者に対しての敬いがあった。しかも翌日、同じ場所を訪れると、ご遺体が発見された地点には花が供えられていた。

私たち日本人の多くは自らを「無宗教」と呼ぶ。しかし、本当に「無宗教」なのだろうか？　本当に無宗教であるならば、亡くなった人に語りかけたりするだろうか？　特定の信仰を持っている、帰依していると自負している人は少ないのかもしれない。だが、宗教心や宗教的感性は、誰しもが潜在的に持ち合せているのではないか。

瓦礫の中から発見された遺体を見て、その場にいた誰しもが作業を一時中断し、皆で自然に手を合わせる姿を目の当たりにして、私はまさにこれこそ弔いの原点であり、宗教行為の原点であると思わずにはいられなかった。多くの日本人が自らを無宗教と呼ぶことに疑いを持った瞬間でもあった。

人は痛みを感じると、祈らずにはいられない。その後も、被災地の至る所で、私は自衛隊の方や一般市民の多くが合掌し、故人に花を手向け、祈りを捧げている姿を目撃することになる。それは紛れもなく宗教行為であろう。だが、特定の宗教団体に属していないというだけなのだ。人間は痛みや悲しみ、そして自らの無力さを痛感した時、初めて頭が下がり、手を合わせ祈りを捧げるという行為に及ぶのだと感じた瞬間でもあった。

圧倒的な自然の力の前で、人間は無力だ、人生はなんて儚いのか、人間は必ずいつか死ぬ。そういった、「当たり前の事実」に否応なしに向き合わざるを得ない時、自己の力を超えた世界に触れる時、祈りを捧げるという行為が自然と生まれるということを、私は体験として学んだのである。

3　「親父は立派だった」

ある消防団員の葬儀に立ち会う機会があった。亡くなったのは六〇代の男性Wさん。二〇一一年三月一一日午後三時過ぎのこと。迫りくる津波を知っていながら、地元住民を避難させるために最後まで避難誘導をしていたWさんは、津波に飲み込まれる瞬間まで、車で避難しようとする人たち一人ひとりに「車なんか捨てて早く高台へ逃げて!」と必死に叫んでいた。

その映像をたまたま高台に避難していた人が手持ちカメラで撮影しており、Wさんの告別式の際にその映像が会場のスクリーンに流されたのだ。衝撃的な映像で今でも忘れることは出来ない。

亡くなった故人の息子さんもまた地元の消防団員であった。彼は父親の葬儀の告別式でこう言った。「親父は立派だった。俺は親父を誇りに思う。最後の最後まで消防団員として誇りを持って任務にあたっていた。結果的に親父は死んでしまったけど、親父の生き様を俺は絶対に忘れない。親父の死を俺は無駄にしたくない。残された俺たち家族、そして消防団員たち全員は、親父の分まで精一杯生きていくことを、ここに約束します。親父、ありがとう」そう言って息子は泣き崩れた。

参列者の方々は皆、肩を震わせて泣いていた。参列者の多くは同じ消防団員およびその関係者。私は今まで東京都内を中心に二千件以上の葬儀に立ち会ってきたが、これほど実直に「親父は立派だった」と息子が絶叫し、参列者が肩を震わせて泣いているという光景を見たのは記憶がない。大学で教える学生に「自分の父親を尊敬している?」と尋ねたことがある。学生の半分以上は親を尊敬してはいなかった。逆に「親父のようにはなりたくない」という学生もいたのだ。親を尊敬しない、もしくは尊敬できない学生は問題であるが、尊敬に値する大人がいない・いなくなったというのも問題であろう。

私はかつて「俺は今から死ぬからよ。お前はまだ若いから、人が死ぬ姿を知らないだろ。よく見とけ」と言い残し、吐血して死んで逝った末期がん患者さんをホスピス(緩和ケア病棟)で看取ったことがある。その患者さんは、かつて軍隊で、仲間の死に数多く立ちあってきた戦争経験者であった。「俺の人生最後の仕事は、子供や周囲の人に自分の死に様を見せることだ。こうやって人間は皆、死んで逝くんだということを、最後に見せつけることだ。死を次世代に教えないと、生もまた教えられるわけがない」と語っていたことをWさんの最後を通じて思わず思い出していた。自分の死に様を胸を張って周囲の人に見せられるような生き方が出来るということは、それだけ「死」について哲学なり覚悟を普段から持っていないと出来ないことだ。その覚悟が試されるのが「臨終」の時である。その臨終は、やっかいなことに、震災や事故などで突然訪れる場合もあるのだ。イザという時の対応は、平常時にどのくらい「覚悟」を決めていたかによっても大きく違ってくる。

人間は急には変われない。普段の生き方が死に方に直結する。人は生きてきたようにしか死ねないし、人は生きてきたように死んで逝く。

生き方は死に方に直結する。亡くなった消防団員Wさんは、普段から地域の住民の防災の事を誰よりも考え、訓練を怠らなかったと聞いている。自分の安全より地域の住民の安全を優先に考える人だったからこそ、亡き人の生き様に参列者は肩を震わせて涙を流したのではないだろうか？

だからこそ「親父は立派だった」「親父を誇りに思う」と息子さんは涙を流しながら絶叫したのだ。亡くなった消防団員Wさんは、津波が来る前に一人で逃げようと思えば逃げることも出来たのだ。しかし、逃げなかった。最後の最後まで車で避難しようと渋滞に巻き込まれている人たち一人ひとりに「車なんか捨てて走って高台に避難して」と、大声で走り回ったのだ。

Wさんの死を美化するつもりはない。私がここで言いたいことは、死は個人的なものであると同時に、社会的なものでもあるということだ。亡くなった消防団員Wさんの死は、生き残ってしまった私たちに様々なことを投げかけてくれる。「お前が消防団員だったら、その時どんな行動をとるのか？」という事を、生き残ってしまった一人ひとりが自分の問題として考えないと、Wさんの死は無駄死になってしまうのではないかという事だ。と同時にWさんの死は「お前はどんな生き方（逝き方）がしたいのか」との問いかけでもある。「親父の死を無駄にしたくない」と語った息子さんは、父親の死から大きな宿題を頂いたのだ。

4　福島で今起こっていることは、日本の縮図

東日本大震災を語る中、避けては通れない問題が福島の問題である。福島第一原発事故が起こった福島県内に五年以上足しげく通い、お話を聞かせていただいた人数は、記録しているだけで千五百人を超えた（二〇一六年九月現在）。親しくなった方々が住む仮設住宅内にも泊めていただき、酒を飲み交わしながら深夜まで語り明かしたことも数えきれない。そこで聞いた声を行政や政治家に政策提言として伝えるとともに、ひとりの人間として、またひとりの宗教者として、今、何をすべきか？　どうあるべきか？　自問自答している。私が聞いた言葉は、福島県民約二百万の中のごく一部の限られた声にすぎない。しかし、その切実な声は大手新聞やテレビではあまり聞こえてこないものばかりである。また、本人の了解を得た方のみ、それら生の声をインターネットを通じて発信した。反響が大きかったものを、いくつか紹介したい。

福島市（仮設）80代の女性

「除染なんて、私達が若いころ（戦時中）、強制的に竹やりを持たされて鬼畜米英と言わされていたのと本質的には同じ。小手先だけの対応で、何の意味もないことは皆、分かっている。でもそれを声に出すと、非難される。同調圧力だよ」。

福島市（仮設）30代女性

「福島県から他県に避難すれば『東電からいくら貰ったんだ？』と県外の人に言われ、福島に残って『放射能が心配だ』と地元の人たちに言うと、『お前は県外に避難しただろ。裏切り者！』と言われ、変人扱いされる。進むも地獄・引くも地獄。普通に子供達と暮らしたいだけなのに、どうしてこんなに苦しまなければいけないの？」

大熊町出身・いわき市（仮設）70代男性
「冬に出稼ぎに行かずに、安定した暮らしを得るため、子供や孫と同じ場所でずっと暮らすために、俺たちは原発を受け入れた。豊かな暮らし、安定成長を求めて原発を受け入れた。そしてそこで俺はずっと働いてきた。それがこんな事になるなんて……」。
福島市（仮設）70代男性
「若い世代にとっては、福島から逃げるのが一番の選択肢じゃないか？　未来のある若者には、是非逃げてほしい。しかし、俺達のような年寄りは、今更逃げてもねぇ。生まれ育った故郷で死ぬまで暮らしたい。でも、それは自分で決めたこと。どうなっても覚悟を決めているよ」。
福島市（仮設）60代男性
「知人の男性が二名、ここ数カ月で自殺したよ。男は仕事や家族を失うと、本当に弱いね。今まで名刺の肩書きだけで勝負してきたのに、三・一一を機にゼロになってしまった。俺も今は無職。仮設の集会所でお茶飲み会とか体操とかをやっているけど、大の男が一人で参加できると思うか？」
大熊出身・いわき市（仮設）60代男性
「原発で三〇年働いてきた。でも今は被曝して働けない体。人は目の前の現実が辛いと、現実逃避するんだ。将来の事なんて、意図的に考えないようにしている。酒を飲んでカラオケを歌って気晴らしをするけど、いい年したオヤジが何やっているんだろう？　と思って、情けなくなる」。
福島市（仮設）80代男性
「私が国を愛しても、国は私たちを愛してくれない。国は私たち国民に愛国心を求めるのに……。福島は相変わらず、ほったらかしのまま。私は仮設でひとり、こうやって孤独の中で死んでいくのか？　そして死んでも、すぐに忘れられる。震災関連死としてカウントされるだけ」。

福島市（みなし仮設）80代男性
「原発周辺で放射性ストロンチウム等、放射性物質が一ℓあたり、過去最高の二一〇万Bq検出された。海も魚も相当汚染されていることは素人でも分かる。でも皆、自分だけは大丈夫と思い込んで、無関心を装っている。結局は、自分や我が子が被曝して、自らが当事者にならない限り、全ては他人事。他人の事なんかどうでもいい。自分さえ良ければ……。多くの人は、もう不感症に陥っているみたい」。
福島市30代男性
「手が付けられない、付けていない、解決も何も出来ていない、先の不透明な問題が東北を中心に山積し、また日々出てくる中で東京オリンピック開催か。全力を注ぎやらなくてはいけない大きな問題が、この国にはあるだろう？『東京は福島から離れているから安全』と切り離す。この地は別の遠い国らしい」。
福島市（仮設）90代女性
「『五輪が東京に来れば儲かる！』というような事は、皆、内心、心の中で感じていても、それを人前で平気で公言するようなことは〈恥ずかしい事〉と私なんかは感じている。でも今の時代は〈もっと稼ぎたい〉〈もっと儲けたい〉と老若男女が平然と人前で言う。人間の欲望が剥き出しになっている。その発想そのものが〈今さえ良ければ〉という考えに陥りがちで、あげくの果てには、原発を生み出したということに気が付いているのだろうか……」。
いわき市（仮設）60代男性
「どうしたら原発が止められるかって？ そんなこと簡単だ。もう一回どっかの原発が爆発して日本中が汚染され、人が住めなくならないと原発を止めることは根本的に無理じゃないのか？ 事故が起きた今だって、ここでは原発関連の仕事しかないもの。米国・財界・官僚が政治家に圧力をかけている構造も問題だがな」。
いわき市（仮設）70代男性
「被災者と言っても、状況は皆、違う。家族が死んだ・家族が生きている人、仕事を失った人・仕事がある人、家を流された人・家がある人、帰る場所がある人・帰る場所がない人、カネがある人・カネがない人……。確かな事は、三・一一の震災前からあった格差が今、露呈しているということ」。

いわき市（仮設）40代女性

「仮設で中高年の男性の自殺が起きた。明日は我が身……。でも、生きていればいいことがあるなんて、口が裂けても子供達には言えない。明るい未来なんて、ここ福島では絶対にありえない。普通に生きて、当たり前に暮らせることが、こんなにも難しいことなんて思わなかった」。

南相馬市50代女性

「私は最近、放射能より、人間の方が怖いと思う時がたくさんあります。ここ福島では、放射能の話をするだけで、圧力がかかる雰囲気が一部に蔓延しています。命がけで、放射能の問題を意図的に考えないようにしている人がいっぱいいる。一種の思考停止状態。それは自分を守るため？」

福島を訪問し、そこに住む人々の声を実際に聞いてみて感じたことは、「福島で今、起こっていることは、分断・分裂・思考停止、そして対立である」ということであった。そしてそれは、日本社会の縮図そのものではないかと私は感じている。冷静に今の社会を俯瞰的に見渡してみると、原発を巡る一連の問題は、福島だけで起こっている特殊な地域の特殊な現象であろうか？　今、我が国では、政治や経済、メディア、学校教育から一般企業、宗教教団に至るまで、この国全体が割れているように私には思えてならない。福島で今起こっていることは、この国の縮図であると私には思えてくるのだ。福島の問題を通じて、私たちの社会のあり方そのもの、そして私たちの「生き方」そのものを見つめなおす必要があると私は痛感している。

5　人間であることの哀しみ

一方で、長期間、同じ福島在住の方々との交流を続けるにつれて、以下のような声も聞かれた。

南相馬市50代男性

「東電や国のやり方は最低だ。人を人とも思っていない。でも、俺も今までずっと東電にぶら下がり、国に依存して生きてきた。いちばん悪いのは、俺の主体性のない生き方だ。思考停止に陥り、今さえ良ければいい、自分さえ儲かればそれでいいと、臭いものには蓋をしてずっと生きてきた」。

南相馬市20代女性

「原発事故以来、国・政治・東電は最悪と、ずっと他者を批判してきた。でも良く考えてみると、私は選挙に一度も行った事はないし、新聞も読まないし、テレビはお笑いだけしか見ないし。原発近くに住んでいながら原発の事なんて全く知ろうとも思わなかった。今思うと恥ずかしい」。

会津若松市（仮設）60代男性

「さあ考えてみて。仕事もカネも産業も何もないただの田舎町が、原発を誘致することによって、莫大な恩恵が手に入るんだよ。目の前にニンジンをぶら下げられて、それを断れる人がどれだけいると思う？　カネで動かない人間もいると思うけど、全体の中の一握りだろ」。

いわき市20代女性

「今まで原発の勉強とかしたことない。でも、東電の下請け会社で働いている旦那が被曝して、入院してから、やっと目が覚めた。三・一一以降『誰かが何とかしてくれるだろう・安全だ』と、放射能を浴びまくっても他人事のように考えていた。無関心は身を滅ぼすことにやっと気がついた」。

いわき市（仮設）70代男性

「原発でずっと働いてきた。しかし、危険な仕事は下請けに回していた。山谷や釜ヶ崎のような寄せ場から労働者が連れてこられていることを、俺達は知っていながら、見て見ぬふりをしていた。事故が起こった今、改めて考えると、俺も東電と一緒で、加害者なのかもしれない」。

原発事故における国や東電の責任は極めて大きい。そのことはもちろん追及し続けていく必要がある。だが、福島在住の方々の声を丁寧に聞いていくことによって、「原発賛成」「原発反対」というような単純な二項対立だけでは見えてこない根深い問題、割り切れない問題も見えてきたのだ。原発事故後、様々な知識人が「福島はこうあるべきだ」「○○をすべきだ」という見解を述べている。しかし、それらの声は、原発立地地域の人々にとって必ずしも受け入れられていないことを、私は知ることとなる。「仕事もカネも産業も何もないただの田舎町が、原発を誘致することによって、莫大な恩恵が手に入るんだよ。目の前にニンジンをぶら下げられて、それを断れる人がどれだけいると思う？　カネで動かない人間もいると思うけど、全体の中の一握りだろ」と会津若松市の男性が私に言ったが、もし私自身が仕事も何もない過疎地で生まれ育っていたならば、生きていくために、家族を養っていくために、全く同じ事を言う可能性を否定できない。「俺も今までずっと東電にぶら下がり、国に依存して生きてきた。いちばん悪いのは、俺の主体性のない生き方だ。思考停止に陥り、今さえ良ければいい、自分さえ儲かればそれでいいと、臭いものには蓋をしてずっと生きてきた」と南相馬市の男性は語ってくれたが、私自身も「自分さえよければ」「自分がいちばんかわいい」という感覚から逃れられないでいる。そして、それらの問いかけは、原発立地地域であろうとなかろうと、人間である故の哀しみ・苦しみであり、多かれ少なかれ私たちすべての現代人が抱えている問題ではないだろうか？

そもそも、私たちの多くは、原発事故が起こる前、原発そのものに無関心であった。「安全神話」を絶対化し、事故は起こらないと信じ切っていた。だからこそ、原発賛成・反対という二項対立を超えて、何故、大都会には原発がなく、過疎地や貧しい地域ばかりに原発があるのか？　といった本質的な議論を行いつつ、立場の違う人とも真摯に向き合わない限り、原発問題の解決には繋がらないのではないかと、私は福島在住の方々の声を聞いて思うようになった。福島の実態を見ずして「こうあるべきだ」という主張に固執することは、本質を捻じ曲げ、事態を見誤ることに繋がると私は危惧している。

6　「神も仏もあるものか」と言われ続けながら

元原発作業員から「神も仏もあるものか？　俺は家族も仕事も故郷も、何もかも一瞬で失ったんだ」と言われたことがある。私が僧侶であると知った時、彼は「坊さんは必要ない。帰ってくれ」とはっきりと言いきった。しかし、何度も顔を合わせる中で「東京では、原発反対のデモが行われているって？　じゃあ聞くけど、原発反対と言う人は福島に来て、一度は原発作業員として働いてみたらいい。日本中の原発を全て無くすにしても、莫大な労力とカネが必要なんだよ。原発の廃炉を希望する人達は、自分がその作業をやる！　だから廃炉！　と言う人はいるの？　結局、俺たちのような貧乏な日雇い作業員に危険な作業は押し付けるんだろ」という胸の内を語ってくれた。彼はしばしば私に暴言を吐くこともあった。しかし私は黙って聴き続けた。何もかも失った彼にとっては、「サンドバック」が必要だったのだ。だが、初対面から一年半後、今では家に泊めていただき、酒を飲み交わす仲になっている。また南相馬市の二〇代女性は「原発再稼働には賛成。私一人が反対しても、電力会社や国は強引に再稼働させるんでしょう。だったら早めに再稼働させて、早くまた事故が起こって、この世が終わってほしい。私たちの世代は年金なんてあてにできないし、福島では子供を育てられる環境すらない。未来なんてどこにもない」と私に吐き捨てるように言い放ったことがあった。その女性は父親と弟夫婦を津波で喪っていた。彼女は苦しい胸の内を誰にも言えず、ひとりで抱え込んでいたのだろう。「未来なんてどこにもないと感じているんだね。その思いを他の誰かに話したりしたの？」と聞くと、「誰にも話せないよ。聞いてくれる人はいないもの」と悲しい目をして答えた。現代人の多くは、自らを「無宗教」と自認している一方、家族・地域・会社といった従来から存在する「縁」の希薄化に伴い、社会的に「孤立」している人が増えている。従って、家族がいても機能していないケースが、被災地を回る中でしばしば見られた。「縁」を紡ぎなおす役割として宗教者が媒介となり、壊れてしまった人と人との「縁」を再構築する役割を担う事が、これからの宗教者の役割ではないかと私は考えている。そもそも、宗教が持っている智慧は、日常的な物の考えが通用しない震災時などでは、力になりうると私は感じている。葬式法事以外に、お寺（教会）や僧侶（牧師や神父）の存在が人々の心の拠り所となり、家族・地域・会社に代わる第四の縁を構築できるかどうか？　今は、その瀬戸際といってもよいだろう。

7　「余裕のなさ」が招く弊害

「最近、東北の被災地に関する報道が少なくなってきていると思う。もっと番組で取り上げて欲しい。何とかなりませんか」と、友人のテレビ関係者に伝えたことがある。すると彼はこう答えた。「もう震災関連の番組は視聴率が取れないんです。作りたくても作れないんです。オリンピック関連やお笑い番組ならばすぐに作れますが」と。確かに、苦しい現実を突きつけられる番組を見せられても気が滅入ると感じる人の気持ちも理解できる。厳しい現実を「忘れる」ことによって、前に進むことが出来る人もいる。しかしながら、手が付けられない、付けていない、解決も何も出来ていない、先の不透明な問題が東北を中心に山積し、また日々出てくる中で、それらの問題をなかったことにはできない。だが、私たちの多くは、日々の生活に追われ、時間的・経済的・精神的に余裕を失いがちである。

そんな中、「現実を直視すること」ほど、苦しいことはない。

　今まで約二千件以上の葬送支援を行ってきた私は、遺族から「親父が死んでも、ただ焼くだけでいい。花も戒名も何もいらない。遺骨もいらないから、あんたが代わりに処分してくれよ」という言葉を何度も聞かされてきた経験がある。

　私に葬儀を依頼する方の多くは生活困窮者なため、葬儀をやりたくてもお金が無いという方が多かった。よって、「火葬のみ」という方、家族だけの少人数でひっそり弔うという場合がほとんどである。だから、いわゆる「直葬《ちょくそう》（病院や施設で亡くなった後、そのまま直で火葬場へご遺体を運ぶこと）」というケースがかなりの割合を占める。故に、直葬そのものを否定するつもりはない。だが、被災地での弔いを経験した結果、東京で生活していると死者に対する弔いの「温度差」を感じてしまい愕然としてしまったのだ。葬儀は単なるイベントではない。死者への祈りや鎮魂は、どうしても宗教的な儀式を伴う。被災地では遺体がまだ見つかっていないなどの理由で、葬儀を「したくても、できない」人がいるのだ。一方、都会では、人間関係の希薄さなどにより、葬儀を「できるけど、しない」人がいる。都会の葬儀の多くは、故人と死者との深い関係が築けないまま、その距離感を縮められないまま、何も疑問を持たず執行されているのではないか。もちろん、経済的な事情や様々な社会的要因によって、葬儀ができないという都会人も多いだろう。しかし、お金をかけなくても葬儀はできる。それには生前から「死」について考え、葬儀についても家族と相談し、自分なりのエンディングプランを提示しておく必要がある。死すべき自分を強く意識しながら、死を起点とし、生きている「いま」を考える感覚、つまり、「余裕」が必要なのだ。

　本来あるべき葬儀、弔いとは、その死を真正面から受け止めた家族や親しい人々、残された者が、その故人が生きた人生の軌跡、その故人が大切にしていた思いを深く胸に刻みこめるようなものであるべきだ。昨今、メディア等で「エンディングノート」を書く人が増えたと紹介されることが増えてきた。人生の終焉活動を意味する「終活」という言葉も出てきた。しかしながら、それはまだ社会の一部の人たちだけの共通言語であって、社会全体で共有しているとは言い難い。あらゆる分野で余裕のない私たち現代人の多くは、死に対して深く考えることも、人生の意味を自らに問うことも稀である。しかし、東日本大震災での約二万人の大量死は、人は必ず「死ぬ」ということを私たちに突きつけたのだ。今後、約七〇〇万人いるといわれる「団塊の世代」の大量死の時代が確実にやってくる。大量死の時代に対する明確な「死生観」を私たちは持ち合せていない。死生観を育むはずの宗教も、あまり力になっていない。その中で、私たちは何を拠り所に生きて行けばよいのだろうか？

8　死に対する哲学がないまま、情報だけが独り歩き

東日本大震災は「人は死ぬ」という究極の事実を私たちに突きつけた。しかしながら、その死とどう向き合い、どのような死を迎えたいのか？　残された家族や友人に何を伝えたいのか？　そして残された者は震災で亡くなった方の死から何を学び、何を受け継いでいくか？　といった本質的な「死」に関する議論はあまり喚起されていない。

私は仕事として葬儀や納骨の問題に関わっている。その一環としてメディアやインターネット上に溢れる葬儀や墓・供養全般に関する情報を俯瞰的に眺めてみると、私は非常に違和感を感じるのだ。もちろん、葬儀や墓についての費用などは、長年不透明であいまいであった。それがわかりやすく情報公開されることはよい傾向であることは確かである。

葬儀や墓に関する知識を事前に得ておくことも、「備えあれば憂いなし」で、知っておいた方がよいだろう。しかし、本質的な問題がそれらの情報の多くには欠けているのである。本質的な問題とは何か？　それは、「死」というものに対する哲学ではないか。「死生観」とも言いかえることができよう。

つまり、メディア等でよく悪者扱いされる悪徳葬儀社や石材店にぼったくられないように、事前にこの知識を知っていれば何とか対応できるという情報ばかりが先走りしているのではないか？

加えて、葬儀・お墓・お布施・戒名等の本来の意味や由来も知らず、お金という目に見える形だけの情報が飛び交っているように私には思えてならない。

もちろん、葬儀や墓、お布施にいくら必要というのは、大事な問題だ。しかし、都市部においてはもちろん、全国的に葬儀のあり方が形骸化し、お墓も次世代に継承できず、お寺と日常的にお付き合いのある人が限りなく少なくなっている時代において、一体「費用」にどれほどの意味と価値があるだろうか？　さらに、家族・地域・会社といった「縁」のあり方が変化し、社会構造そのものも劇的に変化している中で、弔いの在り方、社会構造そのものも劇的に変化していることも見逃せない。ここに国立社会保障・人口問題研究所（http://www.ipss.go.jp/syoushika/tohkei/newest04/sh2401smm.html）のデータがある。

《日本の将来推計人口（平成二四年一月推計）推計結果表》によると、二〇四〇年の日本は、産まれてくる子供（予測）が年間約六七万人、亡くなる方は年間約一六八万人との衝撃的なデータがある。あくまでも推測なので、その通りになる確約はないが、日本社会が世界有数のスピードで少子高齢化が進む〝多死（大量死）社会〟へ突入していることはまちがいない。

その中で、私たちは自分自身の「死」に対する心の準備ができているだろうか？　またいつか必ず来る「大切な人との別れ」について覚悟ができているのだろうか？

亡き人から学び、その死を見つめ、自分もやがて死ぬ存在なんだと葬儀や墓を通じて感じることができないとするならば、そんな形式だけの葬儀や墓に何の意味があるというのだろうか？　葬儀や墓には、お金がいくら必要という情報ばかりに躍起になり、残された者が大切な人の死から生き方を学ぶという視点がなければ、そんな葬儀や墓にどんな意味があるというのだろうか？

今の葬儀や墓を巡る議論で最も欠けているのは、故人への向き合い方である。生前に葬儀の準備をしておくこと、墓を建てることの意味は、自分もやがて死ぬ存在であるということに気づかせてくれると同時に、残される者にとっても死生観を育む大きな機会を与えることに繋がる。

人はこの世に生を受け、年齢を重ね、病気になり、死んで逝く。その「生老病死」の苦悩の姿は、もはや生活の場＝家庭の中にはない。在宅医療が進んでいるとはいえ、「生老病死」の現場は、主に病院や施設である。「生老病死」は、それらの中で起こる秘められた出来事となってしまった。さらに核家族化・非婚晩婚化・ライフスタイルや価値観の多様化などの影響もあり、個人主義がますます進行し、世代間交流そのものが希薄になってきている。大人は自らの死を、次世代に見せることが出来にくい時代である。死が見えないということは、同時に「生」も見えない。生と死はお互いを内包しあう。死を語れない大人が、子供に生を語れるのだろうか？

第2章　宗教と社会と自治体の災害時協力

稲場圭信

1　はじめに

国内外で大災害が頻発している。未曾有の大災害、東日本大震災から五年の二〇一六年四月には熊本地震が発生した。人々が大災害への対応のために立ち上がり、新たな連帯も生まれている。災害時の救援、復興支援、震災を風化させない活動、そして、東海地震や南海トラフ大地震などに備えた「自助」「共助」「公助」の仕組み作りがある。苦難を支えあいながら乗り越える大切な社会的取り組みである。ひるがえって、宗教は、長い歴史において、様々な苦難に寄り添ってきた。諸宗教が、利他主義、他者への思いやりと実践に関する教えを持っている。被災地で宗教は地域資源として一定の力を発揮したことが明らかになった。災害時における宗教と社会および自治体との協力関係はどのようなものか。

本稿の第2節では、阪神・淡路大震災から東日本大震災へ社会の変化を「社会意識に関する世論調査」のデータも参照しながら見ていく。無縁社会と呼ばれた日本社会に、東日本大震災によって「共感縁」が誕生し、他者の関わりの点で国民意識に変化が生じたことを確認する。第3節では、宗教者による他者への支援を宗教的利他主義と社会貢献の観点から整理し、日本社会における「無自覚の宗教性」について論じる。第4節は、ソーシャル・キャピタルとしての宗教という捉え方を提示した上で、災害時における宗教の力を東日本大震災を事例に論じる。そして、宗教のそのような機能に対する社会からの期待を見る。第5節では、宗教者および宗教施設の災害への備えとして、行政との災害協定や災害救援マップの取り組みを紹介する。第6節では、東日本大震災の教訓から策定された「防災と宗教」行動指針をもとに、熊本地震における宗教の対応を検証する。

阪神・淡路大震災から東日本大震災、そして熊本地震へ。日本社会の変化および宗教と社会、自治体との災害時協力を見ていくことにする。

2　阪神・淡路大震災から東日本大震災へ——「共感縁」の誕生

宗教の社会倫理、利他主義、ボランティア、社会貢献といった領域で筆者は研究をしてきた。そのような研究を進めていた一九九五年、阪神・淡路大震災が起こり、ボランティア元年と呼ばれた。当時、兄が神戸で被災したということもあり、筆者も神戸の避難所で三カ月ほど、子どものメンタルケアに関わったが、その神戸には全国から駆けつけたボランティアの活動に加えて、宗教者の緊急支援活動もあった。活動内容は、緊急支援物資の運送・配布、炊き出し、避難所のトイレ掃除など多岐にわたった。

その後、日本社会はどのように変わったか。

阪神・淡路大震災が起き、ボランティア元年と言われた一九九五年は、日本社会が支え合う社会に変わるような転機に思えた。バブル経済が崩壊し、経済が低迷する中での阪神・淡路大震災、そしてオウム真理教の地下鉄サリン事件が続き、大きな節目の時代だった。その前から、価値観の多様化にともなう倫理観の変化によって人心が荒廃しているという見方がある一方で、時代に対応して人々の問題意識の高まりもあった。多くの書店で、「社会福祉コーナー」「ボランティアコーナー」「自然環境コーナー」などが設置され、NHKが『週間ボランティア』番組の放送を開始したのも一九九四年、この頃だ。しかし、その後の十数年、日本社会は、支え合う社会ではなく、格差社会、無縁社会となってしまった。

ここで、内閣府が毎年、年の初めに行っている「社会意識に関する世論調査」の結果を見てみよう。これは、世相をどのように見ているかを尋ねるものだが、一九九八年には、「思いやりがある」社会だと捉えている人は六・〇パーセントしかいなかった。「自分本位である」という見方をしている人が四二・五パーセントと圧倒的に多かった。それが二〇一〇年一月、つまり東日本大震災が起きる前年の調査では、「思いやりがある」が一一・八パーセントに増えている。これは、この一二年の間にNPOの数が増え、ボランティアに参加する人たちも少しずつ増えて、その人たちが、思いやりのある社会になってきたのではないかと感じていると考えられる。

一方で、「自分本位である」という人が四二・七パーセントと若干だが増えている。ある人は、行き過ぎた利己主義に違和感を持ち、非常に思いやりを持って、人のために、ボランティアなどの実践をしている。その一方で、食の偽装や粉飾決算といった、自分さえよければいいという企業の在り方、社会の在り方が問題化したように、自分が得をすればいい、人を蹴落としてもだましても儲かればいい、という人がいる。

社会はこのように、思いやりのある人たちとない人たちに二極化していくのではないか。筆者はこういう社会の現状を、「思いやり格差」社会と呼んでいる。これは経済格差ではなく、人々の思いやりの度合いに格差が生じている社会という意味だ。

なぜ、このような社会になってしまったか。一九六〇年代、七〇年代の高度経済成長は、都市人口の過密化、住宅難、交通地獄、公害問題など深刻な問題を生みだした。七〇年代すでに、高度経済成長の価値に対する国民の疑問が表面化している。しかし、そのまま社会は走り続けた。原子力発電はそのような時代に誕生した。

この背景には、私たちが生きてきた社会の在り方が、「近代の価値・信念体系」、つまり、自然の全てを人間がコントロールできる、効率がいちばん重要だという考え、また、極端な個人主義や市場万能主義といったものに基づいていたからではないか。

この「近代の価値・信念体系」が私たちの社会にあまりにも深く浸透していたために、阪神・淡路大震災の起きた年がボランティア元年と呼ばれ、思いやりのある社会へ変わっていくかと思われたにもかかわらず、結局は元に戻ってしまった。それどころか、人を蹴落としてでも自分の利益を得ようという利己主義の風潮が一層進んでしまったようにも思われる。

一方では、そうした考え方に頼らなければ生きていくことができないほどに、生きる意味や、何のために人と関わって社会生活を営んでいるのかが分からなくなっていることも指摘できる。生きる意味とは何なのかといった問いに向き合うのを後回しにして、効率重視、利益重視、自分が得をすればいいといった社会の在り方の中で、私たちは生きてきた。

東日本大震災で福島第一原発の事故に見舞われたが、利益や効率を重視する中で安全神話を受け入れた原発依存社会の根底にも、人間が科学技術で全てをコントロールできるという傲慢な考え方があったと言えるだろう。私たちは戦後、そうした近代の価値観が浸透した社会に生き、変わることができなかったのだ。

今、このような多くの難問を抱えている現代社会に対して、従来のような行政主導のシステムに頼るのではない、利他性に富む市民社会が必要とされている。

二〇一一年三月一一日、東日本を襲った巨大地震、そして続く大津波により多くの命が犠牲となった。未曾有の大災害、甚大な被害の前に、誰もが自然の猛威と人間の無力さを感じた。何かお役に立てないか、ほっとけない、いても立っていられないと救援活動に動き出した人たちがいた。

続く福島第一原発事故。当たり前としていたものが消え去った。安全神話が崩れた。そして、目に見えない放射線を恐れる私たちは目に見えない祈り、共感、心のつながりの重要性にも気がついた。被災地で祈る姿を多くの人が見たであろう。多くの人が黙とうを捧げた。犠牲者の冥福と被災者の安穏、そして被災地の復興を祈った。

利益と効率のみを追求し、人を物のように使える・使えないで切り捨て、自己責任論のもと個人に過剰な負担がかかる社会。勝ち組・負け組の分断社会。地縁・社縁・血縁が失われてゆく無縁社会。つながりがそぎ落とされてきた社会にあって、苦難にある人へ寄せる思い、共感によって人々につながりが生まれた。

血縁や地縁がなくとも、たとえ他人であっても苦難にある人へ心を寄せる、その縁を「共感縁」と呼ぼう。他者の苦難にある境遇、艱難辛苦に共感し、その人の困窮や不利な状況の改善を願うのである。東日本大震災後に、「無縁社会」に「共感縁」が誕生したのではないか。

東日本大震災では、多くの宗教者が被災者の救援・支援活動に関わった。阪神・淡路大震災の被災地である神戸から物資を運んだキリスト教信者たちもいた。千葉のある寺院では、福島第一原発から逃げてきた人たちを迎え入れた。東京の大塚に住むイスラム教徒たちは、町内会の人たちが作ったおにぎりを被災地に届けた。

前述の内閣府の社会意識に関する世論調査によると、東日本大震災の翌年の二〇一二年一月の調査では、「思いやりがある」という見方の人が二一・七パーセント。震災前に行われた前年調査の二倍弱にはね上がった。そして、「自分本位である」は三五・〇パーセントと、三・八パーセント減った。世相に大きな変化が生まれたのは確かだと言える。いや、一年も経てば人々の記憶が風化して元の自分本位の世相に戻るはずだと言われたことがある。しかし、震災から五年経って実施された調査でも、「思いやりがある」は二割弱と持ちこたえている。

3　宗教的利他主義

社会貢献という言葉は、世の中のいたるところで使われるようになった。誰もが世の中の一員として、社会に何らかの貢献をすることが求められる。利潤を追求する株式会社とて同じ社会の一員であり、会社は社会の公器と言った創業者もいる。ましてや、人の救いに関わってきた宗教が社会の苦から超然としたところにだけ存することはあるまい。

宗教の社会貢献とはいかなるものであろうか。宗教者、宗教団体はさまざまな社会活動を営んでいる。そして、宗教思想や文化も社会やそこに住む人たちに影響を与えている。そのような観点から、筆者は「宗教の社会貢献」を以下のようにゆるやかに定義している。

「宗教者、宗教団体、あるいは宗教と関連する文化や思想などが、社会のさまざまな領域における問題の解決に寄与したり、人々の生活の質の維持・向上に寄与したりすること」

そして、宗教の社会貢献の領域を筆者は、以下のように分類している。

①緊急災害時救援活動
②発展途上国支援活動
③人権・多文化共生・平和運動・宗教間対話
④環境問題への取り組み
⑤地域での奉仕活動
⑥医療・福祉活動
⑦教育・文化振興・人材育成
⑧宗教的儀礼・行為・救済

歴史をひも解けば、日本における宗教者による社会貢献、弱者への慈善活動は長い歴史を持つ。身寄りのない貧窮の病人や孤老を収容する救護施設として聖徳太子や光明皇后が設けた悲田院や施薬院が慈悲にもとづく仏教実践として知られている。奈良時代の行基の公共事業も有名である。中世では、永観をはじめとする平安末期の浄土教の聖《ひじり》たちの慈善活動があった。カトリックの救貧活動もよく知られている。そこには宗教的理念にもとづいた利他主義「宗教的利他主義」が存在する。

筆者は、利他主義を「社会通念に照らして、困っている状況にあると判断される他者を援助する行為で、自分の利益をおもな目的としない」と定義している。「利他」という漢字は、元来、他者を利益すること、他人を救うことを意味する仏教用語からきているが、利他主義自体は仏教の専売特許ではなく、諸宗教で説かれる。利他主義に関連して、チャリティという言葉があるが、それはキリスト教に源流がある。チャリティ（charity）は日本語に訳せば「慈善」となるが、その語源であるラテン語のカリタス（caritas）はギリシャ語のアガペー（agape）の訳であり、キリスト教においては神の愛と隣人愛だ。特に、貧者への施しはイエスの説いた隣人愛の端的な実践であり、強盗に襲われて道端で弱っていた旅人に手をさしのべた「善いサマリア人」がモデルとされる（「ルカによる福音書」10・25－37）。すなわち、慈善は、宗教的背景のもと、他者へあわれみを持ち、困窮者や不幸な人を救う善意の行い、善行を意味する。

キリスト教のみならず、ユダヤ教、イスラム教、仏教など多くの宗教において、慈善は尊い行い、あるいは信仰者としての義務として説かれている。慈善は、自己の財産を分け与える喜捨とも関連している。そこには相互扶助、利他主義の思想がある。

宗教は人をより利他的にするのであろうか。宗教を信じることによって、その信じた人の価値観、世界観がその宗教により築かれ、その宗教により説かれる利他主義もその信者の生き方を規定し、利他的精神を涵養するのであれば、利他主義を説く宗教を信じて深い関与がある人ほど、利他性が強いことになる。欧米の各種の研究において、宗教的コミットメントが利他主義と正の相関をもつという結果が提示されている。また、アメリカでは、利他的精神を育てるには、宗教的環境が重要だという研究結果がある。

では、日本ではどうなのか。日本は無宗教の国と言われることがある。「あなたは何か宗教を信じていますか？」と尋ねると、七割以上の人が「よく分からない、無宗教」と答える。八割以上の人が神を信じているアメリカをはじめ他の国に比べると、日本は圧倒的に宗教人口が少ない。

とすると、アメリカの研究の知見からは、日本は宗教者が少ないため利他性が育ちにくい環境にあり、ボランティアなどのたすけ合い行動が起きにくい国ということになる。ところが、実際には、大災害が起きたときに多くの人がボランティアに駆けつけたり、義援金を送ったりする。日常的にボランティアをするなど他者のために動く人もいる。どうして、宗教人口の少ない日本社会でそうしたたすけ合いが起こるのか。日本社会には、何か欧米とは違う要素があるだろうか。

宗教を信じている人は二十数パーセントと少数派でも、七割もの人が宗教的な心が大事だと考えている。このギャップはどういうことなのか。実は、初詣やお墓参りなど、年中行事と見なしているかどうかは別として、神様やご先祖様にお参りしようという意識を持ち実践している人も七割いる。日本人の、こうした「無自覚に漠然と抱く自己を超えたものとのつながりの感覚と、先祖、神仏、世間に対して持つおかげ様の念」を「無自覚の宗教性」と筆者は名付けている。たしかに、自覚的に「自分は宗教者だ、宗教を信じている」という人は少ない。しかし、その一方で、無自覚ではあるけれども、漠然とした、自分を超えたものとの「つながりの感覚」や、先祖、神仏に対する「感謝の念」、世間に対する「おかげさまの念」を多くの日本人が抱いている。そして、この「つながりの感覚」や「おかげさまの念」が、大災害をはじめ、いざというときに、同じ日本社会の中で苦しんでいる人のために自分も何かできないかという思いを駆り立てる。それが、義援金や物資を送ったり、ボランティアに参加したりという行動につながっていると考えられる。つまり、「無自覚の宗教性」が利他的精神、そしてたすけ合いの行動につながっているのではないか。

4　ソーシャル・キャピタルとしての宗教、災害時の力

社会のさまざまな組織や集団の基盤にある「信頼」「規範」「人と人との互酬性」が強く、しっかりしているところは、組織、集団として強い。人々の支え合い行為が活発化し、社会のさまざまな問題も改善される。そのような考え方に異論は少ないだろう。組織や集団にあるこの「信頼」「規範」「人と人との互酬性」がソーシャル・キャピタル（Social Capital, 社会関係資本）と言われるものである。

ボランティアが盛んなところでは、人に対する信頼が高い。実際に、世界の三十数カ国のデータにおいて、ボランティアなどの支え合いの活動、市民的積極参加と社会的信頼、人への信頼に強い相関関係が見られた。そして、世界の各国がソーシャル・キャピタルに関心を示し、さまざまな社会政策を進めてきた。

なぜ、ソーシャル・キャピタルが重要視されているのか。戦後、日本社会は民主主義化を進め、豊かさを追求してきた。世界の多くの国も同様である。しかし、現代社会には、犯罪、貧困、環境問題、テロリズムなどの多くの問題がある。そして、小さな政府と市場至上主義により、貧富の格差は拡大し、勝ち組・負け組に分断された社会へと向かっている。交通手段と情報網の発達と雇用形態の多様化により移動性の高い社会になり、それによって都市化・核家族化も進行し、枠組みとしての共同体は崩壊の危機に瀕している。過剰な利己主義への批判と、支え合う市民社会の構築への希求から、利他性に関する研究が盛んになった。こうした流れにあって、ソーシャル・キャピタルが注目されている。

他人を信頼しにくいリスク社会で、人びとはソーシャル・キャピタルの乏しい関係性を生きている。人間関係の希薄化である。しかし、信頼にもとづく人間関係なしでは人間は生きにくい。人々は信頼にもとづく人間関係を求めているが、ソーシャル・キャピタルの乏しい世の中では、なかなかそのような人間関係はえられない。その点、宗教集

団は、もともとその内部に信頼構造を備えているので、それ自体が社会に貢献していると考えられる。そして、宗教集団は、人と人とのつながりを作りだし、コミュニティの基盤になっている。特に、独立宣言や建国の立役者たちが残した言動に起源を持つ「市民宗教」によって立つアメリカでは、国民の約半数が毎週教会に通う。そして、宗教団体を母体とした社会福祉サービスは、年間七〇〇〇万人以上のアメリカ人を支援し、その額は年間二兆円を超える。アメリカでは、信仰心とコミュニティでの支え合いや社会福祉がつながっているのだ。大災害時には、そのような宗教の力が発揮される。

東日本大震災で本殿や拝殿などが全半壊した神社は三〇〇社を超え、本堂が全半壊した寺院は四〇〇寺を超えた。一方で、指定避難所になっていない寺社教会等の宗教施設に住民が多数避難した。指定避難所となっていた小学校の体育館は板張りで避難生活には身体的負担がかかる。一方、お寺には畳があってよかったという声もある。

被災地で宗教は地域資源として一定の力を発揮したことが明らかになった。すなわち、宗教施設には、「資源力」（広い空間と畳などの被災者を受け入れる場と、備蓄米・食糧・水といった物）があり、檀家、氏子、信者の「人的力」、そして、祈りの場として人々の心に安寧を与える「宗教力」があった。

そして、東日本大震災を機に被災者支援をする宗教者の中から立ち上がってきた臨床宗教師の取り組みがある。臨床宗教師とは、超宗派を基本とし、布教を目的とせず、病院など公共の場で悲嘆や苦悩を抱える人々の心のケアをする宗教者である。東日本大震災発生後、宮城県宗教法人連絡協議会により、心のケアのために開設された「心の相談室」の経験をもとにしている。臨床宗教師の育成は、東北大学実践宗教学寄附講座が二〇一二年度よりはじめ、その後、他大学にも研修機関が広がり、二〇一六年二月には日本臨床宗教師会が発足している。このように、災害復興の歩みにおいて、宗教者は過去の経験をもとに寄り添い支援を続けている。

宗教者のそのような活動に対する社会からの期待は高いのであろうか。『第一一回学生宗教意識調査報告二〇一三』によると、大学生は、災害時に宗教や宗教家の役割があると期待している（「必ずある」二〇・六パーセント、「いくらかある」四六・六パーセント、「あまりない」一五・四パーセント、「とくにない」一六・五パーセント）。そして、災害時に宗教家や宗教施設が果たせる役割として、「地域の人たちの避難場所となるスペースがあったら、できる限り提供する」五八・三パーセント、「被災者の心のケアのための活動に力をいれる」五〇・九パーセント、「亡くなった人たちへの供養や慰霊などのための儀礼を特別におこなう」四〇・〇パーセントである。

では、宗教者、宗教施設はどう備えたらよいのか。

5 災害協定・災害救援マップ

今、宗教と行政の関係で大きな変化が生まれている。東日本大震災を教訓に首都直下型地震、東海地震、南海トラフ大地震などに備えた「自助」「共助」「公助」の仕組み作りが進むなか、宗教施設、宗教団体と行政との連携も生まれている。

群馬県高崎市の仁叟寺は、東日本大震災後、寺の本堂の耐震工事をし、二〇一二年六月に避難所指定の相談を高崎市に打診し、その後、区長や地域の人たちの協力のもと避難所指定願いを市役所に提出して、二〇一三年五月に指定避難所として認定された。企業から非常用大型発電装置の寄贈をうけたりして防災設備を拡充するとともに、地域での防災訓練を実施したりするなど、寺院が地域防災の要のひとつとなっている。京都市は、二〇一三年一一月、災害発生時に多くの観光客が帰宅困難になることを想定し、市内の清水寺、東本願寺などの寺院を一時的な避難場所や滞在場所として提供する協定を締結した。奈良県斑鳩町も二〇一三年一二月に法隆寺と、境内を避難所とする協定を締結している。

地方では寺社がソーシャル・キャピタルとして存在しているところもあり、災害時の避難所として関心がもたれている。都市部でも帰宅困難者対策として、寺院が一時避難所として行政から指定されるケースが増えている。

宗教施設を地域資源とした地域防災の取り組みは、新たなコミュニティの構築であり、大災害時のみならず、日常の新たな「縁づくり」ともいえる。全国に存在する宗教施設を地域資源とし、防災対応を基にソーシャル・キャピタルを見える化、つなげる化し、新たな縁を実践的に模索する試みが、今、進んでいる。

二〇一四年七月、筆者は、全国の自治体と宗教施設の災害時協力の調査を実施し、一一八四自治体から回答を得た。宗教施設と災害協定を結んでいる自治体は九五（三九九宗教施設、うち指定避難所は二七二宗教施設）、協定を結ばずに協力関係がある自治体は二〇八（二〇〇二宗教施設、うち指定避難所は一八三一宗教施設）あった。宗教施設が収容避難所として六七八施設、一時避難所として一四二五施設指定されており、合計二一〇三宗教施設が指定避難所となっている。協定締結と協力関係を合わせると、災害時における自治体と宗教施設の連携は、自治体数で三〇三、宗教施設数で二四〇一にのぼることがわかった。

災害協定の締結時期については、東日本大震災前が二九件、震災後〜二〇一一年一二月三一日までが一七件、二〇一二年が二九件、二〇一三年が八二件、二〇一四年が三九件、不明が二〇三件となり、東日本大震災後に一六七施設と災害協定の締結をしており、協定数が増加していることがわかる。

また、宗教施設との災害協定を検討していないと回答した自治体は八七一あり、その理由として「施設の構造面や立地条件などにより避難場所に該当する施設がない」（一五五）、「避難場所が足りている」（一三九）などが多く挙がった。被災地で問題とされた「政教分離の観点から」との回答は五自治体にとどまった。憲法第二〇条（政教分離原則）や第八九条（公金支出の禁止）に抵触するとの声もあったが、宗教施設が仮遺体安置所や避難場所となった際には、自治体が、その費用を支出する場合もある。宮城県岩沼市は市内の竹駒神社を避難所指定したが、災害時に竹駒神社が避難所運営で支出した費用は市が負担するという覚書を締結している。東京都台東区は浅草寺を帰宅困難者の受け入れ先とし、区の負担で発電機などを設置した。

東京都内の寺院の防災の意識の高まりもある。東京都仏教連合会が、二〇一四年に都内の仏教寺院に対して実施した調査では二五三八寺院に調査票を発送し、一一三七寺院が回答、大地震発生時に「帰宅困難者」の一時受け入れを考えている―四〇六寺、災害に備えて備蓄をしている―四四〇寺、自治体と災害時協力に関する協定を結んでいる―三九寺、協定なしに自治体と協力関係がある―一六五寺であった。

宗教団体と距離を取ってきた行政がなぜ、今、協定、連携なのか。首都直下型巨大地震、南海トラフなどの大地震が起これば、行政、NGO、NPOの力だけでは足りない。宗教者の救援活動、宗教施設の避難所運営は社会的要請でもある。だからこそ、東京都、神奈川県、京都市をはじめとした自治体が積極的に宗教施設に協力要請し、協定の締結に動いているのだ。

東日本で続く余震に加えて、南海トラフ巨大地震はいつ何時《なんどき》発生しても不思議ではない状況下で、平常時からのそなえと連携の必要性を筆者は強く感じた。ひとつには、東日本の被災地で緊急避難所となった宗教施設の宗教者の声を聞き、その実態、情報に触れたからである。いまひとつは、気仙沼市の元職員、危機管理室統括官であったS氏との出会いだ。S氏は、市の防災計画を作成し、津波からの避難場所も策定した人である。しかし、今回の巨大津波は、その防災計画で避難場所と指定した建物も飲み込んでしまった。「自らの至らなさで市民の尊い命を奪ってしまった」と泣きながら、嗚咽しながらS氏は語った。S氏と親交が厚く、市の防災対策にも長年協力してきた住職の寺院での聞き取りの時のことである。その住職は、「Sさんが長年取り組んだからこそ、避難して救われた命がたくさんある」と言ったが、S氏は、「命が失われたことは事実。やるべきことはたくさんある」と、避難場所をつなぐこと、備蓄の重要性、全国レベルでの救援マップの必要性を筆者に語った。そして、筆者は、東日本大震災の発災から約一週間後に黒崎浩行氏らと立ち上げた「宗教者災害救援マップ」をもとに、全国レベルの平常時から利用できるマップ作りを構想した。その約一年後、二〇一二年一〇月、大阪大学・未来共生イノベーター博士課程プログラム（文部科学省採択）の一環として予算がつき、筆者が責任者として指揮をとり、半年かけて「未来共生災害救援マップ（略称：災救マップ）」を構築し、二〇一三年四月にインターネット上に無償で提供した（http://www.respectrelief.net/)。各地域の防災の取り組みとしての防災マップは存在するが、全国の指定避難所および寺社教会等宗教施設を集約したマップは存在しなかった。全国の避難所および宗教施設とあわせて約三〇万件のデータを集積した日本最大の災害救援マップが「未来共生災害救援マップ（災救マップ）」である。

二〇一四年には、スマートフォンのアプリも開発し、無償提供している。アプリは、発災時にユーザーによる避難施設および被災状況の情報共有を目的として、災救マップと連携するよう開発したものである。災救マップの更新情報や使用方法の詳細は以下を参照されたい。http://www.respect.osaka-u.ac.jp/map/

指定避難所には市町村の職員が駆けつけるが、宗教施設や緊急で避難所になったところは行政も情報をもっておらず支援が遅れる。そこに、「災救マップ」アプリやＳＮＳなどでの情報シェア、双方向システムが力を発揮する可能性がある。

6　東日本大震災から熊本地震へ

二〇一六年四月一四日、そして一六日に熊本地方を震央とした大地震が熊本県および大分県など九州地方を襲った。東日本大震災から五年目に日本を大地震が襲ったのだ。「防災と宗教」行動指針（災害について学ぶ、災害に備える、災害時に支える、災害復興に歩む、連携の輪を広げる）をもとに、宗教者の対応を見てみよう。

災害時における宗教者・宗教団体の取り組みを検証し、今後の災害対応における課題について話し合うことを目的として、第三回国連防災世界会議パブリック・フォーラム「防災と宗教」シンポジウムが、二〇一五年三月一六日、仙台市で開催された。「防災と宗教」シンポジウムでは、宗教者による防災の取り組み、災害時の緊急対応、復旧・復興期の役割、行政との連携、社会との開かれた関係の構築などをうたった「防災と宗教」提言文が採択された。その「防災と宗教」シンポジウムを主催した、世界宗教者平和会議（ＷＣＲＰ）日本委員会、宗教者災害支援連絡会

（宗援連）、宮城県宗教法人連絡協議会（宗法連）の三団体で、「防災と宗教」行動指針・策定委員会を組織し、「防災と宗教」提言文をもとに、宗教者が自らの使命の一つとして「防災」を位置づけるとともに、生命を守る取り組みにおいて連携する一般の市民団体、行政、様々な社会的セクターにむけて発信していく「防災と宗教」クレド（行動指針）を策定した。

「防災と宗教」クレド（行動指針）

1　災害について学ぶ
　宗教者・宗教施設は、防災減災について共に学べる場を提供します。
2　災害に備える
　宗教者・宗教施設は、災害時に向けて共に生きるための備えをします。
3　災害時に支える
　宗教者・宗教施設は、災害時に分け隔てなく共に命を支え合います。
4　災害復興に歩む
　宗教者・宗教施設は、共に身も心も災害復興に歩みます。
5　連携の輪を広げる
　宗教者・宗教施設は、民間機関・行政と共に連携の輪を広げます。

1　災害について学ぶ

東日本大震災後、多くの宗教者、宗教組織が、防災意識を高める研修会を開催したり、避難所運営のワークショップを開催したりしてきた。宗教者自らが、防災士の資格取得に取り組んだり、防災ワークショップを自主企画したりしている。また、宗教施設の敷地内には災害記念碑が建立されていたり、古文書などに災害の記録が残されていたりする。熊本地震でも、発災後にそのような古文書の存在が明らかになった。地域の災害を伝承していくことにも留意したい。

2　災害に備える

前述したように、東日本大震災後、市町村、自主防災組織と災害時の協定や協力関係をもっている宗教施設も増えている。群馬県高崎市にある曹洞宗の寺院、仁叟寺は、高崎市と災害協定を締結し、指定避難所となり、災害への備えをしている。宗教施設に非常用備蓄品を保管し、地域的特徴と施設の条件に基づいた防災訓練などの取り組みが進んでいる。

3　災害時に支える

熊本地震でも、被災者のために宗教施設を避難所や救援活動の拠点として可能な限り開放するとともに、炊き出し、物資の仕分け、瓦礫撤去、寄り添いなどの救援・支援活動を地域の人たちと共に行った。

熊本市西区春日にある北岡神社も被災していたが、本震の当日に緊急避難所となっていた。東日本大震災の前年に、地域の自主防災組織からの依頼、つまり地域住民の要望で地域連携していた神社である。行政主導ではなく地域のつながりがあった。

熊本地震では、被災した寺院も多かったが、庫裡や会館などを開放して避難者を受け入れた寺院もあった。八代市の浄土真宗本願寺派・勝明寺は、最大で一五名の避難者を受け入れた。ひとり暮らしの高齢者らに声をかけ、門徒会館を緊急避難所として開放した。平生普段より通夜・葬儀を会館で執り行うことから、宿泊施設としての機能を備えていた。

宇土市にある浄土真宗本願寺派の法教寺にも、四月一四日の前震直後から最大十数名の近隣住民が避難した。そのほとんどが門徒ではない妊婦や高齢者だった。一六日の本震直後は避難者とともに近くの運動場で数台に分かれて車中泊をしたが、三日目から再度、同じメンバーを中心に寺での避難共同生活に戻った。寺は、水、食料、トイレや風呂など、必要なライフラインを提供し続けた。また、特に、コンクリートの堅牢な建物を持つ宗教施設が緊急避難所となったが、これらの宗教施設のどれもが信者以外の一般の人も受け入れていた。東日本大震災の経験がいかされていると言えよう。

4　災害復興に歩む

宗教者は、被災者の信教の自由を尊重しつつ、寄り添い、傾聴、見守りなど、精神面のサポートをするが、特に今回の熊本地震では、すでに発足していた九州臨床宗教師会の臨床宗教師が、熊本県益城町の大型展示場グランメッセ熊本や総合体育館などで傾聴の活動「カフェ・デ・モンク」を継続した。

5　連携の輪を広げる

熊本地震での支援において様々な連携が見られた。東日本大震災を含めて、これまでの災害での経験と備えが支援の形として現れたのである。天理教災害救援ひのきしん隊は、益城町の災害ボランティアセンターで運営に関わっていた。災害ボランティアセンターを運営する社会福祉協議会に加えて、天理教災害救援ひのきしん隊が交通整理、ニーズ調査をもとにした家の片づけなど支援活動などを展開し、災害時の力となっていた。熊本市東区健軍にある真如苑熊本支部は緊急避難所となった。建物の被害はなく、水道、通信、電気が使用可能であったため、指定避難所ではないが、信者以外も含めて五〇名ほどが避難生活をした。熊本市社会福祉協議会が東区の支援活動の拠点として真如苑熊本支部に敷地内の駐車場一〇〇台分のスペース提供を依頼し、そこに災害ボランティアセンターが開設された。

社会福祉協議会が宗教施設内に災害ボランティアセンターを開設したのは、これが初めてである。社会福祉協議会のスタッフとともにSeRV（サーブ・真如苑救援ボランティア）が災害ボランティアセンターで支援活動をした。災害時の支援の連携の輪が広がっている。

反省点もある。今回の熊本地震でも流通備蓄では対応しきれなかった。残念ながら東日本大震災の教訓がいきていない。市町村は災害時対応のために複数の拠点を設け、指定避難所における備蓄品管理および防災倉庫の体制を備える必要があるが、その体制が整っていなかった。

同じ地域の避難所および宗教施設で、水・食料の備蓄品の消費期限を一年ごとにずらして設定し、消費期限が近づいたらフードバンクなどへ寄付する、あるいは、地域で防災を考えるイベントを開催し、皆で食べる。そして、また新しい備蓄品を購入するといったサイクルの仕組みを地域で構築することを筆者は提唱してきた。

時代ごとに、様々な連携をして日本社会は災害へのそなえをしてきた。そこには個人だけでなく、地域での支えあいの考え方がある。個人ではなく、地域で防災を考え、備蓄をすることは、地域コミュニティのつながりを作り出すことにもなる。完璧な仕組みはなく、一人ひとりが取り組むことが大切である。東日本大震災、熊本地震を経験し、宗教者の支援活動が公共空間でよりいっそう見えるようになった。「防災と宗教」クレド、すなわち、災害について学ぶ、災害に備える、災害時に支える、災害復興に歩む、連携の輪を広げる、の五つが少しずつ、着実に実践の輪を広げている。その実践の継続が大切と感じる。

7 まとめ

市町村による地域防災に加えて、地域住民が取り組む地区防災の動きでも、宗教施設との連携の動きは広がっていくだろう。地域住民の要望により、宗教施設が避難所指定されている実態がある。自治会から、筆者のもとに、寺院、神社と災害時協力を結びたいという相談も寄せられている。

しかし、課題も多い。自治体と協力関係はあるが、宗教施設の建物が古く、耐震の基準を満たしていないため、災害協定を締結できない宗教施設もある。今後、宗教施設の耐震化も大きな課題である。

東日本大震災では、多くの寺社教会等の宗教施設が緊急避難所や救援活動拠点となった一方で、緊急避難所となった寺社教会等の宗教施設に行政の支援物資の配布が遅延する事態もおきた。宗教施設が災害協定を締結することにメリットはあるのかと疑問視する声もあるが、災害協定を結び、いざという時の連携のあり方を決めておくのも大切なこと。また、地域社会とより深く関わる宗教施設のあり方、開かれた新たな関係性がうまれるのではないか。それも大きなメリットであろう。

一方で、宗教施設は、宗教施設としての目的がある。宗教施設には、聖なるもの、また、文化財もある。その点も踏まえ、協定書に境内や駐車場などの開放する場所を明記した上で、檀信徒との事前の取り決めで、庫裡や重要文化財のあるスペースは立ち入り禁止とし、本堂等は部分的に開放するのも一案。宗教施設が避難所や仮遺体安置所となった際には、自治体がその費用を弁済する場合もある。市町村、宗教施設のおかれている状況によって協定の内容は異なる。

檀信徒、地域住民と相談し、災害時の取り組みを決めて、協定の内容を検討してから、自治体との手続きを進めることが大切である。宗教者、施設管理者がすべてをすることはできない。管理者が不在で、家族だけの時に大災害が発生することも想定し、地域の避難者が、緊急避難所の運営をサポートできる体制を整えておくことも一つの方法だ。災害時には、避難者、自主防災組織等地域住民、市町村、ボランティアと連携しながら運営する。

協定が結ばれたとしても、それだけでは機能しない。東日本大震災の被災地で緊急避難所、活動拠点として機能した宗教施設の多くが、日頃から地域社会に開かれた存在だった。祭、年中行事などに加え、宗教者が、平常時から自治体、自治会、社会福祉協議会、ＮＰＯ、ボーイスカウト等と連携しているところは災害時に力を発揮した。平常時の取り組みが大切である。
それぞれに宗教施設は備蓄をしている。しかし、すでに述べたように、一施設だけの備蓄・防災ではなく、地域としての取り組み、連携につなげていくことが肝要である。そのためにも、宗教者が、日ごろから行政や地域の自治会とも交流を持ちながら、地域コミュニティづくりを行う必要があろう。

【注】

本稿は、二〇一四年二月二一日に開催された「第73回オリエンス・セミナー」での講演をもとに、以下のような論考、その後の熊本地震における宗教者の対応なども加えて、加筆修正したものである。

・稲場圭信・黒崎浩行編著『震災復興と宗教』明石書店、二〇一三年。
・稲場圭信「自治体と宗教施設との災害協定に関する調査報告」『宗教と社会貢献』第五巻第一号、二〇一五年、七一－八六頁。
・稲場圭信「利他主義と宗教のアクションリサーチ」河森正人・栗本英世・志水宏吉編著『共生学が創る世界』、大阪大学出版会、二〇一六年、二一一－二二二頁。
・稲場圭信「検証！熊本でこれまでの教訓は生かされたか」『月刊住職』七月号、興山舎、二〇一六年、四四－五一頁。
・宗教者災害支援連絡会（編集）、蓑輪顕量、稲場圭信、黒崎浩行、葛西賢太（責任編集）『災害支援ハンドブック：宗教者の実践とその協働』春秋社、二〇一六年。

本稿は以下の研究費を受けての調査にもとづいている。科学研究費「東日本大震災におけるコミュニティ復興のアクションリサーチ」「宗教施設を地域資源とした地域防災のアクションリサーチ」。

第3章　東日本大震災に思うこと

佐藤純一

1　はじめに

私は科学者ではなく、技術者です。昭和三七年に東京大学工学部冶金《やきん》学科にて鉄鋼の加工、アルミニウムの加工技術を習得いたしました。卒業後、化学会社昭和電工に入社し、アルミニウムや人造ダイヤモンドなどの製造に約二〇年間従事しました。その後母校東京大学の講座で、「技術と社会と環境の連関」をテーマに六年程教え、その後芝浦工業大学で加藤尚武先生の本を中心に工学倫理を教えていました。

その後、国際メタテクノロジー研究所を設立し、技術のメタ（超える、高次の）レベル即ち、「なぜある技術を開発するのか」、また「その技術は人間にとってどのような意味があるのか」、などをテーマに研究したり、環境問題や健康医療問題のＮＰＯ法人を立ち上げました。またＷＣＲＰ（世界宗教者平和会議）の平和研究所に唯一の技術者として参加し、戦争、環境問題が発生する原因を探求し、専門用語をわかりやすく説明する役割を担っています。その際、いろいろな宗教者とも関わるようになり、知見を広げることができました。本稿ではまず経済的リスクのみを視野においた原発運営の問題について考察します。

2 「科学」と「技術」の区別

そもそもサイエンス（科学）と技術は本質的に異なっています。日本では、「科学技術」という言葉が使われていますが、英語には「scientific technology」という概念はありません。「science and technology」なのです。フランス語でもそうです。科学技術と言っているのは日本だけです。

では科学のない時代に技術はあったのかといえば、あったのです。車、紙、火薬などは中国の技術です。そのころ現代的科学はありませんでしたが、技術はありました。技術とは、こうしたいと思うことを工夫して実現するということです。したがって、科学と技術は別々に考えないといけません。技術とは、こういうことをしたいという欲求を実現するための工夫です。何を欲するか、ということがまずあって、技術とはその欲することを実現するためのものです。たとえば柿をとるのに、手が届かなければ、枝を折って棒を使う。すなわち柿が欲しければ棒をつくる。それが技術であって、技術の根幹には欲するということがあります。それに対して、科学とは、なぜ風が吹くと小波が立つのか、その原理を探ることです。気圧やなにかで波が立つ、なるほどそうなっているのか、と知りたいことを知ることにあります。科学の発達により、現代は「科学技術」が人間の欲望を無制限に実現する方向に向かっています。「科学技術」だからといって無条件にいいという肯定をせずに、科学と技術を分けて考えることが必要です。

それでは科学技術によって、欲することを無際限に実行することが許されるのか、という問いが出てきます。何かを欲して行動したときにはその過程でリスクがあり、且つ何を欲したかで生ずるリスクもあります。欲することの許される限度をどこかで考えなくてはいけません。

きれいで、音もせず、安いエネルギーをどんどん使いたい、そうすれば生活が豊かになるということから原発が生まれました。そういう元にあるのが、そういった欲望です。しかし、技術を使い欲望を実現することがどこまで許されるかを考えなくてはなりません。欲望を実現する手段である技術と、科学とは切り離して考える必要があります。科学とはあくまで原理を知ることです。科学技術だからなんでも良しとして肯定するのではなく、何のための技術かをしっかり認識し、どこまで欲することを技術によって得ることが許されるのかが問われなければなりません。そこには宗教心のようなものが必要ではないかと思います。ここに宗教の大きな役割があります。そのようなものがないと、何を欲し、どこまで実現することが許されるのかを決めることはできません。そういうものがなく、単に科学であればすべて間違っていないとする、いわば「科学教」とも言うべき傾向が現代社会にはあります。「科学教」があるために、非自然の環境がひろがり、人工物の密度が異常に濃くなっています。

3　原発事故における天災と人災

二〇一一年の大震災は、地震、津波という二つの自然要素と、多数の技術が関連する都市において原発を含むコミュニティーという、人工物的要素が関わって生じた災害です。

自然要素

自然で起きることは単なる現象であって、災害ではありません。ですから「自然要素」と私は定義しています。山が崩れて平地になってもそれ自体は災いではない。しかし、山に人間が木を植えて林業をしているところに水が来て崩れたり、住んでいる平地が海になってしまったら、人間にとって災いなのです。災いとは、人間の住む村や町に自然要素による現象が起き、その結果、人間活動や生命に支障をもたらすことになった現象です。人が生きていない動植物も含めた自然がどんなに変化しようと、物理的現象に違いはあれ、災いとか幸いとかを判断することはありません。

かつては自然の中に人間がいましたが、現代では、自然は人工物環境にかこまれています。技術が連関し環境を作り、環境が人工物化しています。洋服を着た人間の生身だけが自然で、まわりはすべて人工物に囲まれています。人間の口の中にも入れ歯があるなど、さらに人工物化が進んでいます。

哲学者、今道友信は、技術が連関して環境を壊したと言い、また吉川弘之（元東京大学総長）は人工物が環境を壊したと言っています。機械技術のハードな連関の技術には、一九世紀末から二〇世紀にかけての鉄道、船舶、自動車、航空機、ロケットなどがあります。ソフトな連関、非物質の連関の技術は、電波、電気、音波、電気通信などです。そして今や、コンピューター・コミュニケーションによる超マクロ（宇宙）、超ミクロ（細胞）に至るまでの技術の連関が挙げられます。こうして技術連関がいろいろ重なっていろいろな現象が出てきて、災害連関が生まれるのです。

4　技術の善悪は通常、人間の利用意図に左右されるが、原発の場合はこれと異なる

私自身の個人的な宗教的立場はどちらかといえば神道、仏教であり、多神教と言われればそうですが、どれか一つを特に選んではいません。ところで仏教のなかに、唯識論があり、善悪・無記観という考え方があります。それによると、技術を災いにするのも幸いとするのも人間の利用意図にかかっているとされています。ナイフを例にとれば、ナイフ自体は善でも悪でもない無記です。しかし人間がそれをどう使うかで善にも悪にもなる。ナイフで物を削ったり、料理をしたり役に立てば善です。それが人を傷つけるものとなれば悪になりますが、そのもの自体は無記です。要は技術を悪にするのも善にするのも人間の利用意図です。

ところが原発の場合は違います。利用意図から見れば電力発電のみしていれば善ですが、爆発すれば悪になってし

まう。しかし、爆発するようなものを作ったこと自体に問題があるので、使い方の問題だけではすまされないのです。

この背景には、科学的であればすべて間違っていないという「科学教」とも言うべき傾向の蔓延があります。技術連関が非自然な環境を作り、そして科学の連関から原発が生み出されたのではないでしょうか。このような科学教に陥っているということを科学者自身が自覚しなければなりません。日本人はどちらかといえば罪業意識が強いにもかかわらず、科学は正邪を超えて何でもできるという傲慢があり、さまざまな現代的問題を生み出しているのです。

広島の原爆被害

私は左翼でも右翼でもありませんが、原発には反対です。被団協（被爆者団体）の創設者、肥田舜太郎先生から直接お聞きしたことをご紹介いたします。肥田先生は戦時中、陸軍病院の小隊長でした。陸軍病院から少し離れた戸板村の農家で、小児が高熱になったので、往診にいっておられました。基地に帰ろうとしたとき、原爆投下により八月六日の八時一五分にそこで屋根の下敷きになりました。それでも太田川を上って基地に帰ろうとしましたが帰れず、爆心地から三キロ位のところにあった戸板村にとどまり、二九〇〇人を看取ることになりました。その後アメリカからの指示で、そしてすぐに日本政府からも、原爆のことを話してはいけないと言われたそうです。戦後日本はアメリカ向きに変わっていきました。肥田先生はそれで原発に大反対し、被団協を作られたのです。

原爆実験がされているとき、ガンの発生率が高かったのです。そういう論文は学会では発表することはできましたが、出版はできなかったそうです。孫やひ孫までの遺伝子が壊れ、変わる影響が出る。今の人間とは人間が違ったものになってしまう、人類の種が変わってしまうわけです。しかも先生は原爆の爆発直後のなかを歩いて帰ってきたわけですから、その被害と影響をつぶさに知っていらっしゃって、それゆえ原発には絶対反対されていました。

元広島市長の秋葉忠利さんも研究仲間であり、同様に絶対反対されていました。日本ではこのように原爆被害の証拠を見せられていたのに、原発を止めないのは信じられないことです。さらには、これを他国に売り込むのは正気の沙汰ではなく、まさに犯罪的行為であると思います。長崎、広島で二〇万人も亡くなっています。今回の原発事故でも五〇年などの長いスパンで考えると被害者の規模は同じかそれ以上の程度になると言えるのではないでしょうか。

5　原発事故の修復の不可能性──元に戻せない、不可逆変化

私たちは原発の仕事や関連した仕事に従事したことのある経験者三〇人ほどで「原発行動隊」を作って福島の現場に行ってみました。専門家の集団ですから、現場に行けば長年の勘で被害状況からいろいろなことがわかります。住友金属の鉄鋼部門の元部長が、三月の終わりごろに福島第一原発に行き、滅茶苦茶な状態だとわかり、調査しなければならないことを認識しました。それで「原発行動隊」での現場視察を呼びかけました。退役エンジニアで結成し、今メンバーは三〇〇〇人くらいいます。福島の原発を設計した人も、スリーマイル島事故を止めたエンジニアや、動燃の事故に対応した東芝の人も参加し、データをどんどん供給しています。

今回の原発事故はたとい一〇〇年後でも事故前の状態には決して戻れません。遺伝子レベルで生物的に変わってしまうと、一〇〇年後の人間の種も今の人間の種ではなくなります。

かつてのビキニ環礁の核実験から大気の状態は元に戻っていません。地球には、その後どんどん放射性物質が増えてきています。拡散されているだけです。今も工業的な汚染水を流しているわけで、薄まっていますが全体に広がっています。土壌汚染を考えれば、ずっと地下に行き、根に入ったりして、放射線を出す物質がひろがっていって地表の組成が変質しているのです。

コンゴの鉱山の水の色と福島の汚染水が同じ色になっているそうです。コンゴの人は、ウラン鉱石を頭に載せて運んでいます。知らないからそういうことになっているのです。

物理学の自然法則のなかに、エントロピーの熱力学第三法則というものがあります。本来逆戻りできないことを戻

せると考えてはいけない。起こしたことには元に戻らないという法則があります。

例としてよく引合いに出されるのは、ジェボンズの石炭問題があります。石炭を焚いた熱で、ボイラーで水蒸気を発生し、蒸気機関車を動かし、石炭の灰、放出蒸気、放熱、煙、摩擦熱、騒音を拡散しています。それを逆に石炭灰、放出蒸気、放熱、煙、摩擦熱、騒音などをみな回収して、機関車を逆に走らせて、再生できるかといえば、それはできません。すなわち元に戻らないのです。インクの染みにしても、水中に拡散したインクの粒子を一つ一つつまんで外に出して集めることは事実上不可能です。

自然に起こる変化は可逆ではありません。ある程度許容される状態までは戻せる。無限に宇宙に飛んでいく熱は集められず、元に回収できません。原発が爆発して出る物質、熱、海水に広範囲に流れ出たものも完全には回収できない、元には戻せない。冷温停止の状態までは戻せるが、完全には元には戻せないのです。しかし、それに対して自然の現象の多くは循環し元に戻るものがあります。

6　原発容認の場合のコストとリスクおよび生活習慣の問題

日本はすでに原発を認めてしまっていて、太陽光発電などは付随的に推進してきました。これからもそれを容認したままで果たして良いのでしょうか。これに関しては長期的管理のコスト、将来のコスト、無害化するコストでの比較もしておらず、現在発電しているコストしか考えられていません。

エネルギーはこれまでの人口であれば、石炭、石油で三〇〇年間持ちました。石炭などはずっと使えています。原子力はkw／h当り八円と言われていますが、非枯渇エネルギーの太陽エネルギーが一五円でも非枯渇エネルギーを使った生活をすべきです。CO^2を出してもある程度石炭を使う。水力を使うなど、生活コストが高くなってもやるべきで、それなりの生活をするべきです。それが人類のあるべき生き方のパターンです。要するにいのちを損なう、種を変えるようなエネルギーを使うべきではありません。

　非枯渇型のエネルギーを使うと生活費が高くなって、電力使用が何割かになってもいいのかというおどし文句があります。しかし七〇年代はその程度で、あの時代でも楽しく生活できていました。太陽エネルギーが高ければ、人々は生活レベルを抑える。それでも飢え死にしません。七〇年代の生活に戻るだけです。

　また、技術は実行することで磨かれます。技術によって企業にはお金が入ってきて、経済的に循環していれば、更に技術開発して、コストも下がってきます。

　私たちは安くなるまでの間は高いものを使うようにすればよいのです。知足安分ということが必要になってきます。法華経には「知足安分」「足るを知る」、生活はこの程度でいいということを知ることが重要だと述べています。ですから宗教的世界観が必要です。それがないと、技術屋は何をするかわからないのです。戦前の国家神道のようなことはいけませんが、小さいときから、こういうことを知ることが必要です。

7　リスクマネジメントの問題

(1)　環境、経済におけるリスクの基本要素の変化

　東日本大震災以来最も不愉快な言い逃れの流行語に「想定外」というのがありましたが、これほど無責任なことはありません。人間が設計したものを超えたものがきたから責任がないと言っているのです。そもそも、リスクマネジメント設計に欠陥があったと考えるべきです。

　図表1－1と1－2[(1)]が表しているのは、過去と現在の環境、経済のリスクを考える際の基本的な要素の変化です。環境、経済におけるリスクの要素は、かつては地震・雷・火事といわれるような、自然要素の変化によるもののみでしたが、現代のリスクは、放射能、温暖化、ゴミ、エイズなど人間が作り出すものの変化によって起きています。リ

スクマネジメントをする際の基本要素は昔とは異なってきたのです。

（２）リスクの負い手（プレーヤー）

それに関連し、原発か火力か、どちらのリスクが高いのかというリスクマネジメントの問題に関して、酒井泰弘がゲーム論的に考察していますので紹介いたします[2]。リスクマネジメント設計時に考えられなければならない基本要素として、リスクを負う場合における負い手（以下、プレーヤー）に関する考察です。これまでのリスクマネジメントでは、生産する側だけを考えて、社会の方は生産されたものを受ける社会という立場しか考えられていませんでした。しかしプレーヤーの存在を増やして考え、第三プレーヤーである社会をリスクマネジメント設計時に考える必要があります。即ち、社会が損する、社会が絶滅する、というリスクも併せて考える必要があるのです。第一、第二プレーヤーのみで、どちらが経済的にいいのかというこれまでの考え方では、社会やいのちや受け手（第三プレーヤー）のことは十分に考えられていません。二つのプレーヤーを置いたモデルでは良い結果に見えても、第三プレーヤーを併せて考えると、いわゆるゼロサムゲーム（複数の人が相互に影響しあう状況の中で、全員の利得の総和がゼロになってしまうゲーム）になっているのです。

このような事態に関し、金子みすゞが[2]「大漁」[3]という面白い詩を書いているのを利用したのが次頁の図表２－５です。「（Ｂ）イワシが第３プレー

図表 1-1
地震・雷・火事・親父――昔のリスク観

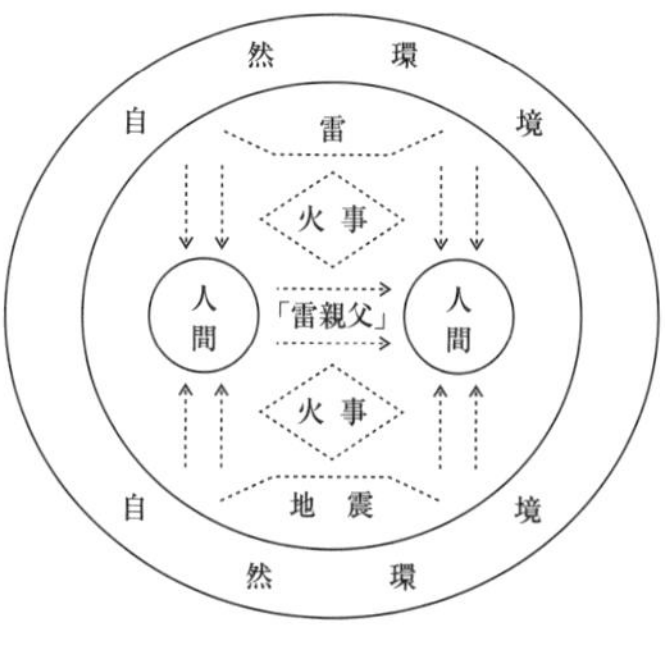

図表 1-2
放射能、温暖化、ゴミ、エイズ――今のリスク観

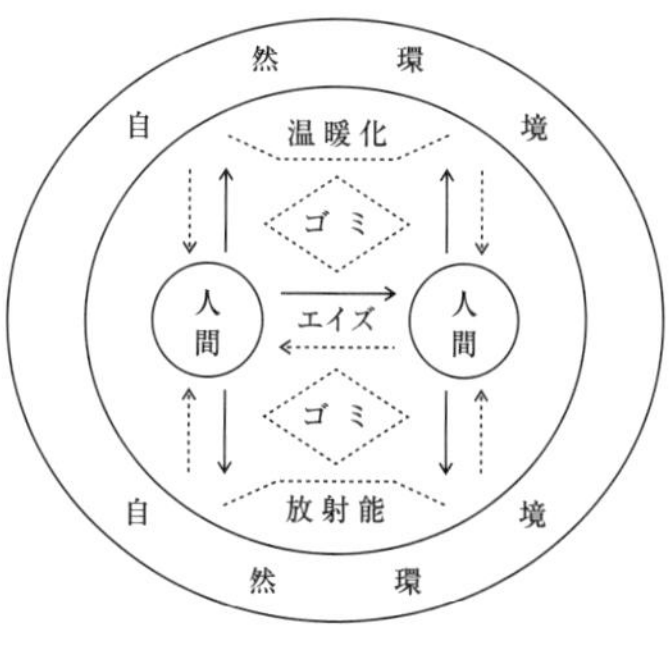

図表 2-5　金子みすゞの「大漁ゲーム」

（A）非ゼロ和２人ゲーム――通常の解釈

		次郎 遠慮気味	次郎 乱獲気味
太郎	遠慮気味	2 2	6* 1
太郎	乱獲気味	1 6*	5* 5*

（B）イワシが第３プレーヤー――ゼロ和ゲームへの埋め込み

		次郎 遠慮気味	次郎 乱獲気味
太郎	遠慮気味	2 −4 2	6* −7 1
太郎	乱獲気味	1 −7 6*	5* −10 5*

ヤー」の表の中で、マイナスの数にあたるイワシの立場を考えることの大切さをよく表しています。私たちも将来のプレーヤーのこどもに果たしてプラスなのかをよく考えなければいけません。

「大漁」(3)

朝焼小焼だ
大漁だ。
大羽《おおば》鰯《いわし》の
大漁だ。

浜はまつりの
ようだけど
海のなかでは
何万の
鰯のとむらい
するだろう。

(3) H・W・ルイスのリスク論に対する加藤尚武氏の批判(4)

(a) ルイスの最悪想定批判への批判

H・W・ルイス：「原子炉事故（そして他の緊急時でも）の管理で第一の原則（the first axiom）は、決してその解決のために最悪の場合を考えないことである。想像可能な最悪の場面についての計画を基礎にしてはならない。(We shouldn't base all our planning on the worst things we can imagine.)。最も起こりにくい、最悪の事態に対する計画は、われわれを現実に対して何の準備もない状態に放置することになりかねない」。

加藤の批判：「ここまで言うのは言い過ぎではないか。設計段階では、無限に最悪の事態を想定していけば設計不可能になるということも理解できるが、いったん事故が発生すれば、当面の最悪事態を防ぐために最大の戦力を投入するというのが、作戦の原則であるはずだ」。

(b) ルイスが確率論的安全評価だけで安全策を立てている点の批判

H・W・ルイス：「確率論的リスク評価の技術は原子炉に対して最も進んでいて、重大な原子炉事故の確率をかなりよく計算することができる。アメリカの原子炉に対する最近の最善の評価は原子炉・年当たり約一万分の一であり、放射性物質の環境への重大な放出の可能性はその一〇分の一か一〇〇分の一である。炉心溶融は現在運転中の一〇〇基あまりの原子炉で一〇〇年ごとに一回おこることになるだろう」。

加藤の批判：「ルイスは、確率論的な割り切り型の訓練を読者に積ませようとしている。確率という考え方の啓蒙書としては正しい方針だが、原子炉の安全策としては、設計段階であらゆる事態に対処するという方針は間違っている。炉心溶融が一〇〇年ごとに一回起こるとして、その放射能による土地の汚染が消滅するのに一〇〇年以上かかるとすると、『炉心溶融が一〇〇年ごとに起こる』ということを『まったくリスクがないのと同意語』（ルイス）として扱うことはできないだろう。確率論的ではない、決定論的な安全策との組み合わせを示すべきである」。

(c)　ルイスの損害評価の考え方への批判

H・W・ルイス：「大きい損失はその損失の額が意味するよりも悪く、したがって、相乗法が示す確率よりもさらに低い確率に抑えるべきだという考え方がある。この考え方では、一つの大損失は二つの小損失、――仮にそれが加えて同じ損失になる場合でも――よりも悪いのである。一万軒の家屋が破壊される事件は千戸破壊のものよりも、確率は一〇分の一であるにもかかわらず高いリスクを代表するであろう。……原子力発電に対する反対論の多くは、その根拠にリスク嫌悪がある。大事故の確率はきわめて低いが、その影響がたいへん厳しいので、この技術は受け入れられないというのである。この本では理想的保険会社が考えるのと同様、リスクを確率と結果の相乗値で測ることとする」。

加藤の批判：「（問題は）損害の期待値が、……想定損害額×確率で算定されるが、この数値があらゆる損害に対して連続的であるという点である。期待値とは、博打打ちが無限回のゲームを反復して行ったときの受取り額である。実際には無限の反復はできない。またタンカーの座礁、海底油田の崩壊、原子炉事故などの「異常な危険」（abnormal danger）は損害の受忍限度を超えているから、非連続に扱わなければならない。反復可能な規模の損害に対してしか、確率論的安全評価は適用できない」。

（４）　不確実な想定現象が実際に起き、それが技術的に対応できない場合、決定論として考えるべきである

ですから、非連続的で無限に博打をくりかえしたら起きることがありうるとされていて、しかし対応できないとい

う事態が実際に起きてしまったならば、それは決定論として考えるしかないのです。禁止領域を設定し、だめなものはやってはいけないとするしかない。

技術上、原発禁止ということは決定論として考えなくてはならないのです。原爆や、原発に関する技術は、「してはいけない」としなければならない。いのちを考慮した上で技術上対応できない技術はやめないといけない。想定外のこともまじめに考えるが、想定できないものについては決定論として考えるという価値観が必要です。

原子力の技術に関して推進派の人は、撤退するのではなく、コントロールできるまで研究するべきだと言っていますが、コントロールできると考えられる根拠がないのです。私は絶対できないと経験上思うのです。

私は工場を設計しています。その設計時、工場でもアルミなど資材が落ちて人が死んだりすることはあり、爆発することもあります。事故は起こりうるだけではなく、そういう事故をゼロにすることは実際にできません。ですから、原発の場合だけに、事故がゼロにできると考えていいものでしょうか。原発、すなわち不確実、非連続的なものに対してそう考えていいのか。理論ではなく、経験的にだめなのです。

科学者ができるかもしれないと思うのは自由ですが、できると言い切った途端に科学教になってしまう。科学が神になってしまうのです。しかし、実現したためしはないのです。

アインシュタインも、確率論を物理理論に応用して考えることはおかしいと言っています。「神はサイコロを振り給わず」と言いました。

したがって「やってはいけないこと」という宗教心をもつことが必要だと思います。「できるはずだ」と考えるのはいいことですが、「やってはいけないこと」を「できる」とすると、神になってしまうのです。日本の技術の中枢を担う人材を大勢輩出する一方で、ずっとほめられて育ってきた人間が多い東京大学などのエリート大学出身者には「できる」と考えてしまう人が多く、困ったことです。

8　これから日本人ができることは何か

日本には原子力があり、優秀な人がやっているから安心だという安全神話に日本人はとらわれています。デカルトのような批判精神の欠如は、日本人の発想のマイナス面です。デカルトの国であるフランスの原発推進派はどう考えているのか、懐疑精神はどうなのかということを検討するべきです。ドイツでは原発をやめると言っています。カントの批判精神、理念が、環境ということに結びついて考えられています。他方、日本人は、自分のところではやめてほしいと誰もが思っていますが、日本全体的に見てみると、そうは思っていないと言えてしまうのが問題です。

市民として一人ひとりの場合はいいが、全体でこうしようという主張をうかつにやるようになると危険です。戦争に関してのことですが、私は日露戦争に勝ってしまったのが太平洋戦争のそもそもの敗因だと主張しているのです。太平洋戦争で負けたときに、私は札幌にいましたが、そこでは小学三年生まで、げんこつで殴られたし、鬼畜米英を殴るよう教えられていたのに、戦後は逆にアメリカ礼賛へと、すぐに豹変してしまいました。

この意味で、原発反対は運動としてやらなければなりませんが、イデオロギーになると非常に怖いと思います。大衆が受け入れるイデオロギーの変わり方が激しいということを見てきましたので、それは大変怖いと思っています。全体の意見にすぐに付和雷同してしまわないで、「神の手」や「国家神道」などを言い出すのではなく、分野の違う者がお互いに知り合い、話し合うことが大事です。誤った世論を形成しないような市民の動きも必要です。現代は効用と効率を生む技術を握る人が富を生み権力をもつ状況なので、そういう人々も宗教や精神界に目を向け、交流することが必要です。また、宗教者の側も単に行者であるのみならず、一般世界との交わりが必要でしょう。

日本としてなすべきは、原発を止めた後、無害化する事業を積極的に行うことを提案いたします。事業として一つ止めると、ずっと無害化するには一兆円の売り上げが立ちます。中国、アメリカにも一〇〇基ありますし、世界中で五〇〇基以上あります。

9　原発無害化技術の推進を提案します

福島は規模が小さく、また日本での事故でしたから丁寧に無害化を行っていますが、大きいところだとそのままにしてしまうかもしれません。放射性物質のかたまりがそこにある場合、それにお金をかけるのは当たり前のことです。福島の事故からの教訓を生かして、事故に対応する技術を磨き、日本が頼りになるようにすることを私は提案します。

そのような技術の例を挙げておきます。かつて私が民間化学に勤務していた時代に、ボロンナイトライド（ハイセラミック）を開発しましたが、ロシアが大量に購入しました。チェルノブイリでは高速中性子が出ていたのですが、ボロンナイトライド（窒化ホウ素）は高速中性子を吸収するのです。福島でもしばらくすると高速中性子が出るようになります。アメリカの原子力潜水艦の事故では直後に中性子が出て、放射能がもれているとわかりました。高速中性子が人体に当たれば即死です。

ドイツのあるベンチャー企業体はチェルノブイリ事故を止めました。この会社はハイデルベルグの事故、スリーマイル島事故も止めました。この企業体は共同事業を中国にもっていこうとしましたが、日本とやりたいという話もありました。しかし、東電の子会社の社長に話が持ち込まれたのに、日本は心配ないと言って断ったのです。今思えばもっとまじめに考える必要がありました。現在福島では、止める技術がないからフランスの某社の言いなりにならざるを得ない状況です。生命観、宗教観をしっかり考えた上で、そういう技術面での人間の絆を大切にしておくべきなのです。

現在、「一〇〇億人の人類が地球上で自然環境と調和して、平和に豊かに存在を持続できるにはどうしたらいいか」という意識をもたなければならないところまできています。対策のためにエンジニアもなんらかの工夫しなければならない定めがあるのです。そういうところに知識を使わなくてはならない。

原発事故が起きたら、どういうことになっているかをしっかりと調べ、国民にキャンペーンをするだけではなくて、技術によるしっかりとした対応をしなければいけないのです。技術による実践的な対応が重要です。

複数の原発がコントロール不能になったらどうなるのか。原発事故は一度あることは二度あることが考えられます。社会の多くの人と対立しても主張すべきことはしていかなければなりません。

【注】

（1）池田三郎、酒井康弘、多和田眞編著『リスク、環境および経済』勁草書房、二〇〇四年、六、八頁。

（2）同、二五頁。

（3）『金子みすゞ全集』一巻「美しい町」JURA出版、一九九二年、一〇一頁。

（4）加藤尚武『災害論――安全性工学への疑問』世界思想社、二〇一一年、四六－四九頁。

第4章　脱原発の倫理――キリスト教の視点から考える

久保文彦

1　はじめに

福島第一原発事故を受けて、日本のキリスト教会各派は原発廃止を求める声明文を公表した(1)。原子力の専門家でないにもかかわらず、教会が原発廃止を呼びかけたのは、原発依存の社会を今後も続けるべきか否かという問題が人間の生き方の善悪（倫理）の次元に関わっているからである。

原子核分裂から生じるエネルギー（核エネルギー＝原子力）を電力に転換する原発は、少量の燃料から大量の電力を取り出せるという利点をもつ反面、ひとたび巨大事故を起こせば、夥しい数の人間を被曝させ、全地球規模の放射能汚染を引き起こしてしまう。事故は短期間では収束せず、被害は一世代にとどまらない。また、過去から現在まで繰り返された原発事故の歴史から明らかなのは、巨大な危険を伴う原発を制御し続ける能力が、私たち人間にはないことである(2)。原発の利用を続ける限り、巨大事故の再発は避けられない。

それゆえ、原発利用の是非をめぐる判断を、原発推進を国策とした政府はもとより、日本の原発は巨大事故を起こさないという宣伝に努めた電力会社や原子力の専門家に委ねるわけにはいかない。判断の責任は、原発の電気を消費する市民全員にある。市民社会の一員である以上、教会はこの責任を免れることができない。

教会各派は、聖書とキリスト教の伝統に基づく倫理的な視点から原発廃止を訴えている。これらの視点は、市民社会を支える公共的価値と結びついており、原発廃止運動の歴史から教会が学んだものでもある。以下では、各派の声明文から特に重要な三つの視点を取り上げ、教会が原発廃止を訴える理由を考察する。

2 自然環境といのちに対する責任

「しかし、なによりまず、わたしたち人間には神の被造物であるすべてのいのち、自然を守り、子孫により安全で安心できる環境をわたす責任があります」（カトリック司教団メッセージ「いますぐ原発の廃止を」）。

自然環境の破壊が急速に進んだ二〇世紀の教訓として、人間のあらゆる活動と生存の基盤をなす自然環境を守る責任を、私たちは自覚するようになった。自らが人類最後の世代であるかのように資源を浪費し、自然界の物質循環に還元されない有毒物を大量廃棄する産業社会のあり方を、多くの識者が批判してきた。多様な生物種からなる自然環境を保全し、将来世代の生存を危うくしない責任が人間にあるという「世代間倫理」は、社会と自然環境の持続可能性を守るための基本原則と認められるようになった(3)。

環境保護意識の高まりと並行して、キリスト教界では伝統的な教えを環境倫理の視点から見直す動きが活発化した。教皇フランシスコの回勅『ラウダート・シ』の公布（二〇一五年）は、キリスト教信仰と環境倫理の結びつきに関する認識が深まったことの現れである。両者の結びつきを考察する上で、繰り返し参照された聖書箇所は、キリスト教的自然観・人間観の基礎テキストとしての天地創造物語である。

神は言われた。「我々にかたどり、我々に似せて、人を造ろう。そして海の魚、空の鳥、家畜、地の獣、地を這うものすべてを支配させよう」（創世記1・26）。神は御自分にかたどって人を創造された。神にかたどって創造された。男と女に創造された。（同27）神は彼らを祝福して言われた。「産めよ、増えよ、地に満ちて地を従わせよ。海の魚、空の鳥、地の上を這う生き物をすべて支配せよ」（同28）。

神の「かたどり（ツェレム）」「似姿（デムート）」という古代オリエント世界では王の権威と結びついたイメージを用いて、この物語を記した古代イスラエルの知識人は他の生物に対する人間の支配権を強調する（創世記1・26、28）。「従わせよ」「支配せよ」という表現が伴う人間中心主義的な語感から、この物語が人間の自然支配を肯定することで後代の環境破壊を促したと論じられることもかつてあった。[4]しかし、神が人間に委ねた支配権は、環境破壊に直結するような人間の暴力的な自然支配を正当化するものではない。テキストの文脈を踏まえた解釈を通して、現代の研究者が「従わせよ」「支配せよ」という神の呼びかけから読み取るのは、大地（自然界）の秩序を維持し、管理するという人間に固有な役割である。[5]

こうした人間の役割は、創世記二章の人間創造物語では、より明確に語られている。

主なる神は人を連れて来て、エデンの園に住まわせ、人がそこを耕し、守るようにされた。（創世記2・15）

新共同訳が「耕す」と訳した動詞アーバドは「仕える」とも訳せる。[6]その名詞形エベドは「仕える者・僕」を意味する。語られているのは「神に仕える僕」「神の執事」として、神が創造した大地に「仕え」、大地を「守る」という人間の役割である。

すなわち、創世記の物語によれば、神が創造した自然界の美しくよき秩序（創世記1・31）を壊さず、あらゆるいのちが健やかに育つ条件を整え、いのちを守る責任は人間にある。もしも人間がその責任を放棄し、自らの欲望が告げるままに生活し、自然環境を壊してしまえば、いのちが健やかに育つ基本条件が失われてしまう。その場合には、他の生物のみならず、自然界の一部である人間自身が傷つき、苦しむことになる。

こうした人間の役割に関する見方が生じた歴史背景を考える上では、環境破壊に言及する預言書の伝承が注目に値する（ホセア4・1－3、エレミヤ12・4、23・10）。創世記の天地創造物語よりも古い年代に成立したと想定されるこれらの伝承では、古代の文明社会にすでに生じていた環境破壊と人間の不正な生き方との関連が意識されている[7]。天地創造物語を記した古代イスラエルの知識人は、南王国ユダの滅亡（前五八七年）とバビロン捕囚という大事件をきっかけに、人間の悪が環境破壊を引き起こしている現実に目を向け、自然に対する人間の非暴力的な関わり方について省察したのであろう。いのちと自然の一体性と自然界の秩序に対する人間の責任を洞察した聖書の自然観・人間観は、現代のエコロジーや環境倫理思想に通じている。

教会が原発廃止を訴える第一の理由は、自然環境といのちに対する責任の原則と巨大な危険を伴う原発の利用が両立しえないことにある。そもそも、冷却水の供給が途絶えた原子炉で炉心溶融が起こり、膨大な放射性物質が環境に放出される「過酷事故」の危険は、以前から予見されていた[8]。ところが、原発推進派の政府・電力会社・専門家は、既存の安全対策を過信し、過酷事故の発生確率は無視できるほど低いという誤った結論を下した。政府は過酷事故対策を法律に明記せず、対策実施の責任を電力会社に押しつけ、営利を優先する電力会社は対策を怠った[9]。

原発推進派のもう一つの大きな誤りは、原発の「残余のリスク」を過小評価したことである。現代の技術は、技術それ自体がもつ制約や安全対策の限界などから、決して無くすことのできない危険を伴う。つまり、どのような原発でも巨大事故の危険はゼロではない。営利事業である以上、電力会社の安全対策には費用の限界がある。巨大地震やテロ攻撃等によって耐震基準を大幅に超える衝撃が原発に加われば、破局的大事故は避けられない。

問題は、原発の残余のリスクが途方もなく大きいことである。しばしば原発推進派は、自動車や航空機の事故リスクを容認した人類は原発の事故リスクも容認できると主張してきた。しかし、こうした主張は、化石燃料で作動する装置と核分裂による巨大エネルギーを扱う装置では、事故の危険性のレベルが異なることを見逃している。自動車や航空機の事故ならば、かなりの大事故でも被害は一定の地域・時間・人間集団の範囲に収まり、被害の補償は保険金で支払うことができよう。ところが、原発の巨大事故では、被害の範囲や事故収束までの時間は規定できない。また、保険会社はおろか、国家予算でも補償できないほどの甚大な被害が生じる。

福島第一原発事故では、事故進展が最悪のシナリオをたどっていたら、何千万人もの住民が棄郷を強いられ、少なくとも東日本では多くの社会組織が存続できなくなっていたと想定される[10]。事故から六年以上が経過した今も放射性物質の放出は止まっておらず、事故収束の時期や被害の総額は不明のままである。

原発の危険は巨大事故にとどまらない。平常運転時でも原発からは放射性物質で汚染したガスや水が排出されている。これらが周辺住民の健康に及ぼす悪影響が以前から指摘されてきた。また、東海村ＪＣＯ臨界事故（一九九九年）のように、原発で使用される核分裂物質が保管された場所では、どこでも大事故が起こりうる。再処理工場の大事故、使用済み核燃料の輸送事故、原子力潜水艦・空母の事故などは、特に懸念される。

また、原発の利用を続ける限り、安全管理が困難な放射性廃棄物が増え続けることは避けられない。使用済み核燃料やその再処理によって発生する高レベル放射性廃棄物が無害化するには、数十万年から百万年の時間が必要である。現世人類の歴史（約二〇万年）よりも長い期間にわたり、こうした「核のごみ」を安全に保管できる技術は見出されておらず、最終処分地の確保も容易ではない。巨大事故が起きなくても、原発は安全とは言い難い。

地球温暖化防止が国際政治の議題となった二〇世紀末頃より、発電時に二酸化炭素を排出しないという理由から、原発には温暖化対策の切り札としての役割が期待されてきた。しかし、以上で検討したように、放射能汚染という環境破壊の要因となる原発を増設して地球温暖化に対処するという発想そのものが、環境保護政策の道理に反している。地球温暖化防止に原発は有用という原発推進派が唱えてきた論理は、繰り返された原発巨大事故によって、すでに破綻した。

今後も原発を利用し続けることは、巨大事故の危険をあえて冒し、核のごみを増やし続け、その管理を子孫に押しつける等の点で、自然環境といのちに対する責任を放棄するふるまいである。その意味で、原発維持の選択は、キリスト教の視点からすると神に対する背信（罪）と言うほかはないであろう。

3　原発の利用と差別

「一部の（それが多数であっても）人びとの豊かさや便利で快適な生活を生み出すために他の人びとが犠牲にされたり、生活や自然が搾取されることはあってはならないのです」（日本福音ルーテル教会「一刻も早く原発を止めて、新しい生き方を！」）。

原発の利用から生じる利益と不利益は、公平に配分されるわけではない。倫理的な視点から問題なのは、不利益や危険が特定の人々に集中し、いのちの差別が生じている現状である。原発の差別性は、かねてから反原発論の立場から指摘されてきた[11]。主な論点は、二点にまとめることができる。

第一には、労働者に対する差別である。原発で使用する核燃料を製造するには、採掘したウラン鉱石から核分裂を起こすウラン二三五を分離・濃縮し、これを燃料に成形する工程が必要である。その過程で、数多くの労働者が放射線被曝を避けられない作業に従事してきた[12]。また、原発は核燃料の交換や設備の維持保全のために、放射能汚染区域で働く大勢の作業員を必要とする。日本の原発では、これまで五〇万人近い労働者が被曝を伴う作業に従事してきた[13]。さらに、原発が巨大事故を起こせば、平常運転時とは桁違いのレベルの放射能で汚染した環境で働くことを、現場作業員は強いられてしまう。

原発労働者に対する差別的な扱いは、放射線業務従事者の被曝限度を定めた国の法令に明らかである。一般の人間の場合、日本の法令が定める被曝線量は「一年間につき一ミリシーベルト」までである。[14]ところが、原発労働者のように放射線被曝を避けられない仕事をする人間の場合は、「五年間につき一〇〇ミリシーベルト」かつ「一年間につき五〇ミリシーベルト」を超えない範囲での被曝が認められている。[15]

一般人の五〇倍の被曝線量が容認されているのは、もし原発労働者と一般人の被曝限度が同じ数値であったら、原発労働者の被曝線量は短期間で上限の一ミリシーベルトに達し、作業を続けられなくなるからである。そのような労働者が続出すれば、人員不足が発生し、原発は稼働できなくなる。労働者の被曝限度を一般人より多く定めた法令の背景には、労働者の健康を守ることよりも、原子力産業の存続とそれがもたらす社会的利益を優先する考え方がある。[16]

さらに、平常運転時とは別枠で、法令は緊急作業時の被曝限度を定めている。すなわち、大事故が起きた緊急時には、年限の規定が外されて一度に一〇〇ミリシーベルトまでの被曝が認められている。[17]福島第一原発事故後に、この値は二五〇ミリシーベルトにまで緩められた。従来の値でも、放射能汚染が酷い事故現場では作業員が不足してしまうからである。

放射線被曝による労働者の健康被害は深刻である。ウラン鉱石の採掘地では、被曝した労働者の健康被害が多発している。原発労働者の健康被害については、樋口健二氏らの取材により、その隠された実態が報告されてきた。[18]日本政府が公表した疫学的調査でも、原発労働者のがん死発生率は一般国民に比べて高いことが報告されている。[19]

また、チェルノブイリ原発事故、JCO臨界事故、福島第一原発事故では、事故のいっそうの悪化を防ぐために、大量被曝を避けられない命懸けの作業が、現場作業員に求められた。福島第一原発事故では、菅直人首相（当時）が東京電力本社に乗り込み、事故現場からの東電社員の撤退を阻止したと伝えられている。首相の要求は、安全な労働環境を確保し、労働者の生命を守ることを意図した労働法の基本精神からは完全に逸脱していた。原発事故に際して、政府は現場作業員に健康や生命の犠牲を強いたのである。彼らが強いられた状況は、戦地の前線に送られた兵士の状況と本質的に変わりがない。原発がまさしく「人間の死を内包する技術体系」という軍事性を帯びていることを、私たちは繰り返し経験してきたのである。[20]

健康や生命の犠牲を強いられる労働者がいなければ、原発事業は成り立たない。原発再稼働によって、日本で再び巨大事故が起きるとなれば、現場作業員は命懸けの作業を強いられることになろう。原発の電気を消費する限り、私たちは誰であれ、労働者に対する差別を制度化した社会体制に巻き込まれている。この点に関して、筆者が想起するのはアモス書の以下のことばである。

主はこう言われる。イスラエルの三つの罪、四つの罪のゆえに、わたしは決して赦さない。彼らが正しい者を金で、貧しい者を靴一足の値で売ったからだ（アモス2・6）。彼らは弱い者の頭を地の塵に踏みつけ、悩む者の道を曲げている。父も子も同じ女のもとに通い、わたしの聖なる名を汚している（同7）。祭壇のあるところではどこでも、その傍らに質にとった衣を広げ、科料として取り立てたぶどう酒を、神殿の中で飲んでいる（同8）。

社会層が分化し、貧富の格差が拡大した紀元前八世紀の古代イスラエルで活動したアモスは、貧しい同胞のいのちの犠牲を顧みずに祭儀を行う政治指導者を批判した。イスラエルとは本来、貧しい者の権利を擁護する神ヤハウェと契約を結んだ人間の共同体である。その神との契約に背き、貧しい者の権利に無関心な政治指導者の生き方が、ここでは神に対する罪として告発されている。罪という不正義の上に成り立つ祭儀は無意味であるというアモスの警告は、現代の視点から読み直すなら、犠牲者を必然的に生みだす原発の電気を使いながら典礼を行い、聖書を読むキリスト教徒にも向けられていよう。

第二には、原発が造られた地域の住民に対する差別がある。日本の全原発は、大都市圏から離れた海辺の人口の少ない農漁村に造られてきた。電力の大消費地である大都市圏に原発が造られなかったのは、そこで原発が大事故を起こせば、都市機能は麻痺し、人口過密であるゆえに住民のほとんどが避難できず、莫大な経済的損害と支払い切れない補償金が生じるからである。それゆえ、原発事業の開始にあたり、政府は大都市圏から離れた低人口地域に原発を造る方針を決めている[21]。

危険の負担の公平性という原則に照らすなら、原発の周辺地域と電力消費地の大都市圏は対等な関係にはない[22]。福島第一原発事故では、深刻な被害は送電先の首都圏ではなく、原発の周辺地域に及んだ。周辺地域の住民は被曝し、第一次産業は大損害を受け、放射能汚染が酷い地域の農業・牧畜業・漁業は壊滅的被害を被ったが、首都圏の産業は維持された。周辺地域では約一六万人の住民が避難を強いられ、避難できない住民は健康への不安とストレスを抱えた生活を強いられることになった。このような事態は当初から予期できたので、原発は大都市圏には造れなかったのである。

隣人愛の掟（レビ19・18、マルコ12・31並行、ローマ13・9）は、キリスト教信仰の核心をなす最も重要な掟であり、他者の人間としての尊厳を守り、生存の権利を侵害しないという生き方と切り離せない。この意味において、いのちを差別する社会体制に支えられた原発の利用とキリスト教信仰は両立しないはずである。原発依存の社会からの撤退は、教会にとっては信仰上の問題なのである[23]。

4　平和利用と軍事利用の一体性

「また、原子力発電所から生み出される大量のプルトニウムは、直ちに核兵器の原料となりうるもので、原子力の平和利用と軍事目的とは表裏一体の関係にあります」（日本聖公会「原発のない世界を求めて」）。

日本の原子力技術の研究開発は、原子力基本法（一九五五年）が定める「平和利用」の理念の下に進められ、核兵器開発を目的とする「軍事利用」は禁じられてきた。国会は「非核三原則」を決議し（一九七一年）、核兵器保有国を除く各国に核兵器の製造と所持を禁じる「核兵器不拡散条約（ＮＰＴ）」を批准した（一九七六年）。そのため、日本の原発事業は核開発とは無関係であるという見方が国民の間には浸透した。

しかし、科学技術論の観点から見ると、原発の稼働を支える技術と核開発の技術は、同一の技術体系に基づいている。元来、原子炉は発電ではなく、原爆材料のプルトニウムを生産する装置として設計された。核燃料の製造に欠かせないウラン濃縮技術も、使用済み核燃料からプルトニウムを分離する再処理技術も、原爆製造を目的とする軍事技術として開発された[24]。原子炉の熱で発生させた水蒸気で発電タービンを回す原子力発電が実用化されるのは、第二次大戦後のことである。

それゆえ、原発事業が始まった当初から今日まで、日本の政治指導層は原子力技術を核開発に直結した技術と見なしてきた。彼らが日本を核兵器生産の技術力をもつ国にしようと考え、原発と核燃料サイクル関連技術（ウラン濃縮、核燃料再処理、高速増殖炉）を核開発に関連する技術と認識してきたこと、使用済み核燃料を再処理し、核兵器の原料となるプルトニウムを大量に抽出してきたことは[25]、戦後日本の核政策史の諸研究から明らかになっている。

まず、サンフランシスコ講話条約（一九五一年）の締結後、吉田茂が科学技術庁の新設を指示した際に、「原子力兵器を含む科学兵器の研究、原子動力の研究、航空機の研究」の意図が存在したことを、前田正男・衆議院議員が日本学術会議関係者に漏らしたという（一九五二年）[26]。また、一九五四年に、中曽根康弘を中心とする保守三党の議員たちが、原子炉築造の予算案を衆議院に提出した時、小山倉之助が提案趣旨演説で「現在製造の過程にある原子兵器をも理解し、またはこれを使用する能力を持つことが先決問題」と語っている（三月四日）。中曽根が前年の米国留学時に原子力情報を精力的に収集したことについては、関係者の証言がある[27]。さらに、茨城県東海村に導入された日本初の原発は英国製黒鉛炉であるが、これはイギリスではプルトニウム生産炉として使用されていた。正力松太郎（初代原子力委員長、科学技術庁長官）が英国製黒鉛炉の発電効率の悪さを知りながら、その導入を決めた理由は、プルトニウム獲得にあったとの指摘もなされている[28]。

その後、日本の核兵器保有を志向した政治家として重要なのは、岸信介と佐藤栄作の兄弟である。岸信介は、自衛のための核兵器保有は憲法には反しないという「核兵器合憲論」を打ち出したことで知られる（一九五七年五月七日[29]）。岸の回顧録には、原子力技術に対する見方を記した注目すべき箇所がある。

「原子力技術はそれ自体平和利用も兵器としての使用も共に可能である。どちらに用いるかは政策であり国家意志の問題である。日本は国家、国民の意志として原子力を兵器として利用しないことを決めているので、平和利用一本槍であるが、平和利用にせよその技術が進歩するにつれて、兵器としての可能性は自動的に高まってくる。日本は核兵器を持たないが、潜在的可能性を強めることによって、軍縮や核実験禁止問題などについて、国際の場における発言力を強めることができる[30]」。

岸にとって平和利用（原発）と軍事使用（核兵器）は別ものではない。両者は同一の技術体系に基づくこと、両者を隔てる仕切りは国家意志の変更によって取り外せること、平和利用に限定しても原子力技術の進歩は核保有の可能性を高めることを、岸は知っていた。

原子力技術をもつ日本は「潜在的核保有国」であり、国家意志の変更によって現実の核保有国になりうるという岸の認識は、弟の佐藤栄作にも引き継がれている。佐藤内閣時代の「非核三原則」の国会決議（一九七一年）と「核兵器不拡散条約（NPT）」への加盟（一九七六年）は、日本の核政策の基本原則となった。しかし、佐藤をはじめとする政治指導層は、日本が核保有国となる選択肢を完全に放棄したわけではない。

佐藤内閣時代の国家官僚（内閣府、外務省、防衛庁、自衛隊幹部）は、非核三原則の宣言とNPT加盟に先立ち、核保有の技術的可能性と、核保有した場合の国際政治への影響を調査している[31]。複数の調査のうち、注目すべきは外務省外交政策企画委員会が作成した内部文書「わが国の外交政策大綱」（一九六九年）である。その第二部「安全保障に関する施策」の第九項には、注目すべき文章がある。

「核兵器については、NPTに参加すると否とにかかわらず、当面核兵器は保有しない政策をとるが、核兵器製造の経済的・技術的ポテンシャルは常に保持するとともにこれに対する掣肘をうけないよう配慮する。又核兵器一般についての政策は国際政治・経済的な利害損失の計算に基づくものであるとの趣旨を国民に啓発することとし、将来万一の場合における戦術核持ち込みに際し無用の国内的混乱を避けるように配慮する」[32]。

「核兵器製造の経済的・技術的ポテンシャルは常に保持する」という文言にうかがえるのは、原発が核開発能力の保持につながっているという政府首脳の判断である。その場合、平和利用の理念は、核開発の国家的意志を国民の目から隠す、一種の煙幕であり、隠れ蓑ということになる。当時の政治指導層が選択したのは、軍事同盟国アメリカの核の傘に入ることで当面の核保有は控えるが、将来の政治情勢の変化に備えて、いつでも核兵器を製造できる技術力を保持しておくという路線であった[33]。

佐藤内閣時代に「動力炉核燃料開発事業団（動燃）」（一九六七年）と「宇宙開発事業団」（一九六九年）が設立されたのも、右の文言と無関係ではない。動燃が研究開発に取り組んだ高速増殖炉は、高速中性子をウラン二三八に照射することで、高純度の原爆用プルトニウムを生産できる。宇宙開発事業団が打ち上げるロケットは、核弾頭を搭載した誘導ミサイルにも転用できる。これらの研究機関は、「核兵器製造の経済的・技術的ポテンシャル」を維持しようとする政治指導層にとっては、軍事機関との本質的な区別はない[34]。

広島、長崎、ビキニ水爆実験で核の惨事を経験したにもかかわらず、戦後日本の政治指導層は、日本の国家安全保障を核兵器の戦争抑止力によって図ろうとした。岸信介らは、単なる電力生産システムではなく、核保有国になるために必要な技術を獲得・保持する手段として原発を推進した。しかし、彼らの政策判断の結果として原発依存の社会が造られ、日本人は原発事故で新たな核の惨事を自ら手繰り寄せてしまった。海辺に多数の原発を設置した日本は今や、大地震、大津波、火山の巨大噴火や、戦争やテロリストの攻撃等に対して極端に弱い国である。原発は日本の国家安全保障に貢献するどころか、むしろ国家の存続にとって最大のリスク要因になってしまった。

私たちが過去に繰り返された原発事故から学ぶべき最大の教訓の一つは、原子力の平和利用という理念の嘘である。原発は原子力技術の破綻によって、大勢の被曝者を生み出してきた。その点で原発と核兵器の危険性に本質的な違いはない。原発が社会に平和をもたらす技術であるとは、決して言えないのである。

5 結び

福島第一原発事故の発生から六年以上が経過した現在も、放射性物質の放出は止んでおらず、史上最大級の放射能汚染が進行中である。大勢の避難者の生活再建も果たされていない。事故原因の解明と安全規制の整備が不十分であるにもかかわらず、政府は原発再稼働に踏みきった。教会を含め日本の市民は、原発推進派がもくろむ事故経験の風化に逆らい、原発に依存した人間と社会のあり方を徹底して問い直す責任を負っていよう。

日本の教会は日本では少数派の社会集団である。脱原発社会の実現に向けた取り組みにおいては、同じ志をもった各種の団体や市民運動との連携が必要である。また、教会は国家の枠組を超えた人間交流の場をもつ。日本人が繰り返し経験した核の惨事の教訓を国外の人々とも共有し、世界各地の核の犠牲者と連帯することを通して、日本の教会は核のない社会の実現に向けた人類の歩みに貢献できるだろう。

【注】

（1）各派の声明文は以下の通り。日本キリスト教協議会「福島第一原子力発電所事故に関する日本キリスト教協議会声明」二〇一一年四月一一日、カトリック司教団「いますぐ原発の廃止を　福島第一原発事故という悲劇的な災害を前にして」二〇一一年一一月八日、「『いますぐ原発の廃止を』についてのコメント」二〇一一年一一月一一日、原発体制を問うキリスト者ネットワーク「私たちの基本見解」二〇一一年一一月一〇日、日本バプテスト連盟「福島原発震災の今を生きる私たちの声明」二〇一一年一二月二五日、日本基督教団「福島第一原子力発電所事故に関する議長声明」二〇一二年三月二七日、「福島第一原子力発電所事故　三年目を迎えるに際しての議長声明」二〇一三年三月一一日、日本福音ルーテル教会「一刻も早く原発を止めて、新しい生き方を！」二〇一二年五月四日、日本聖公会「原発のない世界を求めて」二〇一二年五月二三日。また、カトリック司教協議会は、二〇一一年の脱原発メッセージの解説書を刊行した。『今すぐ原発の廃止を　日本のカトリック教会の問いかけ』カトリック中央協議会、二〇一六年。

（2）原発事故の歴史については、原子力総合年表編集委員会編『原子力総合年表―福島原発震災に至る道』すいれん舎、二〇一四年、西尾漠『原子力・核・放射線事故の世界史』七つ森書館、二〇一五年。

（3）世代間倫理については、ハンス・ヨナス、加藤尚武監訳『責任という原理』東信堂、二〇一〇年（原著、一九七九年）、環境と開発に関する国連会議「リオデジャネイロ宣言」一九九二年、吉永明弘「日本語で読める世代間倫理文献リスト」『社会と倫理二七』二〇一二年、一七九―一八五頁。

（4）リン・ホワイトの批判がよく知られている。「キリスト教は古代の異教やアジアの宗教（おそらくゾロアスター教は別として）とまったく正反対に、人と自然の二元論をうちたてただけではなく、人が自分のために自然を搾取することが神の意志であると主張したのであった」リン・ホワイト、青木靖三訳『機械と神　生態学的危機の歴史的根源』みすず書房、一九九九年（原著、一九六八年）、八八頁。

（5）以下の論考を参照。月本昭男「『原初史』にみる人間と自然」旧約聖書翻訳委員会編『聖書を読む　旧約編』岩波書店、二〇〇五年、一―二五頁。大島力「現代の環境教育とキリスト教」青山学院大学総合研究所キリスト教文化研究部編『キリスト

教大学の使命と課題』教文館、二〇一一年、一五三－一八〇頁。

(6) 月本昭男氏は動詞アーバドの原義に従い、本節を「神ヤハウェは人を連れて行き、［彼を］エデンの園に据えた。これに仕え、これを守るためである」と訳出する。『創世記』岩波書店、一九九七年、七頁。

(7) この論点については、月本昭男、前掲論文、一六－一八頁。また、月本昭男「被造物のうめきに耳を澄ます」『信徒の友』日本キリスト教団出版局、二〇一三年七月号、一四－一九頁。

(8) 一例を挙げると、石橋克彦氏（地震学）は、大地震による原発巨大事故で、地震・津波の被害が更に深刻化する「原発震災」の危険を警告していた。石橋克彦「原発震災を避けるために」『科学』岩波書店、一九九七年一〇月号、七二〇－七二四頁。

(9) 添田孝史『原発と大津波　警告を葬った人々』岩波新書、二〇一四年。

(10) 近藤駿介「福島第一原子力発電所の不測事態シナリオの素描」（二〇一一年三月二五日）は、一号炉から四号炉がすべて冷却不能となり、大量の放射性物質が放出された場合、第一原発から一七〇キロ以遠に強制移転地域が、二五〇キロ以遠に希望移転地域が生じる危険を認めていた。現場で事故対応を指揮した吉田昌郎・福島第一原発所長は、二号機の原子炉格納容器が大破する危機が迫った三月一四日夜に「東日本壊滅」のイメージをもったという。「東日本壊滅の危機　一番思い出したくない」『東京新聞』二〇一四年九月二四日。

(11) 清水修二『差別としての原子力』リベルタ出版、二〇一一年、小出裕章『原発はいらない』幻冬舎、二〇一一年。

(12) 豊﨑博光「棄てられる日本と世界のヒバクシャ」『プライム　二四』二〇〇六年、七九－八七頁、振津かつみ「ウラン採掘に反対する先住民をはじめ、世界のヒバクシャと連帯して」『原子力資料情報室通信』四四三号、二〇一一年五月、一〇－一三頁。

(13) 原発での被曝労働者のほとんどは、下請け会社の社員や臨時雇用の労働者である。二〇〇九年度統計では、被曝総量の九九パーセント以上を下請け社員が浴びている。萬井隆令「原発被曝労働の何が問題か」『世界』岩波書店、二〇一二年二月号、一〇〇頁。また、何重にもわたる下請け構造とずさんな放射線管理のもとで、現場作業員は違法な被曝労働を強いられることもあるという。被曝労働の実態については、樋口健二『闇に消される原発労働者』八月書館、二〇一一年、寺尾紗穂『原発労働者』講談社現代新書、二〇一五年。

(14) 「核原料物質又は核燃料物質の製錬の事業に関する規則等の規定に基づく線量限度等を定める告示」原子力規制委員会告示第

八号、二〇一五年、第二条第一項。
(15) 「電離放射線障害防止規則」第四条。
(16) このような考え方が導入された背景については、中川保雄『増補・放射線被曝の歴史』明石書店、二〇一一年、一三六–一五九頁。
(17) 「電離放射線障害防止規則」第七条。
(18) 樋口健二、前掲書、藤田祐幸『知られざる原発被曝労働』岩波ブックレット、二〇一五年。
(19) 松崎道幸「がんリスクは一〇ミリシーベルトでも有意に増加」『日本の科学者』本の泉社、二〇一三年一月号、三七–四三頁。ただし、政府は原発労働者のがんリスクの上昇を、飲酒・喫煙などの放射線被曝以外の要因から説明し、両者の因果関係を認めていない。
(20) 筒井哲郎「死を内包する技術体系　原子力技術と軍事的論理の一側面」『世界』二〇一三年七月号、二二五–二三一頁。
(21) 原子力委員会「原子炉立地審査指針」一九六四年。
(22) 清水修二「電源三法は廃止すべきである」『世界』二〇一一年七月号、九六–一〇三頁。
(23) 内藤新吾「原子力問題と隣人の命」『福音と世界』新教出版社、二〇〇八年一月号、二二–二六頁、『キリスト者として〝原発〟をどう考えるか』いのちのことば社、二〇一二年。
(24) 原子炉、ウラン濃縮技術、再処理技術は、いずれも原爆製造を目的としたマンハッタン計画の産物である。山崎正勝ほか『増補・原爆はこうして開発された』青木書店、一九九七年。
(25) 日本がこれまで国内外で抽出したプルトニウムは約四八トン。核兵器の約六千発分に相当する。「減らぬプルトニウム」『東京新聞』二〇一五年七月一二日。
(26) 藤田祐幸「日本の原子力政策の軍事的側面」『科学』二〇一一年一二月号、一二六四頁。
(27) 藤田祐幸「戦後日本の核政策史」槌田敦・藤田祐幸ほか『増補新版・隠して核武装する日本』影書房、二〇一三年、七七–七八頁、「原発国家　中曽根康弘編：二」『朝日新聞』二〇一一年七月一七日。
(28) 有馬哲夫『原発と原爆』文春新書、二〇一二年、第二章「なぜ、日本最初の原発はイギリス製だったか」六六–一一一頁。

（29） 核兵器合憲論は、今日まで政府の統一見解となっている。二〇一六年三月一八日の参議院予算委員会で、横畠裕介・内閣法制局長官が核兵器合憲論を述べている。
（30） 『岸信介回顧録』廣済堂出版、一九八三年、三九五－三九六頁。
（31） 藤田祐幸「戦後日本の核政策史」一〇七－一二六頁、藤田祐幸「掣肘受けざるべく」木村朗・高橋博子編『核時代の神話と虚像』明石書店、二〇一五年、一四〇－一六一頁。
（32） 外務省外交政策企画委員会「わが国の外交政策大綱」一九六九年、六七～六八頁。http://www.mofa.go.jp/mofaj/gaiko/kaku_hokoku/kanrenbunsyo.html
（33） 「ポテンシャルは常に保持する」という文言の意味について、ＮＨＫが当時の外務省関係者に取材し、証言を引き出している。「ＮＨＫスペシャル」取材班『〝核〟を求めた日本　被爆国の知られざる真実』光文社、二〇一二年、六八－七二頁。
（34） 「ＮＨＫスペシャル」取材班、前掲書、九六－九七頁。

Ⅱ　社会への問い

第5章　何のために働くのか

神谷秀樹

1　はじめに

私は今六三歳だが、大学を出て以来何回か働き方を大きく変えてきた。大学を出てまず就職したのは日本の銀行だった。「就職」と書いたが、銀行の中にはいろいろな仕事があり、その中の特定の仕事に就いたのではない。その銀行に入ったに過ぎず、担当する仕事に関しては希望は出せても自由に選べるものではなかった。だから、これは「就職」というよりも「就社」と呼んだ方が似つかわしいだろう。その銀行では九年働いた。

入行の三年目にブラジルで一年研修を受けた後、希望していた国際金融部門に配属されたが、やがてその仕事だけを生涯やりたいと考えるようになった。それであれば、専門性に富む本場のウオール街（ニューヨーク）の投資銀行に移る方が好ましかった。三〇歳の時に、ウオール街の投資銀行に転職し、アメリカにやってきた。これは「就職」と呼ぶにふさわしいものである。その投資銀行には七年勤めた。

やがて、雇い主の経営方針や顧客との関係のありかた、また従業員の処遇のしかたに納得できなくなり、自分の経営方針で仕事をすることを貫くには、自分の投資銀行を創設するしかないと結論するようになった。そこで独立して自分の投資銀行を始めた。ここで「自分で自分を雇う」ということになった。それも事業環境が余りに強欲に支配されるようになり、すっかり嫌気がさすようになり、自分の「定年」を勝手に六〇歳と定めたが、やがてこの事業を後継する者がいないと悟ると、一代限りの会社として閉じることにした。この手続きを終えるまで二年かかったが、都合二二年間この会社を経営し幕を閉じた。

ここまでの人生合計三七年間の収益目的の投資銀行家としての仕事は、「自分のためにお金を稼ぐこと」も重要な目標だった。が、これを終え、今私は「非営利目的投資銀行家」、言いかえると「世に尽くすために私自身は無給で仕事する投資銀行業務」を行っている。事務所の経費と活動にかかる経費は契約先である東京大学に主にご負担いただいているが、自分の仕事の成果に対する報酬は頂戴していない。お金を稼ぐことを目標とせず、ただただ世の中の未解決な問題の解決に資するよう働けることは、この上なく恵まれたことだ。「ただ働きの仕事ほど馬鹿らしいものはない」。そうだろうか？ 私は今こうした働き方ができることを心の底から嬉しく思っている。何故そのような「仕事の仕方、考え方」をするようになったのか、以下に記す。

2　聖人と教皇の教えの学びの場

私がこれまで自分の生き方を決めるにあたって、決定的な影響を受けたのは、アッシジのフランチェスコ（以下「聖人」と呼ぶ）と、現フランシスコ教皇（以下「教皇」と呼ぶ）のお二人からだった。まずは、私がどのようにしてこのお二人の教えを学んでいるかを記すこととする。

聖人と教皇の教えの違いを考えてみると、私には、聖人の教えはもっぱら神の前における「個人」の信仰と生き方についてのものであり、一方、教皇のそれは二〇一四年に発表された『使徒的勧告 福音の喜び』でも『主を賛美せよ！（Laudato Si）』でもそうであるように、視野を「全世界の現実の人間社会」、そして「地球全般の現況」に広げておられることではないかと思える。どちらもが極めて重要だ。

私が聖人の教えを学ぶ教科書は、ラザロ・イリアルテ著、大野幹夫訳『聖フランシスコと聖クララの理想』（聖母文庫）が中心で、本書はほとんど毎晩どこか数ページを読むというほどの愛読書だ。これに加えて、聖人自らが著された『小さき花』（石井健吾訳、聖母文庫）や、キアーラ・フルゴーニ著、三森のぞみ訳『アッシジのフランチェスコ、一人の人間の生涯』（白水社）他数冊学んだが、日々の生活を振り返るにあたっては、なんと言っても圧倒的な部分を『聖フランシスコと聖クララの理想』に頼っている。これが聖人の教えを学ぶにあたって、正しいものかどうかは、一人の俗人の信徒に過ぎない私には判断できないが、私は本書から人生の指針となるものを日々頂戴している。

聖人の教えは、前述の通り、あくまで信徒一人ひとりが、自分「個人」を見つめるためのものだったのではなかろうか。彼が創った「会則」はあくまで十数人の小さい組織だった「兄弟会」のためのもので、全世界の信者に従うことを求めるものはなかった。

もっとも、彼が宣教した相手は、アッシジの森や山に住む鳥たちや狼といった住人まで含み、地域的にはウンブリア地方からトスカーナのシエナ、フィレンツェ、アレッツオなどにもおよび、教皇に会うためローマにも行った。更に聖人は第五次十字軍が遠征しているエジプトにまで足を運んだ。そして後継者のフランシスコ会の神父たちは、南蛮船に乗り、イエズス会の神父たちと共にはるばる日本までやってきた。イエズス会の創立者の一人フランシスコ・デ・ザヴィエルも、現教皇も「フランシスコ」を名乗り聖人に倣った。豊臣秀吉の時代に、キリスト教が禁教になっていた日本に来た宣教師の中には、西坂で処刑される殉教者も出た。

しかし、ここに述べたごとく、その宣教範囲は極めて広いものの、聖人が訓戒や書物に示されたものは、あくまで「個人の信仰」（個人の心のありかた）についてのものではなかったのだろうかと私は考えている。

これに対して教皇の教えについて、私は『ニューズＶＡ』というインターネットのサイトで、日々教皇がなさったこと、発表されたこと、ツイッターの一言に学ばせていただいている。また『福音の喜び』には何ページにもわたって印をつけ、折に触れて読み返している。そして、教皇の教えを一日一ページ読むように編纂された"A Year of Mercy with Pope Francis"は、寝る前に一時、一日を振り返る機会を提供してくれる。

教皇が示されたものは『福音の喜び』に始まり、広く世界の政治経済社会の関心事に及んでいる。それは現代人がもっとも求めるもので、私をはじめ、多くの人にとって正しい「解」がなんであるのか、必ずしも自分では判断できない「社会の対立点」(貧富の格差、ゲイ・マリッジ、クライメート・チェンジ、中東問題など)に関して、教皇は明確な指針を示されたし、そのどれもが私にとっては心から合意し、受け入れることのできるものだった。

本論では「原点」である「聖人の教え」と、またそれに副った「現代」に生きる人類への指針である「教皇の教え」と、両方について、まことに拙い持論を披露させていただくことにするが、順序としてはまず、私自身がどのように聖人の教えに接し、それを心の中に消化してきたかを説明することから始めるのがよいと思う。

3 私の聖人との出逢い

私が最初に聖人のことを考え始めたのは、おそらく辻邦生のイタリア旅行記である『美しい夏の行方——イタリア、シチリアの旅』(中央公論)を読んで、同氏の言う「フランチェスコ的な自由」というものに強い憧れを持ったときではないかと思う。当初は憧れただけで、何を意味するのかよく理解できなかった。本書に接したのは、おそらく四〇代の頃で、憧れを持つものの「実感」はなかった。時を経て、馬齢を重ね、また聖人の教えを学ぶに従い、だんだん理解できるようになってきたと思っている。少々長くなるが、私が心を捉えられた部分を以下に引用する。

太陽も青空も風も花々も泉も緑の大地も聖フランチェスコ的な自由さの中に立つと、そのものだけで、歓喜の対象となる。ぼくは青空を過ぎてゆく雲を仰ぎ、また野に咲く花を見て、何とこの地上は〈よき贈り物〉に満ちているのか、と心底から酩酊したものだった。

もちろん聖フランチェスコのような無所有にたっすることはできなかったが、すくなくとも自己中心の小さな圏から外に出なければ、強烈な詩的高揚に達しないことは理解できた。ぼくが詩を失い、枯渇した無感動の中でくよくよと日を送っているとき、気がつくと、きまって自己中心の小さな圏にいて、つまらぬ利害のあれこれに支配されているのだった。

そうした欲求を振り払い、自己の圏を越え、高く飛翔してゆくにつれて―青空も花々も風も兄弟のように、ぼくに向かってほほえみ、話しかけてくる。こんな豊かな美しいものに満ちている地上にいて、どうしてそれに気がつかなかったのだろう、という強い感動（むろん悔恨もそこにある）が身体を貫いてゆく。

聖フランチェスコは病気や死までを兄弟として愛していた。無所有もそこまで達すれば、地上に怖れるものはないはずだった。（中略）

アッシジの町のたたずまいがいかに清らかな貧しさによって作られているか。ぼくはアッシジの細い石段を下りながら、単純な隠れた生活のすばらしさについて考えていた。

私は二〇〇七年五月三日、家内と結婚三〇周年の記念日をアッシジで過ごすことができた。この記念日をどうしてもアッシジで過ごしたいと思っていた夢がかなったのだったが、しかし、このとき（今から九年前、私が五四歳のとき、洗礼を受ける三年前）私はまだ辻邦生が書いた「聖フランチェスコ的な自由」とはどんな自由なのか想像できる境地にはなかった。

聖人が教える「無所有」という概念とともに、私が悩んだ教会の教えは「スチュワードシップ」というもので、教会では常に「貴方の所有する時間と才能と財とを世のためになるよう遣いなさい」と言われるが、いったいどうしたらそれを実行できるのかということに、なかなか解を見出せなかった。

　私は六〇歳を過ぎたときに、前述の通り、それまで続けてきた営利目的の投資銀行家としての仕事からは引退することを決めていた。そして、この教えのように「スチュワードシップ」を実行したいと望んではいたのだが、個別具体的にいったい何をしたら良いのか、その道をすぐに見出すことができたわけではなかった。

　また「仕事」ということについては、もう一つ考えることがあった。それはフィレンツェに何回か旅し、ミケランジェロの『ピエタ』（サンタ・マリア・デル・フィオーレ博物館所蔵）を観たとき、どうしてもそれが「通常の人間が大理石の塊から彫り出せるものではない」と思い、考え込んでしまった結果、これは「ミケランジェロの手が神の手となり、神がミケランジェロの手を使って彫り出したもの」と結論し、やっと納得できたことだった。

　「人間には自分で選んで行う仕事と、聖霊の呼びかけによって行う仕事（マリアがイエスを受胎したように）と二つある。この世で本当に価値ある仕事とは、前者よりむしろ後者だ。自分もそのような仕事をしてみたい」と考えるようになっていた。

　イエスの呼びかけに応じ、魚網を置いて従ったアンドレとシモン・ペテロの兄弟。財を全て捨てて聖霊の呼びかけに応えた聖人。立派な仕事とは、「捨てること」をして始めて得るものだということが、だんだんおぼろげに分かってくるようになったが、これから死ぬまで三〇年以上残っている老後を過ごすのに、実際には今全財産を捨てるということはできない。「捨てることができるもの」「捨てることができないもの」、また「捨てるべきではないもの」とは何かを考えながら、いまも自分の人生を歩んでいることに変わりはない。

　私が捨てることができたもの、それは「強欲資本主義者が生きる社会で、彼らとどうにか折り合いをつけながら、自分の理想に少しでも近いことを成し遂げよう、そして自分自身もそれなりの収益を上げよう」とする、「営利目的の投資銀行業務」だった。これ以上お金を稼ぐための仕事を続けようとは思わなくなっていた。妻と愛犬一匹との老後を支えるに必要な貯蓄をすることができた。また財に関して、更に「もっと、もっと」と求め続けて生きるのでは、かえって大事なものを失うということは、自分の深層心理で十分に理解していた。

4　私にとっての「スチュワードシップ」

過去に後ろ髪をひかれるよりは、前を向いて生きることに傾注することにした自分の前に、実際に「新たな道」を神が示して下さったことに、この上なく感謝している。その「新たな道」とは、これまでに培った知識や人脈を活かし、「非営利目的投資銀行家」として生き、世界最新の技術革新をもって、世にある未解決な課題の克服に資するよう、第一線にいる研究者たちと一緒に働くことだった。

今、私は東京大学の生産技術研究所、医科学研究所の先生方と一緒になり、民間企業や他の大学の先生方にも集まっていただき、研究資金を調達し、イノヴェーションを起すことにより、新薬や医療機器、診断機器の開発、植物の新種の育種などが進むように尽力している。私はこの仕事を依頼され、お引き受けするときに、東大には経費のご負担はお願いするものの、私自身は「無給」とすることをお願いした。聖人の「財を捨てること」にはほど遠いが、私自身の生活を税金で賄っていただくのを遠慮するというのは、この小さき者でもできることだった。神はこのようにして「自分の（六〇歳後の）時間と、才能（投資銀行家として培ったもの）と、財（無給で働く）とを、世のために遣う道」を私に与えられた。

そして、これまで貯蓄した老後のお金は、「自分が稼いだ」と考えるよりも、このような道を歩ませるために、「神が授けて下さったもの」と捉えれば、素直に、また謙虚に感謝することができた。そのような気持ちを抱いたとき、なんと幸いかな、「自分のために『もっともっと』お金を稼ごう」という欲は、自然と綺麗に消滅していた。「収益を上げること」、また「世で名を成すこと」というようなプレッシャーからすっかり解放されたとき（言い換えると「自己中心の小さな圏にいて、つまらぬあれこれに支配されていること」から解放されたとき）「フランチェスコ的な自由」とは何かを少しだけ理解できたように感じた。
その後、『福音の喜び』の序文に、教皇が下記のように書かれているのを見出したとき、さらに得心し、安堵した。

「技術文明社会は、快楽をもたらす機会を増やすことに成功しました。しかし喜びを生みだすことには困難を強いられている」（聖パウロ六世）からです。（中略）

わたしにいえるのは、わたしが人生において見てきた、もっとも美しく自然な喜びは、固執するものをもたない貧しい人々のうちにあったということです。そしてもう一つ思い出すのは、重要な専門の仕事に打ち込みながら、信仰心と、無欲で単純な心を賢明に保っている人々の喜びです。それらの喜びは、さまざまなかたちでイエス・キリストにおいて示された神の愛、無限の神の愛の泉からくみ取られます。（中略）

わたしたちを閉鎖性や自己中心性から救い出すのは、神の愛との出会い――あるいは再会――のみです。（中略）神に導かれるままであれば、自己を超えてより真の自己に到達し、人間以上になって初めて真に充実した人間になれるのです。

ところで、非営利目的投資銀行家になるということは、突拍子もなく思いついたものではなく、二〇〇一年に『ニューヨーク流たった5人の「大きな会社」』（亜紀書房）を出版したとき（当時四八歳）、その中に「将来の自分の望み」として述べていたものでもあった。私は以下のように書いていた。

そして私の人生が、現在の投資銀行家として終わるとは考えていない。（中略）最終的にやりたい仕事の姿はおぼろげながら見え始めている。それはもっと教育に参加することと、「非営利目的投資銀行」を設立することである。（中略）私が目標とするものは、国も企業も対象としないが、世の中を公平にするために重要な事業であり、そして私や将来集める仲間が自分の経験を生かし、日々の活動に直接参加するような事業である。たとえば世界に数百人しかいない奇病を治す薬の開発などである。（上記一三六－一三七頁）

実際、東大の諸先生と最初に採り上げた案件は、米国のシナップス・バイオメディカル社、ケースウエスタン・リザーブ大学との共同研究となる、脊椎損傷やALS患者の治療に使う「横隔膜ペースメーカー」の次世代商品と、手や膀胱などの機能回復を電気的刺激によってもたらす体内埋め込み型医療機器の共同開発、となった。

また医科学研究所ではエボラ出血熱のワクチン、お米で作る経口（薬品の冷蔵、注射器が不要）のコレラのワクチンなど、人類が必要とする貴重な新薬の開発で、私は資金集めや、商品化の道を拓く努力を先生方と一緒にしている。本件に着手したばかりのころは、八方塞がりのような感じもしたが、神の恩寵で、いろいろ手探りで仕事を進めているうちに、手を貸して下さる方が現れ始め、道が拓けて行くことを、実感できるようになった。

このように、四八歳のときに「将来の自分の望み」として記したことを、神は実際に「東京大学の無給のアドバイザー」になるということで、六一歳にして実現して下さった。これは私にとっても、一緒に生きている妻にとっても、無上の歓びだった。「もっと、もっと」の人生を改め、「これでやっとまともな人生を歩める」と安堵した。

5 「何故私だけが？」の疑問

一方、「何故私はこんなに恵まれてよいのか」という疑問もある。毎日ニュースに映る、戦火等により故郷を失った六〇〇〇万人の人々と比べ、「何故私は難民の一人ではなく、こうした幸福な生活をさせていただけるのか」という疑問に対して、私は答えを見出せない。

「何故神はこのような分不相応とも思える仕事を私に施して下さるのか？」恐れ多いほどの恵みに対し、自分自身に「怖れるな」と言いかけて取り組んでいるが、「何故多くの罪を犯してきたこの私に」という疑問に対する答えは、とても見出せない。

ところで、二〇一四年四月一三日に、リオデジャネイロで開催された「世界ユースデイ」で教皇は下記のように若者たちに語りかけられた。

We face so many challenges in life: poverty, distress, humiliation, the struggle of daily conversation, the effort to remain faithful to our call to holiness, and many others.
But if we open our door to Jesus and allow him to be part of our lives, if we share our joys and sorrows with him, then we will experience the peace and joy that only God, who is infinite love, can give.

後半の部分を、私が翻訳するとしたら、「あなたが（清貧と謙遜の内に）心の扉を開き、イエス様を受け入れるならば、そして喜びも悲しみもイエス様と分かち合うならば、永遠の愛なる神様だけがくださることのできる平和と歓びをあなたは味わうことになりますよ」となる。

私は、ここに述べてきたように、教皇が述べられている「平和と歓び」を味わうことができたので、その証人になれる。

この「味わい」こそが、辻邦生が書いた「自己中心の小さな圏から出て、聖フランチェスコ的な自由さの中に立つと、そのことだけで、歓喜の対象となる」ということではないのだろうか。

そして考えるのだ。もし社会の全ての人が、私が感じるような「平和と歓び」を味わうようになったならば、社会はどうなるだろうか、と。社会全体に平和が訪れる。「神の国」が実現する。ならば、その目標を達成するために、聖人も教皇もそのために生きた「福音宣教」を推し進めなければいけないのだ、と確信するのである。

6 「希　望」

しかしそのようなことを実現しえる「希望」はいったいどこにあるのだろうか？　この世の納得できない不正、不公正、不平等、騒乱、人間性の後退などに我々は悩み、また悲観に囚われがちだ。それでも決して希望を失うものではないということについて以下述べてみたい。

教皇は「『人間は、希望なしには生きられません。希望がなければ人生は無意味になり、人はそれに耐えることはできません』（第二回ヨーロッパ特別シノドス「最終メッセージ」）。どうせ何も変わりはしない、そう考えてしまうときには思いだして下さい。イエス・キリストは罪と死に打ち勝ち、力に満ちておられるのです。（中略）キリストの復活と栄光は、私たちの希望の深淵なる源です。キリストからゆだねられた使命を果たすにあたって、キリストからの助けが欠けることはありません」（『福音の喜び』275）と言われた。「どうせ何も変わりはしない」というのは、まさに私自身陥りがちな心境だ。だからこのお言葉が心に染みてくる。（傍線筆者、以下同様）

教皇は更にこのように続けられた。「しばしば、神はいないかのように思われることが確かにあります。不正も悪意も無関心も、残酷な行為も減ることはなく、わたくしたちはそれを目にしています。しかし、闇のただ中にあっても、新しい何かが必ず芽生え始め、ついには実りをもたらすこともまた確かなことです。破壊つくされた土地でも、粘り強く負けることなく、いのちは回復するのです。多くの悲惨な出来事があるとしても、善は必ず回復し、広がろうとします。世界では日々、美が再生しています。歴史の悲劇を通過して、姿を変えてよみがえるのです。価値は、たえず新たな姿で再生されるものです」（同276）。

この教皇のお言葉は、自然のあるがままの姿を見ているときますます強く感じる。どんなに厳しい冬や干ばつがあっても、草木が蘇ってきて、まるで何もなかったかのように振る舞うのに心揺さぶられるからだ。「新しい何かが必ず芽生える」というのは、これまた否定のしようがない真実である。

教皇はそして我々の役割として「事実人類は、取り返しのつかないような状況から、何度も何度もよみがえってきました。これこそ復活の力であり、すべての福音宣教者はその力の担い手なのです」（同276）と述べられた。

ここに私はクリスチャンとして生きる限り「希望」を捨てるほどに悲観することはないと自覚し、また「希望」こそ自分たちの歩を進める力の源泉だと意識するのである。それにしても、「いかにも非力。あまりに無力」と感じるときもある。皆さまにもそんなときはおありかと思う。そのようなときは教皇と同様に「聖霊の導きに身をゆだねること以上に大きな自由はない」（同280）ことを想い出し、御心の赴くままに身をゆだねることにより、その「神秘な実り」として、希望と勇気が自分の内に満ちてくることを感じとるようにしている。

教皇は我々に与えられた使命について「アッシジの聖フランシスコのように、小さな者でありながらも神の愛において強いキリスト者は皆、人々の弱さと、私たちが生きる町や世界の弱さに心を配るよう呼ばれているのです」と述べられた（同216）。また、「心配はいりません。明確な信念と粘り強さを持ってください」（同223）。「対立に耐えてそれを解決し、新しい道のりの連なりへと、それを変貌させるのです。『平和を実現する人々は、幸いである』」（マタイ5・9）」（同227）と語り、我々を励まして下さる。

このように教皇のお言葉を振り返ると、希望を失うことなく、平和を実現することに向かい、それなりに小さき者としての役割を担おうとする意志を持ち続ける以上、キリストからの助けが欠けることはなく、また「神秘な実り」として自分の内に希望と勇気が沸いてくることを感じるのである。

以下、「希望と勇気が沸いてくる」ようなことが身近に起きた個別事例二件に関して述べてみたい。

7　アフリカの無電化地域に電気とワクチンをもたらす人々

東京大学医科学研究所の河岡義裕教授は、エボラやインフルエンザなどの感染症に対するワクチン開発の世界的第一人者だが、アフリカのシエラレオネでエボラウイルスの研究を行っておられる。現地の状況を含めた先生の活動報告を拝聴したとき、これらの地域は十分に電化されていなくて（アフリカの多くの国の無電化率は八割を超える）、ワクチンを保存する大型冷蔵庫を搬入し維持するだけでも、大変なご苦労をなさっておられることを知った。

一方、大手電機メーカーA社に務める私の息子よりも若い友人である西川翔陽君から、「ソーラー・パネルと電池を組み合わせた無電化地帯用の電力供給手段を開発したので、その有用性に関する実証実験をしたいが何か良いアイデアはないか」という相談を受けた。

そこで、私は早速に両者をお引きあわせし、一緒に何ができるかを相談してもらった。結果として生まれてきたプロジェクトは、①この電源装置を河岡先生の研究拠点であるシエラレオネに持ち込む、②この電源を使ってA社のビッグスクリーンに楽しいハリウッド映画を映写するイヴェントを企画し、多くの人々に集まってもらう、③そのイヴェントを衛生教育を施す機会とし、血液採取の機会とする、④その電源システムで血液サンプルを冷蔵保存し、研究所に持ち帰り、エボラに感染したかどうかを調査し、新型ワクチンの研究開発を進める、という計画が生まれた。

世界の最先端を行く医学とエネルギー技術を結集して、彼らは一日一ドル二五セントにも満たない生活費で生きているアフリカの貧困国の人々に、恐ろしい病気から身をまもる「奇跡」をもたらすことができる。マザー・テレサが言われた好きな言葉に「神様ご自身は手も口もないので、奇跡を起こすときは人間の手や口を通してなされます」というのがあるが、まさにこのようなプロジェクトは、神様が河岡先生の研究室の皆さん、A社の技師や社員の皆さん、支援者の皆さんの手や口を通じて実現なさる「奇跡」だと私は考える。

先生のエボラ・ワクチン開発は、既に動物実験で効果を確認するところまで進んでいて次に流行するときに備えている。他のエボラ・ワクチン候補と比べると、製法が全く異なり、副作用が小さいことが特徴だ。先生は東大と米国のウィスコンシン大学と二つの大学で研究を進めてこられたが、二〇一六年に学士院賞を受賞されるほどの実績を残しておられる。

8　日本の幼稚園の子供たち

石井彩子さんは、ピアノを弾き、フルートを吹き、歌を歌うのが大好きな音大付属の幼稚園の先生だ。私の友人の中ではもっとも若い方のお一人だが、時々私のギターと友人のピアノとのライブ演奏にお付き合いいただいている。私の趣味は一二歳のときに始めたギターを演奏することと、そのための曲を創ることで、旅した街や村、教会の印象や自然の美しさなどを、多くの日本人の方が俳句に詠むように五線譜に現してきた。聖人はギターの音をこよなく愛されたとのことなので、彼のお耳にも届かないかなと思いつつ弾くときもある。

三年前ほどになるが愛犬のスウィーピーと早春の或る日散歩に出かけたところ、道端を雪解け水が流れてゆくので、「春がそこまで来ているね」と思い、『雪解け水が流れてくるよ』という歌を作った。私が歌詞のある曲を書くのは珍しいことなのだが、できた曲は「童謡」という分野に入れるのが相応しく思え、彩子さんに「こんな曲を創ったのでよかったら幼稚園のお子さんと歌って下さい」と言って楽譜を差し上げた。その歌詞は以下のようなものだ。

雪解け水が流れてくるよ。春がそこまで来ているよ。
雪解け水が流れてくるよ。春はそこまで来ているよ。
新しい命芽生える、新しい年がはじまるよ。
兎のベイビー元気に跳ねる春がそこまで来ているよ。
春はそこまで来ているよ。

雪解け水が流れてくるよ。春がそこまで来ているよ。
雪解け水が流れてくるよ。春はそこまで来ているよ。
ヒヤシンス咲き、水仙咲き、ハナミズキ咲き、桜咲く。
小鳥の雛が元気に歌う春がそこまで来ているよ。
春はそこまで来ているよ。

三年前彩子さんが何人かの生徒さんと歌った録音を贈って下さったが、その素晴らしく純粋な歌声にいたく感動した。すると、翌年は学年全体の三月の課題曲にすることになったというお知らせが来た。一年限りのことだと思っていたら、今年は「三月に『雪解け』を歌うのが本園の恒例になりました」というお知らせが届き、皆さんで歌い、保護者の前で発表する機会も設けて下さったとのこと。彩子さんからのご報告には「その歌の素晴らしさと子供たちの歌声が相まって、何人かのお母さまが涙を流して感動していました」と書いてあった。子供たちがいちばん好きなところは「兎のベイビー」のところと「ヒヤシンス咲き、水仙咲き、ハナミズキ咲き、桜咲く」のところだそうだ。保護者の中には音大出身の方やピアノを嗜む方もおられ、家庭でも『雪解け』を歌って下さっている由。私は感謝申し上げるばかりである。

彩子さんは「子供たちの心はとても繊細で受け入れるもの、受け入れないものがかなりはっきりしている」と言われる。この歌の、特に上記の歌詞の部分はたまたま子供たちの感性にピッタリと合ったらしい。

加えて彩子さんは「ヒヤシンス」とは何かを教えるために、教室で球根から水栽培し、花が咲いて枯れるまでを子供たちと観察したという。また氷にお湯をかけて「氷は溶ける」ということを教えていると、子供たちの想像力は「氷が溶けるなら雪も溶ける……雪解け水だ！」となって、またそこから皆さんでの大合唱になったと。幼稚園のお教室の賑やかな雰囲気が伝わってきた。

私はこの歌に厳しい冬を経て春一斉に芽生える命の素晴らしさと力、そこに感じる神の愛と美とを現したかったのだが、心温かい彩子先生から、純真な子供たちにそうしたメッセージは十分に伝わったようだ。愛犬との散歩でふと気を留めた道端を流れる雪解け水の印象は、神が我々の目の前にいつも示される小さな「美」の一つに他ならないが、それを歌にすると、子供たちやそのご両親にまで伝わり、逢わずとも心通じる機会になった。

彩子さんから伺ったこのお話に、私は大いに「希望」を持つとともに、「この子供たちにより良い世界を残さなければいけない」という、我々大人に与えられた責任をますます感じた。この歌を創ったときに一緒に散歩したスウィーピーは、もう天国に還ってしまったが、今はジャスミンという同じジャック・ラッセル・テリアの二歳半の女の子が、こうしてワープロを叩く私の膝の上で、スヤスヤと眠っている。

9　豊かな感性を育むことの重要性

子供たちに「感性豊かな人間に育って欲しい」と望む理由の一つは、私は「信仰とは理論で理解するものではなく、感性で感じ取るもの」と考えるからだ。私が神の存在を感じるのは「聖書にそう書いてあるから」ではない。ギターの六弦を四本の指でつま弾くときに出てくる和音の不思議な美しさ、自然のあでやかな姿、大地から水と太陽と人間の努力により力強く育ってくる樹木、愛犬の純な眼差しなどに感動するとき、神の存在を否定しようがないからだ。真善美を考えたとき、何をもって真善美とするのか？　真と善に関しては、勿論頭で考えるときもある。しかし、いくら考えても、答えが出ないこともある。美については、おおよそ頭で考えるものではない。結局、真善美の判断は、私は最終的には感性でもって判断することになると思う。であるから、子供時代からその感性を養うことが極めて重要だが、子供の感性を養えるか否かは、家庭の責任が大きいと考える。

聖書が説くところも、教皇が説くところも、愛の始まりは家族からである。そして隣人へと愛が広がる。二〇一六年四月教皇は特に家族のあり方に関して教会の考えるところをお纏めになり、回勅『愛の喜び』（Apostolic Exhortation on Joy of Love）として発表された。その趣旨の一つは「（私訳）安定した家族は健全な社会を築く礎であり、子供たちが愛し尊敬し、他人と交わることの学びの場である」ことの確認だった。

『雪解け』を歌いながら、子供たちの心には、こんな気持ちが芽生えたのではないだろうか。春になると兎の赤ちゃんが産まれ、そのベイビー兎が元気に跳ねる。自分も一緒に飛び跳ねてみたくなる。小鳥の雛が巣の中で、餌を持って帰ってくる親鳥をピーチクパーチク歌いながら待つように、自分も元気に歌いたくなる。ヒヤシンスの紫、水仙の白と黄色。春の総天然色に感動し、その絵を自分もお絵かき帖に描いてみたくなる。そんな感性を持てば、やがて大人になったとき、固有名詞で自分に語り掛けてくれる聖霊の言葉が聞こえてきて、心が敏感に反応するのではなかろうか。

幼稚園の先生やお友達と、また家ではお母さまのピアノで一緒に歌を歌うような環境は、子供の豊かな感性を育てるうえで、この上無く大切なものなのだ。また一つの歌が、そんな環境を作るのに役立ったことに、私も「自分がまったく無力でできることは何もない、ということではなく、貢献できることもある」と、希望を持てた。

10　現実の世界

ここに述べてきたように、子供たちの明るい無邪気な姿は、私たちに大いに希望を与えてくれる。しかし、その逆、すなわち我々大人たちが常に子供たちに希望ある社会を残そうとしているかと考えると、背筋が寒くなる。現実の社会で、「子供たちのために良き社会を残そうとする選択」と、「自分たちが獲得した既得権を何がなんでも維持しよう」とする勢力が戦うと、ほとんどすべての場合後者が勝って前者は負けているように思えるからだ。

たとえば、子供たちを大事に考えたとき、自分たちは安全なところで美味しいご飯を食べ、テレビでスポーツでも観戦しながら、息子たちには銃を持たせて外国に戦争に行かせるという選択ができるだろうか。アメリカの多くの親がそうした選択をしている。

国に借金を重ねさせて、自分たちは年金を貰い、健康保険、介護保険もあるが、子供たちが同じ世代になるときには金庫はもう空っぽで、何も残っていない。若い世代は親が作った借金の返済に追われるという政治的選択はどうしてできるのだろうか。日本の多くの親がそうした選択をしている。

自分たちは原子炉を焚き電力の供給を受けるが、その燃えカスのごみを処分することはなく、大量の有害物質を子孫に残すというような選択肢をどうしてとれるのだろうか。世界中の親の多くが未だそうした選択をしているが、中にはドイツやイタリアなど、福島の惨事を目にしたのを機に、それまでの選択を覆し、脱原発を宣言した国民もいた。

現代の教会はまた、聖人が説かれたように「清貧」を重んじ、教皇が説かれるように現代社会の野戦病院として、ドアを開き、汚れることをいとわず、傷ついた心を持つ人々を腕を広げて迎えているだろうか？　イエスの教え、聖人の教え、教皇の教えと、多くのカトリック教会の現実の在り方の間には、必ずしも一致が見られないし、とんでもないスキャンダルさえ起こる。しかし、それはそれとして、私にとって教会は生きることにおいて不可欠な場所であり、家内と一緒に洗礼を受けた「神の家」で毎日曜日ミサに出席できることは大きな喜びである。

これらの卑近な例に観られるのは、多くの国において、我々の世代から健全な感性が失われ、もはや正しい判断をできなくなり、ひたすら既得権にしがみ付いている様相ではないだろうか。権力と金に媚びを売る人間たちの姿は、まことに見苦しい。そして世俗で起こる過ちは、また教会の中でさえも起こっている。

子供たちの豊かな感性を育てるとともに、大人もまた豊かな感性を取り戻さなければいけないのだ。普段の生活の中においても、また教会の祈りの場においても。

第6章　グローバル化する経済の中の人間
——農の営みから労働の意味を探る

勝俣　誠

「（経済学では）効用は、もはや（それを超える）上位の原理として参照すべきものなど一切もたず、すべて同じレベルで果てしのない返送を繰り返す循環回路の中で、ただ〈機能している〉だけである(1)」。

（カッコ内は筆者の補足）

1　はじめに——二つの歴史的グローバル化

昨今繁く私たちの日常生活で登場するグローバル化とはどんなことなのだろうか。
ここでは、グローバル化とはモノやコトやヒトや情報が大量かつ広域に移動する現象と定義しておこう。定義からするとこの現象は、二〇世紀後半に突然現れたのではなく、近代に遡ることができるだろう。二つ事例を挙げてみよう。まずはアフリカ大陸である。アフリカがヨーロッパによるドレイ貿易の対象とされ、その記憶を今なお持っているアフリカ系の人々からすれば、グローバル化とは、一六世紀に遡る。この時代からヨーロッパ人は西アフリカ沿岸で取得したアフリカ人をドレイという商品として船積みし、大西洋を横断し、カリブ海の島々とアメリカ大陸で砂糖キビ栽培などの商品生産の労働力として強制労働させだしたのである。この大陸間貿易は大西洋貿易と呼ばれ、黒人ドレイによって生産された砂糖や綿花は北大西洋を横断し、ヨーロッパへ輸出されて工業製品となる。この三大陸ぐるみの商品連鎖貿易は三角貿易と呼ばれ、グローバル化の歴史的環大西洋版とも位置づけられるであろう。

また、一九世紀に入った日本を例にとると、幕末・明治期の文明開化が挙げられるであろう。西欧の文物を日本社会にいち早く入れることで、時代を刷新しようとした福沢諭吉が当時の知識人の一人としてよく挙げられる。彼が一八六六年に刊行した『西洋事情』の挿絵は当時のグローバル化の性格を如実に描写している（図1）。地球の周りに電信柱がめぐらされ、メッセンジャーボーイの飛脚が走っている。「蒸気」「済人」「電気」「電信」というコトバが書き込まれている。福沢によれば、蒸気船、電信の発明、郵便と印刷の工夫は新文明の「利器」であるとしている(2)。この描写が、近代日本にとってのグローバル化元年を表していると言うこともできよう。

以上、二つの歴史的グローバル化現象の事例を提示してみたが、今日、私たちがある時は称讃し、またある時は懸念の対象となるグローバル化とどう異なるのであろうか。

まず言えることとは、モノ、コト、ヒト、情報の量と地理的拡大は、この二つの事例の時代に比して桁違いの規模となっていて、多くの人々はこれからこうした傾向は速度が時に緩慢になることはあっても、もはや止まることはないだろうと考えていることである。

そして、大西洋貿易と、ドレイ制度という名の人身売買はやがて非人間的な活動として禁止・廃止され、全ての人々は自由に生き、かつ法の前で平等に扱われるようになった。ドレイ制度を廃止した後も一世紀以上にわたり残存してきた米国の黒人に対する教育、公的サービスの差別も二〇世紀半ばに至って廃止された。二一世紀に入って、この国には初の黒人大統領も誕生した。

日本の事例では、文明開化というグローバル化のもとで、身分制度は廃止され、第二次世界大戦後には、国民皆保険制度という万人にアクセス可能な社会保障制度も実現し、グローバル化のもとでの社会面の進歩を私たちは否定できないであろう。今日の日本人の平均寿命は世界の最上位を占めている。

さらに、便利さという面では、日本では経済的富を蓄積した先進国として、未曾有の物資的快適さを経験している。『西洋事情』で登場する帆船などの交通手段は新幹線や大型航空機にとって代わられている。さらには自ら人間が運転しなくていい自動運転車も実用段階に入っている。情報を伝達する手段も飛脚からインフォメーション、コミュニケーション、テクノロジーの大量、加速化（「IT革命」）の道を走り続けている。その性能は、日進月歩である。人に代わって考え、判断してくれる人工知能技術（AI）も応用分野を拡大し続けている。

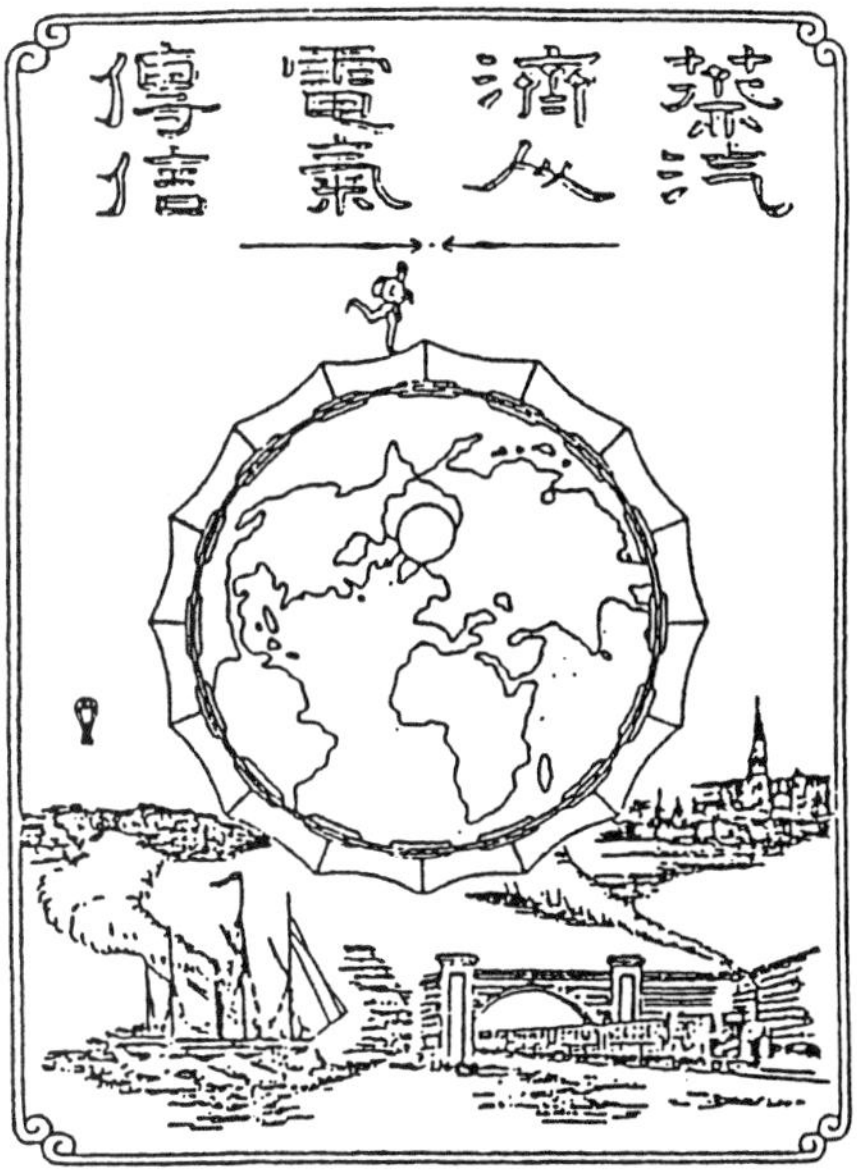

図1

こうしてみると現今のグローバル化現象は、私たちにより安心、より快適な生活を実現させてくれる世界の大きな仕組みが生む現象であるように見えてくる。また、格差とか環境破壊を政策的に是正したり、改善していければ、これからもグローバル化を容認して、推進させるがままにさせておくことが当然のことのように見えてくる。

実際、日本の代表的経済紙である「日本経済新聞」（二〇一六年一〇月五日号）は、最近「反グローバル化は間違いだ」という見出しで、英国の代表的なビジネス週刊誌「エコノミスト」誌の邦訳を掲載している。この記事によれば、一九世紀半ば、英国の工業都市で開かれた輸入食品の関税をなくせという自由貿易推進を唱える大集会があって、そこに登場した国会議員が

「貿易が制限されたら、石工、靴職人、大工などあらゆる職人がいかに厳しい状況に置かれるか」と発言した時、いかに盛大な喝采を浴びたかを報じている。

さらにこの記事では、米国やヨーロッパでの自由貿易、自由投資を促進する協定に反対する大規模な市民運動に対して、確かに外国人移民の野放図な受け入れや大企業の税回避は再考が必要とし、「経済を開くことで困難状況に置かれる人々を支援するためにもっと多くの手を打たねばならない」としている。しかしながら、グローバル化は否定できないプラス面を持っている証拠として次のように主張している。

「第二次世界大戦後に世界に見られた生活水準の目覚ましい向上だ。これは国際貿易の急増がもたらした。原材料や製品の輸出は1950年時点では世界の国内総生産の8％程度だったが、半世紀後にはほぼ2倍に達した。輸出主導の経済成長と海外からの投資増加は、何億人もの中国人を貧困から救い出し、アイルランドや韓国など多くの国の経済を底上げした」。

2　二一世紀のグローバル化経済の特質

1　グローバル化がはらむ二つの非持続性——戦争と放射能災害

しかしながら、グローバル化の進展をこのような人々の所得改善と便利さといった損得勘定で安易に肯定できない。なぜならこの現象の背後には、根本的問題が私たち人間そのものの定義に関して提起されているからである。それは、人類にとってグローバル化という近代に登場した経済の全般化現象はこれからもその生存を可能にしてくれるものだろうかという問いである。

こうした問いを敢えて設定しなければいけない根拠は、この現象がこのまま促進されるとしたら少なくとも二つの危機を生じさせることによって人類の持続的可能性を弱めるのではないかという懸念がますます強まっているからである。すなわち戦争の危機と放射能の災害である。これらはいずれも人災であり、二〇世紀から二一世紀初頭にかけて二つの世界大戦、ヒロシマ、ナガサキ、フクシマと多くの犠牲のもとに体験済みである。便利さと人々の多様な交流を促進させてくれるはずの経済のグローバル化がなぜこうした危機要因をはらむのか。

なぜなら、近代から大恐慌と戦争とによって中断されることがあっても現代まで続けられている経済のグローバル化は市場を通じてより多くのモノやサービスをすることを原動力として、そのシステムの存続は「未だ足りない」や「欲しい」という希少性の論理に基づいているからである。希少性の充足は本稿の文脈では少なくとも二つの結果を生んでいく。一つは生命の維持にまつわるエネルギーや食料、水などの希少性に関しては取得をめぐる競争を激化する。もう一つは絶えず更新されるニーズの充足度は市場を経由する限りにおいて購買力に左右され、大競争社会では貧富の格差は拡大傾向をたどる。

まず前者であるが、もっと便利になるために、もっと快適な生活のために、もっと評価される見映えのために、より多くのモノやサービスが必要となり、その生産を支える有限な資源は希少性を増し、大企業やそれらの支持基盤をもつ政府は武力を威嚇手段として、または行使して取り合い合戦の可能性を常に強めていくからである。例えば、石油というエネルギー資源のある、ないしあると推定される地域は中東や東アジアにおいて、武力衝突の対象となり続けている。

例えば、中東地域では米国主導の「反テロ戦争」において欧米の無人機による反欧米武装勢力に対する攻撃が日常化している。民間人の犠牲も出しながらも進められるこの非対称的な戦争形態を正当化する理由として、テロに対する脅威とともに、しばしば出されるのは「海上交通路への脅威」である(3)。なぜならグローバル経済はますます膨大な量の商品を早く移動させるが、そのルートを絶えさせることはグローバルビジネスへの脅威となるからである。

また後者ではのちに見る格差社会は、常にその原因を国内の外国人労働者や対外要因に見出そうとする自国中心の排外的ナショナリズムへの誘惑を生む可能性をはらむ。

次に原子力発電というエネルギーの生産も然りである。核兵器の使用も人類の存続を危機に追いやるが、一九八六年のチェルノブイリと二〇一一年のフクシマでの教訓は、巨大な原子力エネルギー関連の企業とそれを支える欧米日の政府の前で十分に活かされていない。それどころかグローバル市場競争の中で原子力発電所の貿易は、欧米日のみならずで、中国、ロシア、インド、トルコなど中進国も巻き込んで、核エネルギーの「平和的利用」の名のもとで政府と大企業が一体となって地球規模で拡大している。

これらはグローバル化する経済がはらむ人類生存の危機である。この危機を回避するアプローチとして本稿では二つの切り口を提示してみる。一つは、経済のグローバル化を絶えず拡大・深化し続ける市場原理の現代的性格を明らかにしてみることである。もう一つはグローバル化という巨大化したこのシステムの中での生身の人間の条件を考えてみることである。

2 市場のなかの人間

社会科学的発想からすれば、これは、価格を通じたモノとサービスの移動行為を支える市場原理である。確かに市場は「しじょう」とも「いちば」ともよばれ、太古から存在してきた。グローバル化とはこの市場拡大現象と言えるのだが、この拡大は二つの側面を有している。

近現代の文脈でいえば、市場は地域から一国の全体へ、近隣諸国から全世界へと拡大してきた。この地理的拡大は市場のグローバル化の量的拡大とも言えるであろう。

たとえば、外国からのより安く、より性能のいい自動車については、国内のメーカーのみが競合できるように、当面関税などを課しておいて、国際的に強いメーカーを育てようとする保護貿易は、即時自由貿易の名におけるグローバル化市場の到来でますます困難になっている。そして今や一握りの欧米日中の巨大企業が世界市場向けに生産している。

もう一つのグローバル化市場は、質的変化ないし市場の深化ともいうべき現象を遂げている。日本を例に取れば、かつては市場とはしばしば都市とか街道筋でたつ「いちば」と呼ぶにふさわしいモノの取引が中心であった。近隣の野菜や魚貝類や工芸品日用品といういわばアナログ世界で展開していた。

しかし、今日、市場とは、不動産市場、労働市場、金融市場、特許市場などと、モノよりも、土地に対する所有権や人間の労働の売り買い、貨幣自体の取引や知識が交換される数字以外では可視性の薄い抽象的な世界で展開しているようになっている。

既に一九四〇年代に経済学者のカール・ポランニーは、『大転換―市場社会の形成と崩壊』において、商品（commodity）とは市場に売るために作られたモノと定義すると、土地も人間労働も貨幣も本来の商品でないと主張した。彼によれば、土地は自然、労働は人間のもの、貨幣はあくまでもモノの交換の手段にすぎなく、いずれも市場のために作られたものではないから、これらは商品もどき（quasi-commodity）であるとした。

ポランニーがこの市場向け商品の性格をあえて明らかにしたかったのは、市場原理がその作用する領域が余りに拡大してしまった結果、人間そのもの存続が危機に陥ることを懸念したからであった。

人類は生存のために経済を必要としてきた。しかし、経済とは本来、人間の物質的基盤を支える手段であり、家庭経済（ホーム・エコノミー）、家政、から出発し、市場原理のみでなく経済史の観点から、人類社会の生活原理の多様性を辿った。

ポランニーによれば、そもそも市場という交換原理は社会のメンバーを結びつける市場交換以外に、ある社会のリーダーがメンバーから一度モノを取り上げ、再びメンバーに配る再配分原理やメンバー同士がモノを与える贈与を通した互酬原理が存在してきたとする。

そして、近代社会の特質は、これらの多様な中で、市場原理が突出していることで市場社会と言われる世界が生まれていることにあるとする。人びとの生活基盤を考える広い意味の経済がいつの間にか市場のみが経済と思い込む時代の到来である。

しかしながら、彼がくり返し危惧するのは、本来の自然や人間までが市場化され、貨幣がもはやモノやサービスを媒介する役割を越えて、お金がお金を増殖するようになっている世界である。その全面的市場化の危機は彼の次のような有名な「悪魔の挽き臼」(satanic mil)という表現によって表明されている。

「確かに労働市場、土地市場、貨幣市場は、市場経済にとって本質的なものであることは疑いない。しかし、ビジネスの組織だけでなく、社会の人間的、自然的実体が、粗暴な擬制システムという悪魔の挽き臼の破壊力から保護されなければ、いかなる社会もそのような粗暴な擬制システムの力に一時たりとも耐えることは出来ないであろう(4)」。

そして二一世紀に入って、ポランニーの発した懸念は経済の一層のグローバル化によって、さらに深まっているようである。ポランニーが一つの大市場(one big market)と呼んだ大企業が主導するその利害を支援する政府の市場拡大への熱狂ともいうべき動きは、当面停滞している世界貿易機関(WTO)の市場開放運動、日本が参加を決めたWTOの地域版である環太平洋連携協定(TPP)など枚挙のいとまがない。

冒頭に挙げた戦争と放射能汚染の危機もこのグローバル化時代の文脈で取り上げ、そこから私たち人間の回復の様々な経路を見出す知的実践がいつの時代にもまして不可欠であろう。

3　万物の商品化は止めることができるのだろうか

そこから問わなければならないのは万物の商品化にどう限度、節度を設けて、人間がそれ自体あることに価値を見出すような人と社会のあり方を探ることができるかである。

実際、利潤と効用の最大化に立脚する市場原理には、資源配分という自己調整機能はあっても、万物の市場化による人間と自然に対する破壊作用を制限する機能は内蔵されていない。

したがって、この節度ないし限度は、市場原理の外から、社会・政治的に、倫理的に設定しなければならない。前述のポランニーが悪魔の挽き臼の破壊力を避けるには保護が必要であると言った時、彼の念頭にあったのは、英国の産業革命前夜にあって農村共同体が崩壊し、都市での浮浪民化した人びとの貧困という社会問題を税という政治的介入によって解決せざるを得なくなったことである。

先進国で第二次世界大戦後、資本主義の成長期に社会保障という制度が積極的に導入されたのは、市場原理のみでは社会をまとめあげることができないことの証左であった。

しかし、グローバル化市場の進展により、各国毎の社会的セーフティーネットの維持が困難になる一方、各国間、各国内の所得と資産格差が顕在化し、新たな貧困問題が生じてきている。

こうした社会問題の深刻化に対して、貧困層が政治化するのを回避する有効手段として政治家が人々の関心を外国人・対外問題に向けることは、現代史が示すところである。

昨今、欧米に見られるような国内の格差・貧困問題を外国からの労働者や国際要因を強調し、排他的ナショナリズムを煽る政治家の大衆迎合現象は、この意味でグローバル化経済下の人間の回復を探る道筋を見えなくしてしまう懸念すべき思考回路である。そこでは他者の痛みより「自分たち」の痛みを強調し、この双方の痛みの全体を克服しようとする思考努力もその知的営為を支える上位規範も持たないポピュリズム的政治リーダーを生みやすい(5)。

3　グローバル化経済での人間の労働の特質

1　「サラリーマン」社会の終焉——技術進歩と人間労働

ここでは現代日本社会の格差・貧困のルーツをグローバル化経済下の労働の特質から見てみたい。なぜなら、グローバル化経済を支える人間の労働の特質をみることによって、労働を担う人間が、どうその非人間的側面に気づき、別の働き方を見つけていくかを探れるからである。

　現代日本社会において支配的な生活は、都会ないしその周辺に住み、企業で働くことによって賃金をもらい、生活を維持するといういわばサラリーマン社会である。サラリーマンは和製英語で、正確にはホワイトカラーの男子賃金労働者をさすが、ここでは、日本の一九六〇年代の高度経済成長期に確立した雇用形態を指す親しみやすい表現なので、とりあえず使っておこう。大まかな数字で見ると、日本の人々の七〜八割は都会に住んでいて、全就業人口の賃金労働者の割合も九割ぐらいである。その就業人口を産業別に見ると、農業を中心とする第一次産業は、今や五パーセント以下、モノづくりを中心とする第二次産業は三割ぐらいで、六割以上は今や飲食サービス、金融などの第三次産業が占めるようになっている。また、一国の一年の貨幣的富の増減を示す国内総生産の六割は個人消費からきている。

　ここでの日本での平均的人間像をやや単純化すると、日々居住地と会社を往復しながら、少数のエリート労働者を除いて、会社経営層の決める指示に基づき身体より知能を動かす労働から得るお金を、消費に向けて日々生活するライフ・スタイルといっていいであろう。

　そして、近年の特徴は、賃労働の形態では、かつてのサラリーマン社会のように終身雇用といった安定雇用でなく、期限つきの非正規ないし不安定雇用が全雇用形態の半分ちかくに迫っていることである。

　仕事内容に関しての特徴は、指示され、労働の効率化がＩＴの日進月歩とグローバル市場での競争で、労働する内容がますます濃密かつ細分化し、手抜きや隙間を許さない管理システムへと向かっていることである。つまり、労働における裁量幅がますます狭まり、自分の労働の成果の意味づけが賃金以外に見えにくくなっていることである。この現象に拍車を掛けているのがＩＯＴやＡＩという略名によってしばしば表現されるモノやサービスの新しい市場向け技術である。これらの新技術は、労働の担い手たる人間の勘、熟練、技巧、判断、想像力にとって代わる知能のパッケージともいうべきものであり、同じような労働内容をしてきた人々をもはや必要としなくなる。利潤の維持、拡大を目的とする企業によっては、コスト削減と新市場の開拓のチャンスとなる。

しかし他方では、その新技術応用内容と重なり合う労働者は失業や不安定雇用に直面することになる。

現代日本社会が経済効力をますます進めていく中で、最も危惧されるのは、この状況の中で、前述の居心地のいい排他的ナショナリズムに陥ったりして、生身の人間の判断力、起きている状況の総合的判断力が弱体化していくことである。

2 「脱サラ」への道

冒頭に挙げた現代世界が直面する持続不可能を回避する総合知がますます必要な時代にあって、こうした労働が支配的になり、一人ひとりが市場の要求の前で細分化、原子化されることをどう回避するのか。

本稿では、それに対する明快な解は提示できないが、少なくとも現代社会の支配的編成原理である市場原理とどう折り合いをつけていくか、避けて通れない課題を考える切り口は提示してみたい。

市場中心社会では、私たちの物事の判断基準には、いつの間にか得するか損するか、役に立つか役に立たないか、売れるか売れないかという効用、有用性の発想が入りこんでいる。

この発想から完全に逃れることは難しい。しかしながら、今日、私たちの社会には効用原理に全面的に依拠せず、協力し合って生活を維持・改善したりした社会運動が、歴史的には経済・社会状況が悪化する局面で活発化してきた。現在も過去のような経済成長が期待できない状況で、協同原理を実践することや自分でビジネスを立ち上げ、納得のいく働き方と、納得のいくモノやサービスを供給する自己企業を探る動きが方々で見られるようになっている。

これらの働き方の特徴は、多くの場合、地域をベースとして、顔の見える関係とその規模を大切にしていることである。またサラリーマン型労働によるいわば単一労働と異なり、収入源が多様化し、労働と趣味の区別が困難なマルチ活動を営んでいることである。

働き方はいずれも、自分以外の指図によるものでなく、自分で段取りを決められ、そこから生み出されるモノやサービスの行き先も自分によって意味づけが可能である。

こうした働き方、生き方にはグローバル経済下での効率をひたすら求める競争と無名性と対極をなす極めて強い自立性が見出される。

4 ローカルに行動し、グローバルに考え、生きるイミのレフェランスを見つけるための「農の営み」

1 巨大システムの中の人間

以上、便利さと格差を拡大するグローバル化の中の人間がなお生活の便利さをより多く求める中で、ますます生身の人間が見えにくくなり、しあわせ、豊かさ、生きることのイミが薄れていく経済・社会的状況をかなり大まかに見てきた。

ここから提起される現代社会での基本的問いは、生身の人間の生活世界と巨大管理システムとどう折り合うのかという問いである。すなわち巨大システムによるシステム保持の強制としての他律性に対して自分の生活基盤を自らの自由な判断で決められる自律性を実現できるのかという点であろう。例えば、英国で二〇一六年四月の欧州連合への残留か離脱かを問う国民投票は僅差で離脱派が賛成多数となった出来事は巨大統治システムにおける人間の不安・懸念を表している。その背後にはこの国の地域住民が、域内グローバル化を促進してきた欧州連合の政治決定の影響は受けるが、その決め方に対しては影響力を及ぼせないという無力感を味わう日常があったと思われる。本来決める主人公たる一個人と決める層との距離が余りにかけ離れてしまっているのである(6)。

巨大システムと時間と空間に制約された生の人間をグローバルとローカルという分析単位で考えてみたい。そこで両者をつなぐ問題提起において、「グローバルに考え、ローカルに行動する」というスローガンが切り口として参考になる。この標語は、一九九二年、地球環境を保全するために開かれた「地球サミット」に初めて登場した。この意味するものはグローバル化する地球環境を保全するには、地域における具体的行動が不可欠であるという共通認識である。グローバル化という巨大な動きをローカルから変えていこうというメッセージといってもいいであろう。(7)

本稿の文脈では、グローバル化経済を持続不可能な、ないし取り返しのつかない方向にこれ以上つき進ませないために、日常の中の生身の人間がそれに気づき、政治的に判断し、行動することが今こそ必要だという点である。したがって、ローカルとは、時間と空間に制約された具体的人間がよりよい人生と世界（づくり）のために活動する場という意味としておこう。

前項で見た人間の労働がいつの間にか賃労働の代名詞になり、人間と社会の再生産が全て市場を通してのみ行われるような世界を脱するために、そうでない場をどう見つけていくかという問いが、くり返す如くいつの時代にも増して不可欠になってきている。

こうした中で、働くことの意味がますます見えにくくなっているグローバル化時代の賃金労働世界を脱出して、働くことの意味づけを探るような試みが日本社会でも見出される。

先にみた「脱サラ」と一般に呼ばれる生活スタイルは、管理され、ますます忙しくなる企業組織内の労働に嫌気がさし、具体例として自分で起業したり、農村部に移住してほどほどの現金収入を確保する仕事と生活の組み合わせなどがある。

ただ、これらの脱賃金労働型ライフ・スタイルは地域ないし場を拠点として新たな文化社会現象として今「田園回帰」若者の田舎暮らしブームとして紹介されることが多いが、この現象自体、「ローカルに行動」していることは違いないにせよ、グローバル化する経済をどう節度あるものにしていくかという思考の契機（グローバルに考える）を明示的に示していない。

2 「農の営み」の非市場的価値

本稿では、「グローバルに考える」を明示的な行為として、農村や都会で実践されている「農の営み」を地域での実践として提示してみたい。

ここで農業と言わないのは、経済のグローバル化による日本の農業部門の衰退と高齢化少子化による農業の担い手と後継者不足から、この第一次産業間の活性化と地域への活動人口の移住促進政策の論議とは重なることはあっても、同じ位相で論じられないからである。農業とは、確かに一国の住民の食生活を確保する重要な産業である。輸入か国内生産かは常に政策論議となってきた。しかしグローバル化する経済において貨幣的付加価値を創出する産業の一部門であり、市場拡大、品質改良、ブランド化など、ビジネス実務やそれを地域的に推進する地方自治体の工夫・対策論議の中に位置づけられる。

これに対して、「農」という表現を用いる時、その営みは、人間が自然に対して働きかけ、自らの生命の源泉(食べモノ)を取り出す行為であり、その過程において人間同士が協力し合ったり、生産物を分かち合ったりする非貨幣的イミを担っている。

この「農の営み」は、グローバル化経済の全般化に抗して人類が目指すべき持続可能な世界を、生身の人間として体験し、考え、行動の指針を探る積極的イミを有している。

第一にこの「農の営み」は、それを担う人間がなぜ作るか、作ったモノはどこにいくのか、というイミ世界を実感する営みで、苦痛労働ではなく、段取りは自分で決めながら、楽しい営みであることである。これは便利さや快適さを市場を経由して求める手段として自分ならざる者の決定に従う賃金労働と対極に位置する自律的営みである。

第二に「農の営み」は自然や季節と私たちの生命の再生産を規定してきた物質や時間の中で具体的に活動するというアナログ世界で展開し、身体の全的表現を使うアートに近い。自然と季節の観察や感動から生まれる語彙は生きる意味の表現を豊かにしてくれる。記号と数字で仮想空間から商業的差異＝利潤を見出し、効用を最大化しようとする金融ビジネスで代表されるデジタル労働とは根本的に異なる。

第三に、生産物は市場向けというより近所、友人、などへの贈与やお返しなどの関係性の維持・創出に使われる。また同じような営みをする人々との雑多な出会いや種子交換や技術交流は、ともするとグローバル化という大きな仕組みを大きな問い（たとえば、人間はなぜ生きるのか？　しあわせとは何か？）として話題にする場や余裕を与えてくれる。

5　むすびにかえて――『イワンの馬鹿』の教えの現代版

万人が居場所を見つけ、助け合うことの中でグローバル化の労働と現金消費中心世界に対して、生身の人間の時間と居場所を復権し、ヒトを殺さず、自然を壊さず、弱者も尊厳を持って生きられる世界を夢見るための「農の営み」の持つ学び・気づきの大切さを見てきた。

最後にこの「農の営み」から生きるイミを考えさせてくれる民話を参照して、グローバル化経済からの人間回復を考える切り口の一つを提示してみたい。この民話とは、日露戦争に対して、ロシアの農民と日本の農民が殺し合うだけだと反対した絶対平和主義者レフ・トルストイが、今から一三〇年ぐらい前に世に出した短編作品である。誰にも読んでもらい、理解してもらえる民話形式で創作した『イワンの馬鹿』である。父からもらった農地を農作業をしないのに欲しがる他の兄弟に分け与えながらもひたすら農を続ける馬鹿正直で働き者のイワンとやはり働き者の聾唖者の妹マラーニャ、その二人の兄弟で戦争による富の獲得を夢見る野心家の軍人のセミヨン、大儲けの事業を目指すほてい腹の貪欲実業家のタラスと、老悪魔と三人の小悪魔が登場する物語である。

まず気づくのはこの民話ではイワンと聾唖者の妹は地上に生まれたすべての人々は食べることができなければなら

ないといういのちの絶対的尊重という理念を「農の営み」を通して実現している点である。この営みは自然相手の労働・活動であり、イワンと妹の使う農地と家畜を利用して、市場を経由しない自給経済に立っている。これは生産手段から切り離され、現金がないと食べ物さえ確保できないので労働を切り売りする以外にないサラリーマン型経済とは全く異なる。

次に注目すべきは、イワンたちは自分たちの食べる分だけ作ることで満足するのではなく、自家消費プラスアルファ（余剰）の食料生産までを手掛けている点である。イワンとその妹は、征服欲で戦争までして失敗して帰って来る兄弟と金欲からビジネスで失敗して無一文になって帰ってくる兄弟まで食べさせる分まで作っている。この「農の営み」が生きることの分かちあいを可能にしていることを教えてくれる。

さらに悪魔には指令を出す大悪魔とそれに従う小悪魔の二つのカテゴリーが存在することである。小悪魔はイワンたちのまさに馬鹿正直の勤勉さの前で失敗してしまう。筆者には管理社会の中での組織人間の弱さに見え、これらの小悪魔の救済ないし改心をもイワンたちは手掛けたのではないかと思えた。この民話のメッセージをグローバル化した現代社会の中で読み解いてみるといくつかの現代的教えが見いだされる。

まず言えるのはすでに指摘したごとくグローバル化経済下の市場はその内部に節度や倫理的歯止めを持たず、人間のいわば物質的満足無限の法則に立っている。これに対してイワンとその妹は自ら節度ないし物質的満足一定の法則に立っている。経済は生きる手段であって、人間にとって生きるとは手段のあくなき追求でなく、生きる目的の追求にあることを教えてくれている。現今の「脱サラ」現象には持つ（having）ことよりも在ること（being）により価値観を見出す傾向が見出されている。

そしてこの意味世界の追求ないし希求は「農の営み」という形態をとっていて、食べることの自給を全面的に確保すると言わないまでも重視している。これはグローバル化時代の人々の思考が、しばしば効用や競争の原理で展開し、結局は市場の都合に左右される他律的生活に対して、食べるものぐらいは自分で手掛けるという思考の自立性を担保する営みとなっている。これは祈りに近い営みである。(8) しかも日本のような成熟した資本主義ないしポスト産業社会では、過去の蓄積としての農地、家屋、生産機材、施設などを再利用することを可能にしてくれ、自律の物的条件はより恵まれていると言える。

かくして本稿ではグローバル化する経済の中の人間が本来の人間を再発見する切り口として「農の営み」の持つ時代イミを提示してみた。

【注】

(1) クリスチャン・ラヴァル、菊池昌実訳『経済人間―ネオリベラリズムの根底』新評論、二〇一五年、三八三頁。

(2) この解説については、杉山伸也「いつでもどこでも福澤諭吉―『民情一新』と「文明の利器」―」(『福澤諭吉書簡集』8「月報」、岩波書店、二〇〇二年)を参照した。

HYPERLINK "http://www.econ.mita.keio.ac.jp/staff/sugiyama/fys8-geppo.html" http://www.econ.mita.keio.ac.jp/staff/sugiyama/fys8-geppo.html

(3) 例えば最近では、「米、武装勢力に報復 イエメン初の直接攻撃」という見出しの日本経済経新聞、二〇一六年一〇月一五日、を参照。

(4) ポランニー、吉沢英成他訳『大転換』、東洋経済新報社、一九七五年、九八頁。

(5) 政治学者の山本圭はポピュリズムの出現を次のように簡潔に解説している。「政治から排除された人々は、ますます細分化され、力を失っている。行き場を失って浮遊せざるを得ないことに加え、政治要求を取りまとめる役目を果たしていた同業者組合や労組といった中間団体の力が弱まったこと、非正規雇用などが増えて市民経済的な立場が多様化したことも影響しているからだ。ポピュリズムこそが、彼らを再び一つにまとめ、政治に参加させる手段として機能し得る」(国末憲人『ポピュリズム化する世界』、プレジデント社、二〇一六年、一六四頁)

(6) 現在日本では、田園回帰現象や農村と都市との交流活動などを通して新たに開かれたコミュニティーが地域に生まれていることがよく報告されるようになった。しかし、この新コミュニティーは今の日本の知的状況の中でどこまで戦前の農村の「草の根ファシズム」を支えた共同体思想と決定的に違うのか考えておくことは重要である。既存のコミュニティーの慣行を踏まえつつも、おかしいことはおかしいと主張できる仕組みを利用して持続可能なコミュニティー（孫以降にも残せる地域）の実現の一歩を地域住民と共に獲得することの重要性である。地域住民であると共に、「地球市民」としても考え、行動することのできる市民像である。

(7) 今から二五年くらい前、日本の週刊誌の書評を担当していた時、「グローバルに考え、ローカルに行動せよ」をモットーとした中央行政官庁出身のある知事の本を「朝日ジャーナル」一九九〇年一〇月二六日号で以下のように書評したことがある。平松守彦『地方からの発想』（岩波新書）という魅力的なタイトルで、一村一品運動を提唱して当時注目された本であった。

しかし、私が当時気になったのは、地方からの発想は、地方の人々の生き様から生まれたというより、中央から来たエリート官僚の発想ではないかという点であった。実際、村から外部の市場に売るモノが見つけられなかった町長に若者は、「町長さん、何もなければあなたと助役と収入役の三人の顔を並べ、おらが村の顔はワシたちじゃ、と言ってPRしたらどうですか」と答える。

私には、売るモノが見つけられず困惑したこの町長がかえって人間臭く感じた。そして、「グローバルに考え、ローカルに行動せよ」が、「グローバル（県外）大市場に向けて、ローカル（県民）は一致団結して輸出拡張せよ」と聞こえた、とやや厳しい書評をした。

そして、リゾート開発ブームのバブルがはじけた二〇〇〇年代に入り、地方創生が再び中央官庁によって呼ばれる今日、何が変わって何が変わらないのか問われなければならない。

変わらないのは、地方の時代と言われながら、相変わらず中央政府が強い影響力を持ち続けていることであろう。そして変わったのは、日本経済は当時以上に国際経済環境ないしグローバル化する市場の影響を強く受けてきていることである。

グローバル市場のルールは、一九九五年に設立された世界貿易機関（WTO）やその地域版と言える環太平洋連携協定（TPP）——二〇一七年六月末現在日本は発効を目ざしている——などますます深度を増している。こうしたグローバル化の進展のもとでは、中央政府の決定の影響を地方はひたすら受け取る構図がますます生まれている。

（8） 祈りと食の一体に立った修道院の自活原理について筆者はかつて、大学の歴史的自治原則と通じるところがあるのではないかと思い、大学学部時代の授業で使われたフランス語テキストの翻訳を探したら、何と一九七〇年に『知識人の裏切り』（ジュリアン・バンダ、宇京頼三訳、未来社）として出されていることを知った。
そして、フランス語のタイトルが“La trahison des clercs”とあり、clercs とはお坊さんないし聖職者であるが、日本語では知識人となっている。訳者のあとがきによれば、clerc とは「元々、剃髪を受けて聖職階級に入った者、つまり教会法により laïc 世俗人から聖別された者のこと」（三一二頁）で、昔は学者、教養人という意味もあったとしている。この発見についてのエッセーは『Kototoi』, Vol.7, 菊谷文庫、二〇一四年七月、を参照。

第7章　私たちの社会に希望はあるか？
――三・一一後に明らかになった日本社会の現実を踏まえて

宮台真司

1　不完全な善悪判断を方向づける感情

1　どちらの立場も間違っている

昨今、従軍慰安婦問題が取り沙汰されていますが、「右」の考えも「左」の考えもどちらも間違いです。政府批判を企図する人々は、いかに政府が関与したかを証明しようとしています。政府を擁護したがる人々は、慰安婦の徴集や移送や管理に――つまり拉致・甘言・人身売買に――関わっていたのは業者で、国はあずかり知らないのだと、弁護しています。

これは国際標準で考えれば頓珍漢です。アメリカの考え方は例外ですが（後で触れます）、国が関与したからイケナイのではなく、国がもっと真剣に関わらなかったからイケナイのです。戦時の従軍慰安所は一九世紀初めのナポレオン戦争に対する反省に由来します。性を現地調達すると、現地の女性がレイプに見舞われ、暴力や性感染症で人命が失われかねません。

それを回避するため、食料・水と同様、性（セックス）も兵站（ロジスティックス）の一つとして軍が――つまり行政が――提供しようとする考え方が出て来ました。それを実証的に正当化し、理論的に体系化したのが、マグヌス・ヒルシュフェルト（一八六八―一九三五）というドイツ人。彼の書物を読むと、当時から今日までのヨーロッパの標準的思考が分かります。

平時の売買春においても、国が積極的に売春を管理して、女性の自由意志が損なわれていないかどうかを確証しなければいけないという枠組です。この枠組はヒルシュフェルトの影響を受けています。彼の代表的な著作は、戦間期前期に書かれた『戦争と性』です。[1] 因みに、二〇一四年に復刻された日本語訳（明月堂）には、私が長い解説原稿を寄せています。

それによると、戦時下の国が慰安所開設に関与すべき理由は四つ。第一に、現地での反発を避けて占領政策を行ないやすくできるから。第二に、長期間の塹壕戦で性が抑圧されて部隊内で暴力が蔓延するのを、抑止できるから。第三に、現地の女性たちへの被害を最小化するという人道的な観点から。第四に、女性の自由意志を責任を持って確認できるからです。

御覧のように、徴集・移動・管理の全てに国が責任を持つ公設慰安所――ドイツ流は常設慰安施設・フランス流は従軍慰安婦――は、合理的観点から提唱された、性の兵站提供です。ヒルシュフェルトは、道徳的反発を承知の上で、公設慰安所が道徳的にイヤなら戦争するな、戦争するなら公設慰安所を我慢しろ、という名ゼリフを残しました。妥当な考えだと思います。

2 アメリカを猿真似する日本人

日本人の多くは自力で思考できないので、国が関与したからイケナイという頓珍漢を真に受け、「国は関与した！」「してない！」という愚昧な「左右」対立を反復します。国際標準の議論を展開する人は、日本の論壇には殆どいません。ちなみに欧州の大半で売買春が合法的なのも、ヒルシュフェルトの［管理売春×自由意志］図式を継承するからです。

彼によれば売買春政策は三種類。第一は、［管理売春×自由意志］図式で合法化する政策。第二は、非合法化した上で、業者の管理売春に目をつぶって国が為すべき管理を代行させる政策。第三は、ガチンコの非合法化の政策。第三は道徳的に見えて、管理が放棄されるので暴力と性感染症を蔓延させ、女性の自由意志が経済的動機という名の下で軽んじられます。

少し注釈すると、「経済的動機の名の下で自由意志が軽んじられる」と彼が言うのは、附従契約の論理です。僻地に住む人々に鉄道会社が運賃を三倍にすると通告したとします。乗車券を購入して電車に乗るのは自由意志に基づく契約です。だからイヤなら乗らなきゃいいと会社は言います。しかし会社の言い分は近代法では認められません。なぜでしょう。

僻地の人々には鉄道を利用しないという選択肢が、事実上ないからです。経済学者のアマルティア・センなら「ケイパビリティ（潜在可能性）」がないと言うでしょう。(2) 法実務では、鉄道会社が優越的地位に「ものを言わせた＝附従した」契約を僻地の人々に結ばせようとしている、と記述します。附従契約は、自由契約の見掛けを持つ「偽物の自由契約」です。

他方、アメリカは特殊な方法を採ってきました。ピューリタニズムがあるので、国が慰安所を公設して税金を使うことが許されません。だから、業者に管理売春をさせた上、公的に介入します。ヒルシュフェルトが言う売買春政策の「第二策」です。だから「公設」慰安所ではなく「公認」慰安所と言うのです。兵士は上官から「公認」慰安所に行くよう奨励されます。

敗戦後の本土や沖縄でもこの方式が採用されました。敗戦後の日本はアメリカを思考停止的に猿真似したわけです。ただし戦後の沖縄は「猿真似」に甘んじませんでした。民政府ならびに琉球政府時代、暴力と性感染症を避けるべく、保健婦が管理売春業者を回り、娼婦への啓蒙活動を行い、コンドームを配ったのです。アメリカは予算も人力もまったく負担をしていません。

保健婦らがあんなに尽力したのに、娼婦たちは性病を患い、多くの女性が殺されました。こんな言い訳が通用するだろうか。「米国政府は慰安所を公設していないから性奴隷化に関わっていない」。米国政府と日本の愚昧な左翼が反復する言い草です。アメリカはコストを負担せずに「第二策」にタダノリしてきたのです。朝鮮戦争でもベトナム戦争でも同じでした。

米軍はまったく同じことをしたのです。売春管理業者を基地周辺に集め、将校と業者が「兵士の好みはこんな女だ」などと絶えず内通しつつ、将校が兵隊に「公認」慰安所（売春宿）に通うことを奨励してきたのです。アメリカは一九世紀末のフィリピン占領から一貫して同じやり方を続けています。もはや常識的な知識でなければいけないと思いますが、いかがでしょう。

3　人間の善悪判断は必ず間違う

さて、今お話ししたことは、インターネットで三時間も調べれば、すべて分かることです。英語が読める人なら、もっと早く調べられます。「軍が関与した」「してない」と愚昧な対立を続ける日本のマスコミは、一体何をしているのでしょうか。自分の頭で考えようとしていません。人が言っているからそうだと思うだけ。これを私は「思考停止」と呼んできました。

私は、漫画やアニメを規制する青少年条例の改正に二〇年間反対してきました。改正派の論拠は悪影響論ですが、学説史的には悪影響は証明されていません。ところが日本では「悪そうな奴は悪い」となりがち。政策である以上、どんな理由で悪いのか言わねばならないし、実際に悪いのか証明する必要があります。漫画やアニメであれ、売春であれ、同じことです。

これは日本に冤罪が多い理由に関係します。「悪そうだから四の五の言わず捕まえてしまえ」みたいな「岡っ引き根性」を諫めるどころか支援して来たのが政府とマスコミです。「悪そうだから漫画やアニメを規制しろ」「悪そうだから売春を規制しろ」と。「悪そう」と「悪い」を混同する土俗的メンタリティーは、エリート検察官もヘイトスピーカーも、同じです。

人間の善悪判断は必ず間違いを含みます。善悪判断の必謬性は原罪概念の中核ですが、分かっていない人がクリスチャンにもいます。空間軸で言えば、人と鯨を知的生物として平等に扱えとの要求は、知的生物と非知的生物を差別しろという要求を含み、時間軸で言えば、医者が瀕死の子を救えば、その子が後に人類を滅ぼす悪魔に成長するかもしれないのです。

日本以外の近代社会は、キリスト教文明を下敷きにしています。キリスト教文明は原罪観を伴います。だから人間の善悪判断を信用しません。そこには間違った善悪判断を最小化する工夫が必要だと考える土壌があります。「疑わしきは罰せず」の原則は、統治権力の横暴に苦しんだ歴史の所産だと説明されますが、善悪判断の誤謬に対する宗教的な敏感さも大きいのです。

4 暴走トロッコにまつわる逆説

必謬性と言いました。可謬性ではありません。誤ることがあるというのではなく、必ず誤りなのです。原罪は善悪判断の必謬性に関係します。これから述べる学問業績はそれに関連します。最先端の人文・社会科学が人間や社会をどう理解しているかをこれから話します。最先端と言っても長い思考伝統の上に組み立てられ、これからも簡単に変わらないパラダイムです。

三・一一以降、マイケル・サンデル（一九五三－）の「白熱教室」が話題になりました。書籍版初版のオビ文は私が書きました。(3) サンデルは共同体主義者だとされます。そう聞くと、「共同体が大切ということは、人が一人で生きていけない弱い存在ということかな、確かにそうだ」と、多くの日本人が納得しがちです。でも、そうした理解はパーフェクトに間違いです。

共同体が重要なのは、孤独云々という〈実存問題〉ゆえではありません。むしろ〈社会問題〉なのです。説明するために有名なトロッコ問題を話します。サンデルが講義シリーズの冒頭に使う有名な例です。このトロッコ問題という設定はイギリスの倫理学者フィリッパ・フット（一九二〇―二〇一〇）が一九七〇年代に考え、[4]以降、学者や雑誌が関連する調査をしてきました。

標準的な設定はこんな感じです。「暴走するトロッコの行く手に、五人の人がいます。このままでは、五人は轢かれて死にます。ところが、手前に引き込み線の切替ポイントがあり、ボタンを押せばトロッコは引込線に入ります。しかし、引込線の先に、一人の人が立っています。ボタンを押して五人を助ければ、一人は死にます。さて、あなたはボタンを押しますか」。

生物学者マーク・ハウザー（一九五九―）らが、後で紹介する目的のために、別バージョンを考えています。[5]「暴走トロッコの行く手に五人がいます。このままでは五人が死にます。線路に架かった橋からそれを観ているあなたの横に、太った人がいます。彼を突き落とせば、トロッコが止まって五人は助かりますが、この人は死にます。あなたは突き落としますか」。

五千人以上が答えた調査に依れば、標準の設定で「五人を助けるべくボタンを押す人」は八九パーセントに及びますが、もう一つの設定で「五人を助けるべく太っちょを突き落とす人」は一一パーセントに留まります。「五人を助けて一人を殺すか、一人を助けて五人を殺すか」というジレンマは、どちらの設定にも共通します。同じ構造を持つ設定なのに、なぜ答えが完全に逆転するのか。

5　功利論と義務論、双方の限界

この比率の逆転は哲学的には難問です。そのことを説明します。人間の道徳が何に支えられているのかについて、従来の哲学主流には二つの考え方があります。功利論と義務論です。どちらを採るにせよ、標準的設定での質問への回答と、もう一つの設定での質問への回答に、差が出るはずがありません。比率が大逆転する事実は、どちらも間違っていることを示しています。

功利論（功利主義）は、人々の快不快を集計して「最大多数の最大幸福」に結びつくものを「善」と見做す立場です。「五人死ぬより一人死ぬ方がマシ」という考え方がそうです。トロッコ問題の標準的設定での回答比率は、功利論に好都合です。でももう一つの設定だと、構造は同じなのに比率が大逆転します。功利論が道徳の基盤であるなら、大逆転はありえません。

功利論に対抗するのが義務論です。カント（主義者）によれば、殺すな、盗むな、といった道徳は、無条件的命令——何時でも何処でも通用する義務——です。そこから「理由を問わず人の命を手段としてはいけない」というカントの最も大切な掟が導かれます。この義務論からすれば、五人を助けるための手段として一人の命を奪うのは、あり得ないことです。

この義務論は、もう一つの設定での回答比率、つまり「五人を助けるべく太っちょを突き落とす人」が一一パーセントに留まる事実をうまく説明します。でも、標準的設定での回答比率、つまり「五人を助けるべくボタンを押す人」が八九パーセントに及ぶ事実を説明できません。もし私たちがカントの無条件命令に従うのであれば、「五人を助けるべくボタンを押す」のも難しいはずです。

6　感情が私たちを拘束している

マーク・ハウザーらは、主流の哲学が説明できない比率の逆転に、どんな説明を与えたのか。「ボタンを押す方法なら一人を殺せるが、突き落とす方法なら一人を殺せない理由」の説明です。突き落とすのは揉めそうで大変だからという理由は、ダメです。サンデルは橋梁上の状況を「太った人が今にも落ちそうなほど身を乗り出している」と表現していました（笑）。

私の言葉で言えば、ハウザーらは〈感情の越えられない壁〉があるからだと説明しました。遠くからボタンを押すのであれば殺せる。生々しくないからです。でも、そばにいる人を突き落としたり刺し殺したりはできない。そんな生々しいことができないように、共通の感情プログラムが私たちにインストールされ（組み込まれ）ているからだ、と見事な説明です。

サンデルはここに新しい条件を加えます。実際には橋の上にいる太った人は、白人だったり黒人だったり、男だったり女だったり、子どもだったり高齢者だったりします。その違いも答えの比率を左右するだろうと言います。そして、その違い方が共同体の文化ごとに異なるはずだと言うのです。〈感情の越えられない壁〉が共同体ごとに異なると言うわけです。

共同体ごとに、異なる感情プログラムがインストールされる――ここでサンデルがやっと出してくるのが、「共同体」なのです。私たちは、共同体に埋め込まれています。どの共同体に埋め込まれて育つのか、自分では選べません。それでも、自分の意思と無関係に埋め込まれた共同体によって、共同体ごとに異なる感情プログラムがインストールされるのです。

一度インストールされた感情プログラムは、途中でリセットしたり、インストールし直したりできません。共同体主義とは、その事実に注目する思考です。先ほど「共同体主義は『人は一人では寂しい』『一人では生きられない』とかは関係ない」と申し上げましたが、そういうことです。ここで言う共同体は、国境に区切られた国家を支える大規模な国民共同体とは無関係です。

私たちは、自分で意識しなくても、特定の共同体に生まれ育ったことで、何を快と感じ・不快と感じるか、何を善と感じ・悪と感じるのか、についての特定の感情プログラムをインストールされています。共同体の中で感情プログラムをシェアされていなければ、例えば、共同体の決め事において議論をコンセンサスにもたらすことは、はるかに難しくなります。

私たちは、互いに「当たり前」だと思い合っている感情の働きを持つから、割と簡単に「いいね、君の考えていること分かるよ」というふうになれる――こうした思考を共同体主義と言います。日本では全く知られていませんが、実は、こうした考え方は一九世紀末のドイツに誕生した「哲学的人間学」に遡ります。似た考え方が、同時期の社会学にも見られます。

サンデルが『白熱教室』で大々的に紹介しているほどで、今ではこうした考え方は珍しくはありません。こうした思考は、私たちがいかに「限りある存在」であるかを指し示してくれます。それに従えば、「限りある我々」は、自分たちの善悪判断を普遍化することなど、到底できません。私たちは原罪を負った者たちであり、神ではありえないということです。

7 「絆」を取り違えてはいないか

ちなみに、共同体と言えば絆を連想します。議論の伏線として、昨今の日本に見られる勘違いを訂します。「震災などから身を守るには、イザというときに頼れる絆が必要だ」という話になって、東日本大震災以降は盆暮れに帰省する人が増えましたが、これはでたらめ過ぎる動きではないかと私などは思ってしまいます。個人的な経験から説き起こしてみます。

私は、震災後、自分の子どもと知り合いの子どもを山荘に連れて行って、疎開させました。私が住む東京の世田谷区でも、子どもを疎開させた人が多数いますが、私が驚いたのは、大半が自分の子どもだけ連れて行くことです。子どもを疎開させられるラッキーな立場の人もいれば、そうできない人もいるはずです。なぜ、自分の子どもだけ連れて行くのでしょう。

身を守るには絆が必要という話も、自分の子どもだけを疎開させる話も、共通して感情の働きがセルフィッシュ（自己中心的）です。システムが回らなくなったイザという際、頼れる人間関係がないと路頭に迷うのは災害社会学上の事実だけど、「友だちを大切にしないと将来自分は助からないから、友だちを作ろう」ということで絆を作る、というのでいいのか。

イザというとき助けてほしいから、頑張って絆を作ろうと思うのでしょうか。間違っています。イザというとき、自分はどうあれ、命を賭けても助けたい人がいること。これこそが絆ではありませんか。なんで、自分には命を賭けても助けたい人がいないのに、そんな自分を命を賭けて助けてくれる人がいるはずだ、などと御都合主義的な感情を働かせるのでしょう。

絆は、手段ではなく目的です。インストルメンタル（道具的）ではなくコンサマトリー（自体的）です。[6] しかし、お話しした通り、人が「手段としてのインチキ絆」ならぬ、「目的としての真の絆」に向かうかどうかは、生まれつきで決まってはいません。共同体によってインストールされた感情プログラム次第だ、というのが、昨今の人文・社会科学の考え方です。

共同体を／が支える自明な〈生活世界〉を〈システム〉が侵食して共同体が空洞化した昨今では、[7] 共同体がその存続に必要な感情プログラムをインストールするという回路が故障しがちです。結論から言えば、そのことを観察して、適切な感情プログラムの人為的インストールを推奨するパターナリズム（父親的温情主義）が必要だ、というのが昨今の思考なのです。

以上は、今回のお話全体の序論に当たります。いよいよ、本論をお話しするべき段取りです。本論では、ドイツ哲学的人間学の歴史を紹介した上で、社会学との同形性、プラグマティズムとの同形性、共同体主義との同形性を、お話しします。最終的には、こうした思考が、キリスト教を信仰することの意味を再確認することにつながる事実を、述べていきましょう。

2　人間学・社会学・政治哲学のシンクロ

1　啓蒙主義から反啓蒙主義へ

一七世紀と一八世紀には人間が理性（知性）に従って適切な社会を作れると信じる啓蒙主義がありました。例えばカントです。ただし理性（知性）を万能と考えたのではありません。カントは、人の理性（知性）に限界があるとした上で、限界を見極める能力を新たに「理性 Vernunft」と再定義、従来の理性（知性）を「悟性（理解）Verstand」と言い換えました[8]。

一八世紀末にフランス革命が起こり、「啓蒙思想」にかわり「反啓蒙思想」が拡がります。革命後の混乱を反省した思考です。最初に登場したのがエドモンド・バーク（一七二九－一七九七）の「保守主義」。理性（知性）にはカント的限界があり、理性の限界を超えて複雑な社会を、理性で作り替えるのは無理な話です。それを無視したから混乱が起こった――バークの考えです[9]。

続いてプルードン（一八〇九－一八六五）らの[10]「無政府主義」が登場します。これは「国家を否定する中間集団主義」です。中間集団は、家族より大きく、国家より小さなユニットです。ユダヤ系・中国系の大血縁集団、空間的近さで結びついた地縁集団、ギルドなど職能集団、教会など信仰集団を含みます。彼らは、顔が見えない巨大規模の支配が社会混乱の理由だとします。

保守主義と無政府主義には、「大規模で複雑な社会は人の手に余る」という共通の思考形式があります。それゆえに、一方の保守主義は人の理性への過剰信頼を警めます。他方の無政府主義は社会規模の過剰拡大を警めます。無政府主義の特徴は、大規模な国民国家を――顔が見えない範囲を「我々」だと思い込む営みを――完全に否定するところにあります。

続いて「マルクス主義」が登場します。社会の過剰な大きさよりも、市場の無政府性が社会混乱の源だと考えます。それゆえに資本主義的な市場経済による資源配分を否定。労働者階級が主導する政治と行政官僚制を通した資源配分を達成しようとしました。マルクス（一八一八－一八八三）によれば、「無政府主義」を採用したところで中間集団同士の階級対立を超えられません。[11]

そして一九世紀末、デュルケーム（一八五八－一九一七）流の「社会学主義」が出てきます。無政府主義の影響を受けつつも国家を否定しません。つまり「国家を肯定する中間集団主義」なのです。国家を肯定するのは中間集団同士の対立を超えるためです。その理屈は啓蒙思想家のホッブズに似ます。ホッブズが言う互いに争う個人を、互いに争う中間集団に置き換えたものです。

ホッブズは自由が不自由をもたらす逆説に注目します。[12]本来自由な個人が互いに争うと傷つけ合うから、自由の一部をゲバルト独占体（国家）に委ね、とりわけ「経済的契約の履行を信頼できるがゆえに与えられる自由」を享受できるようにする。実は、中間集団同士にも、個人同士の場合と同じホッブズの理屈が使えます。国家を否定すると、軍閥闘争を回避できません。

ただし、デュルケームの処方箋は、ホッブズの自然権譲渡＝ゲバルト独占体（国家）の樹立とは違い、中間集団同士の有機的連帯＝機能的相互依存です。こうした有機的連帯を調整するものとして、ゲバルト独占体であるがゆえに集権的意思決定装置として機能する国家が、要求されるという構成です。[13]因みに機能的相互依存のない同種のユニットの並列を機械的連帯と言います。

「社会学主義＝国家を肯定する中間集団主義」は、国民国家が成立しはじめた一九世紀前半以降、欧州の「補完性の原則」やアメリカの「共和制の原則」として現実化しています。「自分たちでできることは自分たちでやり、それが困難なときには可能な限り小さな行政ユニットを呼び出し、それでも困難なら次第に大きな行政ユニットへと上昇する」という形式です。

アメリカは英国国教会の抑圧を逃れた清教徒（カルヴァン派の過激派）の新天地だから、宗教改革以降の万人司祭主義によって、宗派が細分化しがちです。「とはいえ元は同じキリスト教だから仲良くしよう」というメイフラワー協約的な合意に従って信仰共同体の共存共栄を図る。これが「ステイツの共通利益のため、ステイツをユナイトして連邦を作る」という「共和制の原則」です(14)。

欧州には、欧州石炭鉄鋼共同体（ＥＣＳＣ）から欧州経済共同体（ＥＥＣ）そして欧州共同体（ＥＣ）を経て欧州連合（ＥＵ）に至る、米ソ両国に距離を取って軍事的な安全保障を確保する枠組があります。その中心に「補完性の原則」があります。アメリカと違い、商業的な自治都市の歴史的伝統を踏まえていて、最上位に国家ならぬ国家連合を置くという特徴があります(15)。

2　ユクスキュルの環界＝世界体験

一九世紀は「反啓蒙の時代」で、その思想的な代表格が「保守主義」「無政府主義」「マルクス主義」「社会学主義」だと言いました。このうち、今の先進諸国の統治原則として利用され続けているのが、「保守主義＝漸進的改革主義」と「社会学主義＝国家を肯定する中間集団主義」です。今日では「無政府主義」と「マルクス主義」に基づく社会は一つもないことに注目しましょう。

実践として生き残った「保守主義」と「社会学主義」の思想には、密接な関係があります。例えば、今日の政治学では、グローバル化（資本移動自由化）による社会の空洞化に抗うべく、共同体自治と、それを持続可能にする感情教育の必要性が提唱されています。これは私の考えでは、「保守主義」の現在的な姿であると同時に、「社会学主義」の現在的な姿でもあります。

そのことを理解するには、別の補助線が必要です。即ち、一九世紀末以降のドイツ哲学的人間学の流れです。昨今では、コミュニタリアニズム・進化生物学・徳倫理学・道徳心理学・プラグマティズムを貫通して感情プログラムが注目されていますが、その理由を理解することにも役立ちます。それを理解すると、「保守主義」と「社会学主義」の現在的意味が分かります。

ドイツ哲学的人間学の祖はマックス・シェーラー（一八七四－一九二八）です。彼に大きな影響を与えたのが一〇歳年長の動物学者ヤーコプ・フォン・ユクスキュル（一八六四－一九四四）です。[16] ユクスキュルによれば、ゾウリムシにはゾウリムシの、蛇には蛇の、ヒトにはヒトの環界があります。「ヒトは高度で、ゾウリムシは低レベル」などと考えてはいけないと言いました。

環界とは〈世界体験〉のことです。ミミズにはミミズの必要があってミミズの〈世界体験〉があり、ヒトにはヒトの必要があってヒトの〈世界体験〉があります。〈世界体験〉以前に客観的な〈世界〉があってそれを〈世界体験〉が写真の如く写し取るのではない。だから、フィデリティー（忠実度）を問題にするのは愚昧だ……。そういう論理が示されました。

かかる理解は比較認知科学でも踏襲されています。最新の知見ではヒトとチンパンジーは五百万年前に分かれました。その頃がどうだったかは分かりませんが、分化した後の今のチンパンジーの短期映像記憶 photographic memory の能力はヒトの数倍もあります。他方、チンパンジーになく、ヒトにある能力が、「不在 absent なものを保持 holding する力」です。

松沢哲郎によれば、例えばチンパンジーも嫉妬しますが、目前で性愛行為が展開された時だけ。ヒトは一〇年前の事柄に対しても嫉妬し、「お前はあの時裏切った」と粘着します。また、ヒトは手足が失われると「手足さえあれば幸せな生活が送れたのに」とリグレットしますが、チンパンジーは、手足がなくても、使えるもの（表情筋や声）を使って明るく振る舞います。[17]

五百万年間の分化を見て分かるように、ヒトもチンパンジーも何かを失うことで何かを獲得しました。そのこと自体の優劣を論じられません。但し、こうした分化がその後の展開に前提を与えます。ヒトは粘着だから、過去のことで後悔すると、二度と後悔しないように現在時点で未来に備えようとします。そこから過去・現在・未来の〈時間体験〉が分化しました。

似た話をします。チンパンジーを含めてサルは四手です。ヒトは下肢が足に戻って二手・二足です。サルの乳児は四手だから母親に四六時中捉まれます。ヒトの乳児は無理だから仰向寝する他ない。これは劣位に見えますが、だからこそ赤子は、周囲の注意を引くべく泣き、周囲の関わりへの報酬として笑顔を見せるようになって、豊かな感情表現の獲得に繋がりました。

3 ゲーレンの「制度による自由」

ユクスキュルのこうした議論を踏まえ、シェーラーはこう考えます[18]。動物ごとに環界が違うのは確かだが、ヒトの場合、どこでどう育つかによって、認識の枠組や感情の働き方が変わる。だから、個人ごとに環界が違うのだ、と。それを彼は、動物は〈世界緊縛的〉だが、人間は〈世界開放的〉だ、という具合に表現し、だから人間は自由なのだ、と言いました。

ここでは、動物は「本能で規定された存在であるがゆえに、世界が予め規定されてある」のに、ヒトは「本能で規定されきらない存在であるがゆえに、世界が未規定でどうとでもあり得る」という具合に対比されています。シェーラーは、こうした未規定性は、学習によって世界がどうとでもあり得るということだから、人間の自由の根拠なのだ、としました。

シェーラーを踏まえて、動物学者のアドルフ・ポルトマン（一八九七－一九八二）が生理的早産論、即ち一種のネオテニー説を唱えます[19]。他のサル（を含めた他の哺乳動物）に比べヒトは早く生まれます（生理的早産）。だから、世話が必要だし、未規定なので親があれこれ教えなければなりません。それらを通じて、多様で恣意的なプログラムを学べるのだとしました。
「ヒトは、本能的に未規定だから、世界が未規定性である」という考え方は当初、宗教的に決定された世界という中世の世界観に対し、人間の自由を初めて理論的に擁護したものだと理解されました。でも、やがてそうした理解は否定され、未規定な主体が、未規定な世界に向き合えば、あらゆる体験と行為が不可能になることが、よく理解されるようになります。

そうした理解を打ち出したのがドイツ人間学の泰斗アルノルト・ゲーレン（一九〇四－一九七六）。彼によれば、未規定なので不自由な人間は、制度に支えられて初めて規定された存在となり、そのことを以て初めて世界を規定できるようになり、それゆえ自由に振る舞えるようになります[20]。確かに制度は恣意的ですが、個人にとって制度は「選べない与件」としての規定性です。

哲学の経験科学化を提唱したゲーレンですが、後に脳科学の営みが彼のテーゼを傍証します。脳の視覚機能が健全な人が、例えば一二歳になって初めて光に触れたとすると、脳機能が問題なくても、当初は世界がまったく分節できず、光のカオスになることが実証されています[21]。なぜか。視覚と概念を結びつけるのに必要な習得したプログラムが、不在だからです。

本能で規定されていないこと、生得的プログラムを欠くことは、自由なのではない。世界のカオスを前にして何もできないから、明白に不自由なのです。未規定であるがゆえに不自由な人間は、習得的プログラムをインストールされて規定された存在になることで、何が何であるかを識別し、何かを目差して行動できるようになります。つまり自由になれるのです。

この習得的プログラムの大半は恣意的ですが、一定範囲で社会的に共有されています。この社会的な習得プログラムを、ゲーレンは「制度」と呼びます。これを踏まえると、ゲーレンは「動物は、本能に規定されているから世界を規定できるが、ヒトは、本能に規定されない余白部分を制度に規定されることで、ようやく世界を規定できる」と言っていることになります。

4　反啓蒙思想の頂点＝負担免除

もう少し詳しく言うと、制度つまり社会に共有された習得的プログラムが、欠けると、人間は一歩一歩手探りで、未規定性から規定性に向かって前進する他ありませんが、制度がある御蔭で、この手間暇を一挙に免除されて、自由に振る舞えるようになっている、というわけです。これをゲーレンは、「制度による〈自由になるための〉負担の免除」と呼ぶのです。

この思考が、第1節でお話しした、共同体で生まれ育つことによる〈感情の越えられない壁〉の形成がなければ、コミュニケーションも合意形成も不可能だ、というコミュニタリアンのマイケル・サンデルの主張と相似形であることが分かるでしょう。巷では理解されていませんが、コミュニタリアンの主張の鼻祖は、実はドイツの哲学的人間学者ゲーレンなのです。

コミュニタリアニズムは、ジョン・ロールズ流のリベラリズムに対抗して、以下のように思考します。ロールズの反照的均衡、つまり、現実の社会的営為と突き合わせつつ理性的仮説によってリベラルな社会を正当化する理性的啓蒙の試みは、恣意的だが選べない〈感情の越えられない壁〉をヒトがインストールされている以上、普遍的には成功できない、と。

この思考図式も、一七・一八世紀の〈啓蒙の思考〉に対抗する一九世紀の〈反啓蒙の思考〉の到達点としてゲーレンの「負担免除」の思考があった、という形で既に先取りされていたことが分かります。〈啓蒙の思考〉は、本来自由な人間を、〈理性的に合意された〉制度が制約すると捉えます。制度が自由を制約する——ホッブズの国家論などが典型です。

ところがゲーレンに従えば、「未規定な人間は、制度による負担免除を経て、初めて自由に選択できるようになる」のです。制度が自由を制約するのではない。制度が自由を可能にするのです。人間が生まれつき普遍的な理性を行使できる存在である筈もない。社会ごとに異なる制度によって負担を免除されて、初めて社会ごとに異なる理性と感情と意志を示すのです。

私はニクラス・ルーマン（一九七二－一九九八）というドイツの社会学者の影響を受けました。私が東大助手（今の助教）の時に来日し、東大講演会で下働きをしました。彼はゲーレンの「嫡子」です。ゲーレンの「制度」の部分に「システム」を代入すれば、「未規定な人間は、システムによる負担免除を経て、自由に選択できるようになる」というルーマンの命題になります(22)。

5 「選べない恣意性」という思考

復習します。一九世紀の〈反啓蒙の思考〉では、人間が未規定なことが自由の根拠だったのですが、二〇世紀になると、未規定なことは不自由であり、制度やシステムによる規定可能化が自由の前提だと捉え直されました。ヒトは未規定な存在だから、制度やシステムによって縫合される存在で、制度やシステムによって縫合されないと、一歩も前に進めない、と。

ここに、〈反啓蒙の思考〉の流れにおける、一九世紀的人間観と二〇世紀的人間観の相違を見て取れます。一九世紀的人間観では未規定性が自由だと捉えられていますが、二〇世紀的人間観では未規定性が不自由だと捉えられた上で、未規定性による不自由が制度（ゲーレン）やシステム（ルーマン）によって縫合されないと、人は一歩も前に進めないと理解されます。

この場合、制度やシステムは、主体に対して「選べない与件」として現れますが、しかし徹底的に「恣意的」です。言い換えると、どんな制度やシステムに組み込まれるのかを私たち自身は選べず、謂わば私たちは制度やシステムの中に産み落とされるのです。なのに、その制度やシステムは「必然的」ではなく、本来どうとでもあり得るということなのです。

この〈選べない恣意性〉という思考は、ゲーレンの哲学的人間学の特徴ですが、〈反啓蒙の思考〉の四番目の流れとして触れた一九世紀末以降のデュルケーム的な社会学の思考とも親和的です。例えばデュルケームの「社会的事実」という概念も、主体に対して「選べない与件」として現れるが、徹底的に「恣意的」である事象を指します。まさに〈選べない恣意性〉です。

どうとでもあり得る制度やシステムなのに、どんな制度やシステムの中に産み落とされるのかを、私たちが選べないということ。この〈選べない恣意性〉という発想は、一九世紀末から今日に至るまで、人文・社会科学の基本をなします。サンデルが言う共同体ごとに異なる〈感情の越えられない壁〉という発想も、同じように〈選べない恣意性〉に注目したものです。

補足すると、デュルケームの「社会的事実」という概念は、「科学的に考えれば神はいない。神は人間が作り出したものだ。その証拠に、特定の神の表象を持つのは特定の時期からだし、社会ごとに神も違う。でも、人間にとって神の存在は、太陽が東から昇って西に沈むのと同様、どうしようもない与件だ」というものです[23]。これぞ〈選べない恣意性〉の思考です。

こうしたデュルケームの思考は、マリノフスキーやラドクリフ＝ブラウンの機能主義人類学へと、リソースを受け渡しています。その意味で、シェーラーからポルトマンを経てゲーレンに至る一九世紀の哲学的人間学の流れと、デュルケームから機能主義的人類学に至る一九世紀の人類学から社会学への流れが、一九六〇年代にルーマンで合流したと考えられます[24]。

〈選べない恣意性〉という発想を確認すると、〝「恣意的な」しかし主体にとって「選べない与件」がなければ、人間は一歩も前に進めない〟という思考です。この思考は、今述べたように、哲学的人間学の流れにも、機能主義人類学から社会学への流れにもありますが、既に述べたように、サンデルを始めとする一九七〇年代以降の米国のコミュニタリアンにも見られます。
そのことからも判るように、コミュニタリアニズムが共同体を擁護するのは、それがないと孤独だからとか生きられないからという話でなく、トロッコ問題に見られるように、私たちの選択が、常に既に、文化相対的な〈感情の越えられない壁〉に裏打ちされている（＝負荷がかかった自己を生きている）、という〈選べない恣意性〉に関わる事実に注目するからなのです。(25)

6　感情プログラムのインストール

確認すると、私は今、最近の人文・社会科学の最先端に共通の思考を話しています。〝「恣意的な」しかし主体にとって「選べない与件」がなければ、人間は一歩も前に進めない〟という〈選べない恣意性〉の考え方です。この二〇年、「ポストモダン（後期近代）では、この〝『恣意的な』しかし主体にとって『選べない与件』〟の政治的な（再）構築が必要だ」と考えられてきています。

ポストモダンを定義すれば、「『選択の前提もまた選択されたものだ』という無限背進に繋がる気づきが、様々な領域で自明性を脅かす時代」となります。こうした気づきを「再帰性」と呼びます。ポストモダンに於いては、「〈選べない恣意性〉も所詮は選ばれたものであり、ゆえに選ばなければならない」というパラドクシカルな認識が、拡がらざるを得ません。(26)

例えばリチャード・ローティは、アムネスティ・インターナショナルが毎年オクスフォード大で開く連続講座で一九九三年にこう講義しました。人権とは何かについて呑気な議論をする輩がいるが、米国では一九六五年まで黒人と女が人間に数えられてなかった程で、誰を人間として数えられるかは、真理についての議論ではなく、「感情教育」という実践の問題だと。(27)

ご存じの方もおられるでしょうが、ローティ（一九三一－二〇〇七）はジョン・デューイ（一八五九－一九五二）

の正統な後継者を自称するプラグマティストです。プラグマティズムは、ラルフ・W・エマソンに発する、「内なる光＝損得勘定を越えた利他心や貢献心」の受け渡しを最優先事項とする、米国の思考伝統です。認識の正しさよりコミットメントの正しさを重視する枠組です[28]。

ローティの「感情教育」は、「真理」ではなく「内なる光」を、「認識」ではなく「関心」を[29]、受け渡す実践です。感情の働きの受け渡しです。感情は本来〈選べない恣意性〉としての〈感情の越えられない壁〉によって規定されます。ここには、〈選べない恣意性〉であるはずの〈感情の越えられない壁〉を操縦しよう＝人為的に選択しよう、という「不遜な」思考があります。

サンデルのコミュニタリアニズムは、この「不遜さ」を前に立ち止まりますが、問題設定は似ています。曰く、元々米国のリバタリアニズム（自由至上主義）は、近接性や共在性を背景とした〈感情の越えられない壁〉の共有を前提としていたが、交通や通信の発達で前提が破壊されたので、万人（といってもせいぜい国民全体）の入替可能性を前提とするリベラリズムが出てきたのだ、と[30]。

曰く、近接性や共在の破壊ゆえに〈感情の越えられない壁〉の共有が期待できない社会で、リバタリアニズムを主張すれば、社会が壊れる。とはいえ、万人の入替可能性を前提としたリベラリズムは、〈感情の越えられない壁〉を無視した愚昧な思考だ。ならば、近接性や共在が破壊された社会で、〈感情の越えられない壁〉の再共有という不可能を目差すしかない、と。

サンデルの『民主主義の不満』は概略こうした思考経路を辿り、ペシミズムで終わります。ペシミズムの核は、第一に、共有された〈感情の越えられない壁〉の破壊というアノミーに抗うには〈選べない恣意性〉を選び直す逆説的な振る舞いが必要だが、第二に、アノミーの進行ゆえに〈選べない恣意性〉を選び直すことはもはや（マクロには）不可能だ、という事です。

これはローティのオプティミズムとは対照的です。ローティの楽天性は、具体的な政治過程を考えていないからでしょう。ならば、それを考えてもなお、サンデルのペシミズムを越えられるでしょうか。そのための試みがジェームズ・フィシュキンやキャス・サンスティーンによって提案されています。彼らの提案は、慎重に操縦された熟議というミクロ・プロセスです[31]。

私は「みんなで決めよう！　原発国民投票」の共同代表、あるいは「代官山ステキなまちづくり協議会」の協力者として、二つの目的に即して、慎重に操縦された熟議を推奨してきました。第一は、原発絶対安全神話・全量再処理神話・原発安価神話など〈巨大なフィクションの繭〉を破るためです。第二は、気づきを通じて〈分断された地域共同体〉を再統合するためです。

そこでは、〈フィクションの繭〉を破る〈参加〉や、〈地域住民の分断〉を越える〈包摂〉に向けた、ファシリテイターを介する熟議の機能が期待されます。フィシュキンやサンスティーンが言う通り、ファシリテイターによる熟議の操縦が不可欠です。大声で極端な事を叫ぶことで議論を引き回すラウドマイノリティの影響力を奪うのがファシリテイターです。

7　感情の教育＝私的領域の民主化

ファシリテイターを介した慎重な熟議の提唱は、グローバル化（資本移動自由化）による社会の空洞化を背景に、哲学的にというより、政治的に待ったなしの問題として、なされています。グローバル化を背景に、法人税が高ければ低い国に企業が逃げ、賃上げ要求があればそれがない地域に企業が逃げます。それゆえ中間層が分解し、社会はますます疲弊します。

つまり、グローバル化で中間層が分解すると、共同体（近接性）が空洞化します。共同体が空洞化すると、個人が分断されて孤立し、不安と鬱屈で感情的安全が脅かされます。すると人々は、不安と鬱屈ゆえにカタルシス（感情的浄化）を求め、排外的で非寛容になります。これを私は〈感情の劣化〉と呼んでいます。これに適応した〈感情の政治〉がポピュリズムです。

要は、民主政が〈感情の劣化〉に引きずられると〈感情の政治〉になります。私が問題の深刻さに気づいたのは二〇〇〇年の米大統領選です。「アル・ゴアは知能指数二〇〇、ブッシュは一〇〇以下」とネットで喧伝されたら、逆に「だったら俺たちはブッシュの味方だ！」という動きが盛り上がりました。同じことが安倍総理に関するネット世論にも見られます。

安倍総理が立憲制の何たるかを弁えず、先進国のエスタブリッシュメントから馬鹿にされていることが、よく指摘されますが、それによって安倍支持者が動くことはありません。それが「B層狙い」の意味です。B層とは「社会的弱者なのに、それを自覚しないＩＱの低い人々」。二〇〇五年小泉総選挙で竹中平蔵関連コンサルのメモにこれを標的にせよ、とありました。

ローティの「感情教育」も、ほぼ同内容のアンソニー・ギデンズ（一九三八－）「私的領域の民主化」も、[32]〈感情の劣化〉が民主政の健全な作動を脅かすことに抗うための、ミクロな政治的実践です。〈感情の劣化〉に抗う実践は、国民国家というマクロ・レベルであれば短期的には到底不可能だから、ミクロ・レベル＝スモール・ユニットでの実践が提唱されるというわけです。

ミクロ・プロセスの建て直しを出発点として、欧州の「補完性の原則」や米国の「共和制の原則」に従って、「顔が見える我々が出来ることはまず我々がやり、困難ないし不可能な場合には可能な限り低いレイヤー（層）から行政を呼び出す」というミクロな実践を、マクロに拡大する必要があります。要は、社会学の思考伝統である「国家を肯定する中間集団主義」の回復です。

ローティの「感情教育」も、ギデンズの「私的領域の民主化」も、民主政に相応しい感情プログラムをインストールするミクロな営みです。あるがままに任せていると民主政の作動が全体主義を帰結しかねないので、民主政の健全な作動を支える感情プログラムを意図的にインストールすることで、民主政を存続させる。そうしたミクロの積み上げによってマクロに立ち向かうのです。

8　感情の越えられない壁の操縦

一見そう見えませんが、サンデルも、理路から言えば似た思考をします。民主政に限らず特定の制度が従来通りマクロに健全に作動するか否かは、ミクロに共同体が涵養する、人々の〈感情の越えられない壁〉次第です。実際に合衆国がそうであるように、共同体が空洞化すれば、従来自明だった筈の〈感情の越えられない壁〉が変質し、制度が誤作動するのです。

制度の誤作動を回避するには、自明だった〈感情の越えられない壁〉が綻びるのを、人為的に繕わねばなりません。かつてと同じものを回復できそうもないなら、機能的に等価な新たな〈感情の越えられない壁〉を人為的に構築する必要があります。でもこうした道は不遜なパターナリズムで、それを許容するなら、共同体は厳密には共同体ではなくなりそうです。

つまり、それを許容すれば、共同体はアソシエーションに変じてしまいそうです。因みに、アソシエーションとは、目的を共有する者が手段的にメンバーシップを獲得するもの。共同体は、成員がそこに生まれただけでメンバーシップを得るので、目的の共有は（たとえ想定されがちでも）資格条件になり得ません。むしろ共同体成員に留まること自体が目的です[33]。

それもあって、サンデル（などのコミュニタリアン）は、〈感情の越えられない壁〉の人為的な設計とインスタレーション（組み込み）に否定的です。だからこそ、コミュニタリアニズムの思考は、共有された〈感情の越えられない壁〉の不可欠性と、（今日における）不可能性とを、ともに見据えた、謂わば「不可能性の思想」の形をとります。不可欠なものが不可能だという思考です。

確かに、企業など個別組織がアソシエーションであるのは当然ですが、そこで生まれ落ちた人が否応なく成員となる共同体が、一定条件（感情プログラムの共有）を満たした者にだけメンバーシップを許容することなど、あって良いのか疑問になります。しかし、それを言うなら、翻ればどんな伝統的共同体も、教育という形で成員に資格付与をしてきた歴史を持つのです。

実際、教育は、「今は分からなくても、共同体を生きるお前にとってこれが最善」というパターナリズム（父性的温情主義）を前提とします。教育とは、子供が自ら選んでいないプログラムをインストールする共同体の試みなのです。しかも教育内容は、諸情勢に鑑みて時代毎に修正されるのが古くから当たり前です。ならば、アソシエーション化したコミュニティーとさしたる違いはありません。

とはいえ、その場合も、「変えられないものとして社会がまずあり、そこに生まれ落ちた子供たちが社会に適応できるようにサポートしてやる」という具合に教育を考える向きが大半だという事実があります。結局、「感情教育＝私的領域の民主化」を積極的に主張しなくても、サンデルらによる感情プログラムの〈選べない恣意性〉に関わる議論はそれを仄めかしています。

要は、「放置すれば滅茶苦茶になってしまうので、現状の社会を変更し、失われた社会を再興すべく、敢えて感情プログラムをインストールしよう」という思考の、そばまで来ています。そうした教育は、子供の将来を幸せにしたいという観点で論じられやすい従来の「教育」に対し、社会のマクロ・レベルでの回復的な存続を意識する「再帰的教育」だと言えるでしょう。

3　希望は〈内発性〉にある

1　代官山の街作りと聖書の主題

私は代官山地区の隣りに住んでいることもあって、代官山の街作り運動に関わっています。代官山に「七曲り」という小径があります。江戸時代から職人たちが暮らしていた場所です。そこに大木があります。かつて「日陰になる」「落ち葉が汚い」等と近隣住民から切り倒しの要求がありましたが、切り倒しはまずいと考えた住民有志の人たちが説得に当たりました。

そこで意識せずに用いられていたのは京都学派の影響を受けた環境倫理学者B・キャリコットの枠組です。彼によれば、場所は、人や生物だけでなく、土や石や川や海や山をも要素とした「全体としての生き物」です[34]。私たちは人にとって良かれと思って開発の是非を決めます。でも、「生き物としての場所」のタイムスパンは「生き物としての人」よりもずっと長大です。

だから「人にとって良かれ」と開発した結果、人の尊厳を奪う逆説的事態が生じがちです。尊厳が「生き物としての場所」と結びついているからです。私は入替可能性という言葉で記述します。便利で豊かならどこでも引っ越すつもりなら、私にとって場所は／場所にとって私は、入替可能です。でも、私にとって故郷は入替可能ではなく、故郷を豊かにしようとします。

あなた方は代官山が好きで越していらっしゃった。江戸時代から続く代官山は一つの生き物です。あなた方は「生き物としての代官山」に惹かれておられるはずです。「生き物としての代官山」とはどんなものか。歴史を振り返ると「然々」となります。大木が「生き物としての代官山」にとって不可欠であることがお分かりになったでしょう……。かくて大木が切られずに残りました[35]。

ここに示された逆説は聖書の主題です。私たちは愚かです。自らの尊厳が何に支えられているかを自覚できません。私たちはその愚かさを自覚できなければなりません。その上で、尊厳と場所の結びつきを失わないように、人の愚かさを前提にするからこその熟議を経て、「尊厳を支える〝生き物としての場所〟とは何か」について気づきを得ることが大切なのです。

話を〈感情プログラム〉全般に拡げられます。私たちは愚かです。自らにどんな〈感情プログラム〉がインストールされているのかを自覚できません。しかし確かに一定の〈感情プログラム〉があるからこそ、尊厳を与えられたり脅かされたりします。でも私たちは〈感情プログラム〉に無自覚だから、何によって尊厳が脅かされるかを事前に知ることはできません。

それが意味する問題は重大です。社会の再構築には、適切な〈感情プログラム〉を成員にインストールせねばなりません。でも成員に今どんな〈感情プログラム〉がインストールされているのか、これからインストールすべきなのか、簡単には分かりません。個人に良かれとなされる教育も独りよがりになりがちですが、社会に良かれとなされる教育なら尚更です。

2 環境倫理学の三段階と尊厳死

私は当初から新国立競技場の建設に反対してきました。一九六〇年代から代官山の街作りを中心で担って来られた建築家の槇文彦さんと、この運動を立ち上げに関わりました。私がコミットする理由もまた、キャリコットの枠組ゆえです。枠組を更に説明すると、環境倫理学には三段階あります。P・シンガーの功利論、T・レーガンの義務論、B・キャリコットの全体論です。[36]

功利論は、「皆」の快不快を集計し、快が最大化するように制度を設計する発想です。P・シンガーは、「皆」の中には人だけでなく生き物も入れよと提唱しました。[37] 確かにそれで生き物を大切にできそうです。でも、功利論には御都合主義があります。例えばシンガーも、家畜を殺していい理由について、ベンサム流の「最大多数の最大幸福」の論理を持ち出します。

これは優生学にも繋がる危険な発想です。そこで義務論が出てきます。T・レーガンがカントの義務倫理学を導入しました。カントによれば人倫の基本は「人に関わる際の」無条件命令です。レーガンは「人に関わる際の」の「人」を他の生き物に拡げよと提唱しました。でもこの議論には、無条件命令の名宛人がそれでも「人」だけに留まるという無理があります。

キャリコットによれば、功利論と義務論の失敗は、人間を生き物を含めた「準人間」に拡げただけの人間中心主義が原因です。西田幾多郎や田辺元ら京都学派の影響を受けた彼は、場所全体を一つの生き物として考えない限り、御都合主義を克服できないとします。今日では、無生物を含めた地球生命圏を一つの生き物として捉えるガイア理論にも影響が及んでいます。

地球生命圏の「生き物としての全体性」を守るには、極端な話、戦争や疫病で人類が真っ先に滅びるべきだ、核兵器で死滅しても放射能の影響は生物史からみれば僅か、などとする環境ラディカリズムにも影響が及んでいます[38]。こうした全体主義的な極端化を回避すべく、キャリコットは「尊厳」の概念を持ち出すものの、「尊厳ある死滅」の発想を却け切れていません。

3　尊厳と場所はどう結びつくか

ここでもやはり尊厳が問題です。尊厳とは何か。尊厳は場所とどう結びつくのか。私たちは愚かなので独力では明らかにし切れません。だからコミュニケーションが必要です。私が住民投票の活動家として動くのはそれに関連します。住民投票の本質が投票に先立つファシリテイターを介した熟議[39]にあるからです。熟議はコミュニケーションによる気づきを与えます。

誤解を防げば、住民投票は産経新聞が言うような政策人気投票ではありません。住民投票に先立つワークショップや公開討論会こそが本丸です。そこに多様な人々が参加することが望ましい。私が関わった「原発都民投票条例の制定を求める直接請求」で示した条例案が高校生や永住外国人に投票権を与える内容になっていたのはそのためです。なぜ多様な人々の参加が望ましいのでしょう？

自らの尊厳——自己の価値——に留まらず、他者の価値についてもコミュニケーションによる気づきが得られるからです。例えば、熟議を通じて、「日本人にも浅ましい輩が沢山いて、外国人にも立派な人が沢山いること」への気づきが得られます。ファシリテーターが慎重に座回しする熟議によって、私たちは「我々」の境界線をズラし、「新しい我々」を創造できるのです。

座回し役であるファシリテイターが適切にサポートする熟議によって、自分たちの尊厳が、どんな「生き物としての場所」と結びついているのかについて気づきが得られるだけでなく、そのプロセスを通じて、「同じ『生き物としての場所』に尊厳を結びつけた者たち」という「新しい我々」が獲得できるのです。「場所性の気づき」と「共同性の気づき」は、実は表裏一体です。

4　信仰を選ぶという近代の逆説

「新しい我々」と言いました。「我々」について述べなければなりません。日本人やフランス人など〈見ず知らずからなる我々〉としてのネーション（国民共同体）の意識は、二段階で成立しました。第一段階は、一七世紀前半の三〇年戦争。新教と旧教の諸侯間のこの宗教戦争を、各諸侯に信仰の自由があるとして手打ちしたのが、ご存じのウェストファリア条約です。

本来は「神が人を選ぶ」以上──「あなた方が私を選んだのではない、私があなた方を選んだ」（ヨハネ15・16）──「人が神を選ぶ」とする手打ちは敢えてする虚構です。ちなみに、当初は主権 sovereignity の概念の元になる sovereign も「諸侯」を意味しました。ウェストファリア体制のもとで直ちに「信仰の自由」が自明になったのではないということです。

第二段階は、フランス革命での王朝崩壊で露呈した諸侯弱体化ゆえに一九世紀前半に「皆で武器をとらないと掠奪される」との危機感が生じたこと。そこから、諸侯に代わる我々＝〈見ず知らずからなる我々〉という国民意識が生まれました。同時に、sovereignity が世俗の最高性（主権）を意味することが万人に理解されて、「信仰の自由」の観念が自明になります。

サンデルは『民主主義の不満』で、「信仰の自由」の観念が近代社会のボトルネックだとします[40]。ヨハネ福音書を持ち出すまでもなく、「個人が神を選ぶ」「相対的存在が絶対的存在を選ぶ」という観念は、明白なパラドックスです。信仰とは、啓示に襲われて回心するものです。選ぶという能動でなく、むしろ選ばれるという受動です。信仰者にとっては完全に自明な事柄です。

サンデルは、個人が全てを選択できるという、リベラリズムの思考に見られる「負荷なき自己」を拒絶して、「負荷を与えられた自己 situated self」を押し出します。信仰が神に選ばれるという受動である他ないというのも、その典型です。ところが、一七世紀前半の「手打ち」から二百年を経て、「神を選ぶ」という観念に違和感を覚えなくなる頽落が生じてしまったのです。

同一神を信じるユダヤ・キリスト・イスラム教は、相対的存在に過ぎない人間からなる世俗集団に最高性を与えるとする思考を、絶対神概念を元に否定してきました。それを踏まえれば、「国家の主権＝世俗の最高性」の概念には無理があります。実際ＩＳによるカリフ制の主張は国民国家の主権の否定で、戦間期に国民国家体制に組み込まれたイスラム「諸国」の否定です[41]。

国民国家では、暴力的な異議申立てがあると、政府は「テロリストとは交渉せず」との立場をとります。他方、イスラム法によれば犯罪と反乱は違います。反乱の場合、首謀者の主張に理があれば、統治権力の側が改めます。首謀者の主張に理がなければ、反乱をやめるよう通告した上で聞き入れなければ討伐します。比べてみると、国民国家の主権概念は一方的です[42]。

イスラム法では人は相対的存在です。ユダヤ教やキリスト教が元々考えていたのと同じです。例えば旧約の原罪概念が意味することとです。人は、神に支配を任されたにせよ、善悪の真実を知らないということ。だからイスラム法は善悪二元論ではなく五段階スペクトルです。反乱軍首謀者の主張に耳を傾ける際も善悪二元論じゃない。だからこそ普遍主義的なのです。

5　キリスト教は普遍主義なのか

新教皇フランシスコはＩＳに危機感を抱いているはずです。危機は宗教的覇権よりも本質的な問題です。国民国家からなる国際関係の出発点は、諸侯間の宗教戦争に関する、「諸侯が信仰を選ぶ」とする手打ちでした。それを国民一人一人の「信仰の自由」に拡張した結果、社会は世俗的なプラットフォームに変じました。それを象徴するのが、主権＝世俗的最高性という概念です。

世俗的最高性だと？　宗教よりも主権が上だと？　旧約聖書の普遍主義を否定してるじゃないか？「カリフ」アル＝バグダーディの発言が新教皇にはそう聞こえるはず。彼はこう続けます。サウジ王家は巨万の富を持つのに、スーダンの貧民を救わない。イスラム法に従えばあり得ない。あり得ないことが起こるのは世俗主義という「普遍主義の否定」のためだ。普遍主義に差し戻せ。

実際、「主権の侵害」を口実に「テロとの戦い」を正当化し、政権転覆や指導者抹殺を反復してきたアメリカが、主権＝世俗的最高性という概念を認めない反世俗主義ムスリムによる反逆だけを「テロ」と名指した上で、「テロリストとは交渉しない」などという「宗教的普遍主義に帰依する者＝世俗の相対性を弁える者」ならあり得ない営みを量産してきました。

何が悪かという認識の相対性をかなぐり捨てた、主権＝世俗的最高性を文字通り絶対とする主権国家の頽落が、むしろ国民の一部を主権国家に背を向けさせ、ＩＳに限らず本当の絶対（普遍）を掲げる宗教に追い遣《や》ります。そうした動きの一環として、アル＝バグダーディの呼び掛けに対してキリスト教圏に育った若者らが大規模に反応する事態が、起こっているのです。

主権概念はキリスト教圏での手打ちから生まれましたが、キリスト教徒らは手打ちがそもそも有する暫定性を忘れ、主権＝世俗的最高性を絶対化する営みを放置しています。そうした事態に最も危機意識を抱くであろう教皇が、福音書どおりに異教徒の足を洗ってみせたのでした。ちなみに、イエスによる福音の本質は、「神は分け隔てしない」（使徒10・34）です。

だから教皇は、国境と宗教を超えて貧富の差や暴力の蔓延に関心を示すのです。そこには、普遍主義をめぐる「競争」があります。教皇の危機意識を私たちは共有しているでしょうか。グローバル化による格差と貧困を主権国家が温存する現実に、キリスト者が心を痛めないでいいのか。主権国家は「信仰を選ぶ」という本末転倒の虚構を出発点としますが、虚構性を忘れていいのか。

ＩＳは「単なるテロ」ではない。不正義と不公平を温存する主権国家体制（サウジ王家とそれを支援する米国）への一部のイスラム教徒の異議申立てである事実を見逃してはいけない。世俗の相対性を踏まえた普遍主義ルネサンスとしての側面を見逃してはいけない。それを弁えないと〈感情の政治〉に席巻された主権国家が、民主政ゆえに惹起しつつある紛争を永久に回避できません。

私たちは資本主義と主権国家と民主政が両立すると思って来ました。しかしグローバル化が進んだ昨今、資本主義がもたらす不正義・不公平を主権国家が温存するがゆえに、疲弊するがままの社会で〈感情の劣化〉を被った大衆が民主政治を誤作動させる事態が、蔓延します。かかる事態の進行を、主権国家を誕生させたキリスト者たちが事実上放置してきたのです。

6　損得を超えた、内から湧く力

「我々」とは誰か。我々の「尊厳」とは何か。尊厳は「場所」とどう結びつくのか。これまで述べて来た危機的な事態は、こうした一連の疑問を私たちに突きつけます。それらに共通するのは、入替可能性ならぬ入替不可能性です。ハーバーマスに倣って、諸事物を入替可能にする場を〈システム〉、入替不可能性を保つ場を〈生活世界〉と呼ぶことにしましょう。

私たちはさしあたりどう振る舞えばいいのか。話を進めるに当たり、資本主義と主権国家と民主政のトリアーデを脅かすグローバル化の帰結を復習します。第一に、グローバル化は〈社会がどうあれ経済は回る〉状態を帰結します。賃上げ要求や法人増税要求があれば資本を移動すれば良いだけなので、グローバル化した企業は、社会の手当てに関心を持たなくなります。

第二に、グローバル化は〈社会がどうあれ政治は回る〉状態を帰結します。グローバル化は中間層を分解させます。分断され孤立した人々は不安と鬱屈を抱えます。他方で人々はネット化を背景に「見たいものしか見ない」状態になります。連帯がないので革命運動の恐れはない。政治は〈感情の釣り〉を用いて〈感情の政治〉をすれば社会の手当てをせずに済みます。

かくて〈社会がどうあれ政治&経済は回る〉状態になります。これは〈社会がどうあれ巨大システムは回る〉とパラフレーズできます。巨大システムは先の〈システム〉に当たります。〈システム〉は社会を食い潰します。抗う方法はただ一つ。〈巨大システムがどうあれ我々は回る〉と言える「我々」の再構築です。この「我々」が先の〈生活世界〉に当たります。

この「我々」は、かつての社会よりずっと小さなユニットです。かつての社会は前述した〈見ず知らずからなる我々〉＝国民共同体です。中間層分解と共同体空洞化を被った上、ネット化で個人が分断され孤立した状況なので、国民共同体のマクロ・プロセスでは、民主政の健全な作動を期待できません。だから社会より小さな「我々」をまず再構築します。それはどんな「我々」か。

確認します。〈社会がどうあれ巨大システムは回る〉に抗うべき理由は何か？　第一に、巨大システムが故障すればシステム依存的生活は一貫の終り（ソルニット）[43]。第二に、人々が自らを巨大システムの入替可能な部品だと理解すれば尊厳が失われる（ハーバーマス）。第三に、社会の空洞化が招く〈感情の政治〉が戦争などを通じてシステムを破壊する〈サンスティーン〉[44]。では〈巨大システムがどうあれ我々は回る〉という場合、それはどんな「我々」か。巨大システムの駒として動く人々の動機は、損得勘定の〈自発性〉です。であれば、巨大システムがどうあれ回るべき「我々」の動機は、損得を超えて内から湧く力つまり〈内発性〉でなければなりません。つまり、〈自発性〉ならぬ〈内発性〉なくして巨大システムには抗えないのです。

先に、目的を共有する人々によって手段的に組織されたアソシエーションと、それ自体の存続が目的となるコミュニティとを、区別しました[45]。手段的（＝目的合理的）なものは入替可能だから、アソシエーションは〈システム〉ないし巨大システムに近縁だと言えます。目的的（＝価値合理的）なものは入替不能だから、コミュニティは〈生活世界〉に近縁だと言えます[46]。

アソシエーションの成員動機は、目的に役立つか否かの損得勘定＝〈自発性〉であり、コミュニティの成員動機は、損得を超えた貢献性や利他性＝〈内発性〉が優位です。だから、アソシエーションないし〈システム〉は損得勘定を動機づけのベースとし、コミュニティないし〈生活世界〉は絆へのコミットメントを動機づけのベースとする、とパラフレーズできます。

とすると、三・一一以降の「絆ブーム」に見られた、「いざという時に助かりたければ、絆を大切にせよ」という構えは、自分御大切の損得勘定に過ぎないので、むしろ絆の反対物です。そうではなく、何があろうと自分を差し置いて助けたいと思う相手がいるかどうか。それだけが、絆の有無を証《あかし》します。こうした勘違いは、昨今の日本人の劣化を示しています。

7　初期ギリシャの知恵と福音書

損得勘定の〈自発性〉と、内から湧く力の〈内発性〉の区別は、キリスト者にとっては自明です。「善きサマリア人の喩え」（ルカ10・25－37）が知られます。イエスもファリサイ派の出自ですが、ファリサイ派は「戒律に従えば救われる」と考えます。「路傍に倒れている人を助けなさい」という戒律はない。だから倒れた人の傍らをラビでさえ通り過ぎました。

ところが、ユダヤの被差別民族であるサマリア人が、思わず駆け寄って助けようとします。自分が救われようとして、戒律に書いてあることだけを行うというファリサイ派。戒律とは無関係に、思わず駆け寄るサマリア人。どちらがあなたにとって隣人だろうか。それがイエスの問いです。〈自発性〉（ファリサイ派）と〈内発性〉（サマリア人）が対比されています。

損得勘定である〈自発性〉と、内から湧く力である〈内発性〉。こうした峻別は、紀元前五世紀前半の初期ギリシャに遡ります。プラトン『ファイドロス』は、神罰を恐れて正しく振る舞おうとするセム族系宗教（ユダヤ教の原型）を「エジプト的」だとして却け、善いサマリア人と同様、内から湧く力に従って進む営みが「ギリシャ的」だとして愛でられます。[47]

新約の福音書はコイネーギリシャ語で書かれていて、福音書の記述に初期ギリシャ哲学（万物学）の影響があったとする説もあります。ルカ福音書一〇章二五－三七節の「善きサマリア人の喩え」では、損得勘定の〈自発性〉と内から湧く力としての〈内発性〉が区別されていました。プラトンの『ファイドロス』にも「エジプト的／ギリシャ的」と相似形の区別があります。

内から湧く力をラテン語でヴィルトゥス、英語でヴァーチューと言います。「美徳」と訳されがちだけど不適切です。損得勘定と区別されるものだから、内から湧く力、つまり〈内発性〉の訳が適切です。「死後に永遠の命を得たくて、善き事をする」のは、「いざという時に助かりたくて、絆作りに勤しむ」のと同じで、〈内発性〉の反対物たる〈自発性〉に過ぎません。

こうしてイエスはファリサイ派的な戒律遵守を否定しましたが、これをヨハネ福音書八章三－七節「あなたがたのうちで罪のない者だけが最初に彼女に石を投げなさい」を引き合いに出し、「外形（行動）よりも内面（心）が大切という意味だ」という風に多くの人が理解します。でも間違いです。これは〈自発性〉より〈内発性〉が大切だというギリシャ的構えなのです。

「罪のない者だけが……」の箇所は、「トーラーに戻れ」の意味です。神の言葉を人が語り伝えたトーラーは矛盾に満ちて行動準則たり得ないので、「これを踏まえれば救われる」というミツワー（準則）を聖職者が作った経緯があります。これは神に取引きを持ちかける瀆神行為（ヴェーバーのいう神強制）です。イエスは、「皆もそのことは弁えているはずだ」と述べたわけです。

生贄を捧げて赦しを請う振る舞いは、準則を守って救いを請う振る舞いと同じく、神強制です。[48] バビロン捕囚期から生贄は神強制だと理解され始めましたが、イエスによれば救いを求めて行う戒律遵守も神強制。自分たちだけが救われたいと、トーラーと無関係に「人が作った」準則に、必死で従おうとする浅ましき者に、娼婦に投石する資格などない。イエスの言葉の意味です。

8　救いを求める祈りの意味とは

最後の審判で永遠の命が得られることを確証しようとして奮闘するあれこれの営みに、社会学者ヴェーバーはプロテスタントのエートスを見出します。エートスは「倫理」と訳されますが、正確には「容易に変えられない行為態度」。ロバート・ベラーの「心の習慣」という言い換えが適切です。ヴェーバーはこうしたエートスから資本主義が生まれたと考えています。[49]

私はカトリックの祈りはこれとは異なると考えます。前教皇ベネディクト一六世は「見る神」の表象を重視し、かつ共同体を重視します。それに従えば、カトリックの祈りは、「神よ、私が皆を裏切らないよう、どうか見ていて下さい」と「神よ、私はあなたのものです」という二つの柱があることになります。[50] 因みに「皆」は共同体を意味しますが、境界は未規定のままです。

前者は、私は弱いから損得勘定に左右されがちだが、あなたが見ていて下されば私は損得を超えられるとの内容です。見ていて下さった御蔭で損得勘定を超えて皆を裏切らずにいられれば、そのことが「救い」です。後者は「私は人を助けますから、私を救って下さい」という神強制の、放棄宣言です。私がどうなるかはあなたの御心（計画）のままにと委ねるわけです。

イエスの言葉をこう理解すれば、ファリサイ派の誤謬を超えられます。即ち、イエスの「神は分け隔てしない」という福音（使徒10・34）が、損得勘定の〈自発性〉ならぬ、内から湧く力としての〈内発性〉を擁護するものだと再確認できます。神は、たかだか人が作った準則に従うか否か（＝ユダヤ人であるか否か）ごときで、人を区別なさらないのです。

ギリシャに戻ると、プラトンを介してソクラテスの影響下にあるアリストテレスは、二つの社会秩序を区別します。第一は、罰を恐れ賞を求める人々が織りなす秩序。要は罰が恐くて人を殺さぬ社会。第二は、ヴァーチュー（内から湧く力）に従う人々が織りなす秩序。要は殺せないから人を殺さない社会。アリストテレスは第二の社会にだけ価値があるとします[51]。

ギリシャはプラトン以降は崩壊過程に入りますが、ソクラテスの時代すなわち紀元前五世紀前半のペリクレス治世までは、立派な者が何よりも愛でられました。立派な者とは、損得を気にせず前に進む存在のこと。他方、浅ましき者が非難されました。神罰を恐れて善いことをしたり悪事を控えるような存在のこと。まさに〈自発性〉ならぬ〈内発性〉へという図式。

なぜ初期ギリシャで〈内発性〉が愛でられたのか。紀元前一二世紀以降の「暗黒の四百年」に代表される残酷な戦争があったからです[52]。暗黒時代が明け、ポリス的集住が形をとり始めても、ポリス間戦争が常態でした。損得勘定が成員の専らの動機づけであるなら、ポリスは戦争に負けます。重層歩兵の集団密集戦法が支配的だった時代の、生存戦略だったのです。

「損得勘定を超える貢献動機を持つ成員が多数を占める場合だけ、社会が存続できる」という初期ギリシャ的な発想。これは①エマソンからデューイを経てローティに至るプラグマティズムの流れにも、②戦間期にプラグマティズムを社会学に導入したJ・H・ミード以降の流れにも、③二〇世紀半ばに社会システム理論を立ち上げたT・パーソンズにも見出せるものです。

今回、初期ギリシャの〈内発性〉の思考とイエスの福音の間に共通性があることを述べて、初期ギリシャ的な〈内発性〉の思考を引き継ぐ哲学から社会学まで含めた近代の思考を紹介しました。イエスの福音と、私の仕事である社会学を含む、人文社会科学の間には、〈内発性〉の賞揚において共通性があります。私たちの希望は〈内発性〉の受渡しにかかっています。

【注】

(1) マグヌス・ヒルシュフェルト、高山洋吉訳『戦争と性（全4巻）』同光社磯部書房、一九五三－五六年（原著一九三〇）。
(2) アマルティア・セン、鈴村興太郎訳『福祉の経済学―財と潜在能力』岩波書店、一九八八年（原著一九八五）。
(3) マイケル・サンデル、鬼澤忍訳『これからの「正義」の話をしよう』早川書房、二〇一一年（原著二〇一〇）。
(4) Philippa Foot, The Problem of Abortion and the Doctrine of the Double Effect in Virtues and Vices, Basil Blackwell, 1978.
(5) Mark Hauser, Det. al. A dissociation between moral judgments and justifications, Mind & Language 22(1), 2007.
(6) タルコット・パーソンズ、佐藤勉訳『社会体系論』青木書店、一九七四年（原著一九五一）。
(7) ユルゲン・ハーバーマス、細谷貞雄訳『晩期資本主義における正統化の諸問題』岩波書店、一九七九年（原著一九七三）。
(8) イマヌエル・カント、篠田英雄訳『純粋理性批判（第二版）』岩波書店、一九六一年（原著一七八七）。
(9) エドモンド・バーク、半沢孝麿訳『フランス革命の省察』みすず書房、一九九七年（原著一七九〇）。
(10) ピエール・J・プルードン、斉藤悦則訳『貧困の哲学』平凡社、二〇一四年（原著一八四六）。

(11) カール・マルクス、山村喬訳『哲学の貧困』岩波書店、一九五〇年（原著一八四七）。
(12) トマス・ホッブズ、水田洋訳『リヴァイアサン』岩波書店、一九八二年（原著一六五一）。
(13) エミール・デュルケーム、井伊玄太郎訳『社会分業論』講談社、一九八九年（原著一八九三）。
(14) ゴードン・S・ウッド、中野勝郎訳『アメリカ独立革命』岩波書店、二〇一六年（原著二〇〇三）。
(15) 庄司克宏『欧州連合―統治の論理とゆくえ』岩波書店、二〇〇七年。
(16) ヤーコブ・フォン・ユクスキュル、日高・野田訳『生物から見た世界』思索社、一九七三年（原著一九三四）。
(17) 松沢哲郎『想像するちから――チンパンジーが教えてくれた人間の心』岩波書店、二〇一一年。
(18) マックス・シェーラー、亀井裕訳『宇宙における人間の地位』白水社、一九七七年（原著一九二八）。
(19) アドルフ・ポルトマン、高木正孝訳『人間はどこまで動物か』岩波書店、一九六一年（原著一九五一）。
(20) アルノルト・ゲーレン、亀井裕訳『人間学の探究』紀伊國屋書店、一九七〇年（原著一九六一）。
(21) 鳥居修晃・望月登志子『視知覚の形成Ⅰ、Ⅱ』培風館、一九九七年。
(22) ニクラス・ルーマン、佐藤勉訳『社会システム理論〈上・下〉』恒星社厚生閣、一九九三・一九九五年（原著一九八四）。
(23) エミール・デュルケーム、古野清人訳『宗教生活の原初形態』岩波書店、一九四一年（原著一九一二）。
(24) ニクラス・ルーマン、佐藤勉訳『社会システム理論の視座』木鐸社、一九八五年（原著一九七〇）。
(25) マイケル・サンデル、菊池理夫訳『自由主義と正義の限界』三嶺書房、一九九二年（原著一九八二）。
(26) 仲正正樹、『ポスト・モダンの左旋回』世界書院、二〇〇四年。
(27) ジョン・ロールズ、リチャード・ローティほか、中島・松田訳『人権について』みすず書房、一九九八年（原著一九九三）。
(28) ラルフ・ウォルド・エマソン、伊東奈美子訳『自己信頼』海と月社、二〇〇九年（原著一八四一）。
(29) ユルゲン・ハーバーマス、奥山・八木・渡辺訳『認識と関心』未来社、二〇〇一年（原著一九六八）。
(30) マイケル・サンデル、金原・小林ほか訳『民主主義の不満〈上・下〉』勁草書房、二〇一〇年（原著一九九八）。
(31) ジェームズ・フィシュキンほか、川岸・谷澤・青山訳『熟議の日』早稲田大学出版部、二〇一五年（原著二〇〇五）。キャス・サンスティーン、那須耕介編・監訳『熟議が壊れるとき』勁草書房、二〇一二年（原論文一九九七－二〇一一）。

(32) アンソニー・ギデンズ、松尾・松川訳『親密性の変容』而立書房、一九九五年(原著一九九二)。
(33) ロバート・M・マッキーバー、中・松本(監訳)『コミュニティ』ミネルヴァ書房、二〇〇九年(原著一九一七)。
(34) J・ベアード・キャリコット、山内・村上(監訳)『地球の洞察』みすず書房、二〇〇九年。
(35) 養原敬・宮台真司『まちづくりの哲学』ミネルヴァ書房、二〇一六年。
(36) トム・レーガン、B・キャリコットほか、『環境思想の多様な展開』東海大学出版会、一九九五年。
(37) ピーター・シンガー、戸田清訳『動物の解放』人文書院、二〇一一年(原著一九七五)。
(38) アルネ・ネス、斉藤・開訳『ディープ・エコロジーとは何か』文化書房博文社、一九九七年(原著一九八九)。
(39) ジェイムズ・S・フィシュキン、曽根(監)岩木(訳)『人々の声が響き合うとき』早川書房、二〇一一年(原著二〇〇九)。
(40) マイケル・サンデル、金原・小林ほか『民主政の不満〈上・下〉』勁草書房、二〇一〇・二〇一一年(原著一九九六)。
(41) アブドルバーリ・アトワーン、中田考(監訳)春日雄宇(訳)『イスラーム国』集英社インターナショナル、二〇一五年(原著二〇一三)。
(42) 中田考『イスラームの論理』筑摩書房、二〇一六年。
(43) レベッカ・ソルニット、高月園子訳『災害ユートピア』亜紀書房、二〇一〇年(原著二〇〇九)。
(44) キャス・サンスティーン、石川幸憲訳『インターネットは民主主義の敵か』毎日新聞社、二〇〇三年(原著二〇〇一)。
(45) マックス・ヴェーバー、清水幾太郎訳『社会学の基礎概念』岩波書店、一九七四年(原著一九二二)。
(46) ユルゲン・ハーバーマス、河上倫逸訳『コミュニケーション行為の理論〈上・下〉』未来社、一九八五・一九八七年(原著一九八一)。
(47) プラトン、藤沢令夫訳『パイドロス』岩波書店、一九六七年。
(48) エチエンヌ・トロクメ、加藤隆訳『キリスト教の揺籃期・その誕生と成立』新教出版社、一九九八年(原著一九九七)。
(49) マックス・ヴェーバー、梶山力・大塚久雄訳『プロテスタンティズムの倫理と資本主義の精神』岩波書店、一九六二年(原著一九〇五)。
(50) ヨゼフ・ラツィンガー(ベネディクト一六世)、星野泰昭訳『ナザレのイエス』春秋社、二〇〇八年(原著二〇〇七)。

（51）アリストテレス、高田三郎訳『ニコマコス倫理学』岩波書店、一九七一年（原著B.C.335－B.C.323）。

（52）エリック・A・ハヴロック、村岡晋一訳『プラトン序説』新書館、一九九七年（原著一九六三）。

Ⅲ　生への問い

第8章　関係の倫理学――交わりへの内在と超越

清水正之

1　はじめに――人生の意味と人間の交わり

この本の共通の主題は「生きる意味――キリスト教への問いかけ」である。主題が「キリスト教への問いかけ」であることに本論では眼をとめておきたい。人生の意味を問うとは、一人ひとりの人生に単に個人的な理由からではない様々な困難の迫る中、そもそもキリスト教に人生をあらためて賦活化する方向があるのだろうか、と問うことでもある。

キリシタンの時代、キリスト教の三元徳、信仰・希望・愛は、それぞれ「信じ奉る」「頼もしく存じ奉る」そして「身持ちを以て勤むべき」という当時の日本語に移され教えられた。敬語を使用しているように、神に向かって人間がもつべき徳と明晰に日本語に訳された。教えはまた原語でも教えられた。「カリダアデ」（愛）の実践は、「ご大切」「大切」という訳語が使われた。神と人、そして人間同士の関係に関わる使い分けもまた私たちに示唆するものは多い。

近代日本において信仰と愛との関係をめぐって、キリスト教が人間の関係についてもたらした新たな視点は、今に至るまで大きな影響を残している。キリスト教の外部にとっては、キリスト教の人間観は、習慣的な人間の関係に覚醒あるいはある種の違和の感覚をもたらし、それ故深い刻印を与えてきた。本稿ではキリスト教がこうした関係をめぐる考え方にどのような光と影をなげかけたかを振り返ることで外部からの視線の意味を考えてみたい。

人間は習慣的な関係性を生きつつ、その在り方自体を対象化する能力を持っている。自己を離れ自己の環境を離れ、自己と環境世界に対して、一定の距離を置き、客観的に反省しうる人間存在の在り方を、ここでは近代日本の哲学者三木の用語である「離心性」と一応しておきたい。三木は、この語を社会学者プレスナーの"Exzentrizität"の訳語として使用する。(1)この用語をあえて使用するのは、三木が初期のパスカル研究をとおして、信仰者パスカルの核心に近づき、「慈悲の秩序」(愛の秩序)に理解と共感を抱きながら、後年唯物論研究、歴史哲学研究を通過し、晩年母の宗教である浄土真宗と親鸞にもどっていったことに関わってである。「離心性」は三木の場合、生の根本的な窮迫性を意味し、その窮迫の終わりなき無限性の故に、それは宗教的なるものの内に至って、より高次の生に達するものである。パスカルの宗教性を理解しつつ究極的に三木が至りついた地点にこそ、近代日本のキリスト教に親近しながら外部に止まった思索のひとつの形を見ることができる。三木の場合、「離心性」は最後にはパトス的であることをつきぬけ、あらためてより高次の生にいたる宗教性の動態の端緒となる。その意味で「離心性」は宗教的なものへのあらたな根付きを遠望したものであるといえるだろう。

2　関係へのまなざし——夏目漱石の問い

自他の関係を反省的にとらえる意識は、当然に近代以前から存在した。近代日本では、キリスト教を背景にした西洋文化・文明の影響を受け、関係へのあらたなまなざしを向けることとなった。そうした事態を知るには、文学領域がまずはふさわしい題材となる。

夏目漱石の初期作品のひとつ『三四郎』（明治四一年）をみておこう。九州から大学入学のために上京した主人公、小川三四郎の東京への途上の出来事、広田先生との出会い、知己を得た知人たちの、また入学した大学での人間模様をえがく。その『三四郎』のなかに人間の関係、とくに男女の関係に関わって、キリスト教に関わる場面がでてくるところがある。魅力的な女性である里見美禰子は、理学の研究に没頭する野々山との関係がしっくりとは進まないでいる。大かたが成就とみている中で美禰子と野々山の齟齬がえがかれ、美禰子の魅力は三四郎も局外におかない。美禰子の振舞いに翻弄されているかのようにみえ、三四郎もそのことを強く意識していた。広田や美禰子らと菊人形を見物に行ったその日、美禰子は三四郎に「迷子」の英訳は「ストレイシープ」であると話す。ある日、三四郎は美禰子がキリスト教の「会堂《チャーチ》」から出てくるのに出会う。会堂から出てきた美禰子は三四郎に「我は我が咎を知る。我が罪は常に我が前にあり」という言葉（『旧約聖書』詩編51）を三四郎に残して去っていく。美禰子は野々宮とは別の男性との結婚を決めていた。結末で三四郎は「迷羊《ストレイシープ》、迷羊《ストレイシープ》」と心の中で繰り返す。

『三四郎』に先立つ作品『草枕』の冒頭の一節「智に働けば角が立つ。情に棹させば流される。意地を通せば窮屈だ。兎角にこの世は住みにくい」とはよく知られている。『吾輩は猫である』『坊ちゃん』につづく初期作品の『草枕』は、俳諧味あふれた作品とされている。この作品の主人公の青年「画工」は、住みにくい人の世に飽き、俗塵を離れて超然とした出世間的境地に入ろうとして旅に出る。だが結局はその境地は虚構のものであって、しょせん人情世界とは別な世界に安住することなどできないことを悟る、というあらすじである。これら初期作品においても、軽妙な描写のなかにも、すでに人間と人間との関係が主たるテーマとなっていることを知ることができる。夏目は徐々に、そうした初期の人と人との関わりの世界から遠心的に離脱する傾向から変容し、関わり、その関係そのものを求心的に突き詰めようとする傾向を現し始めるといえるだろう。『草枕』の主人公は人情世界を嫌悪しつつ、そこを離れては生きていけないことも気づいている。「越すこともならぬ世がすみにくければ、すみにくい所とどれほどかくつろげる束の間の命を束の間でも住みよくせねばならぬ」と悟った彼は、東洋の芸術境の教える「非人情」という仮構の視点に立ち、人情世間を一幅の図柄としてみることに「住みよくする」方途を求めることとなる。『三四郎』等の中期の作品群は、人情世界を離れては我々生の場はないことを確認しつつ、人と人の織り成す「現実世界」の内実にさらに立ち入っていく。『三四郎』の中に人間の関係とくに恋愛の関係の中に、ひそかにかかわってくるかのようにキリスト教の場面がでてくるのである。

『三四郎』では近代日本への批判が登場人物の口吻をかりて語られる。その思想的骨組みは、「偉大なる暗闇」と称される広田先生の口を通してもっぱら示される。夏目漱石は明治近代に、日本対西洋という大きな視野のもとに人間を配しつつ、外なる時代の状況と、内なる精神的問題とのかかわりを透徹した眼で見通そうとした思想家の骨格を持った作家である。彼の視野は登場人物に、しばしば舌鋒鋭い文明批判、近代日本の西洋化の問題点とともに、道徳的偽善の糾弾をうみ、内へのまなざしは個人の良心、罪のみきわめ、救いの模索にむかわせる。両者は漱石の中で密接に結びついている。広田は、日本の近代化の問題性をつくとともに、たとえば美禰子の中に、利他主義から自分本位に転換した近代人の有り様をみぬき、そのありかたを「乱暴」と表現する。美禰子の謎の言葉は、無意識のうちに他者にくわえる美禰子の偽善を、美禰子自身が「罪」と感じ取っているかのようである。しかし、漱石はその文学の中でも思想の中でも、その登場人物に託された問題とキリスト教的なるものへの関心が、どのようなものであるか明らかにしないで終わった。むしろ晩年の「則天去私」の理念のように、東洋的自然に安住を見出したとされる。

批判は時に自己に甘く他者に厳しいものとなる傾向をもつが、漱石の文学は、己にも厳しい目をむける。『三四郎』につづく『それから』以降は、人間の関係の相対世界を描きながら、批判が他者のまなざしの中にある自らにも向かうようになり、むしろ自他の関係こそが人間の根源的な批判となっていることをえがくようになる。

夏目の文学は、文学というジャンル、形式故に、相対世界をえがくことにその主眼があり、明確な視点を取り出すことは意味がないという見方もできよう。しかし、渾沌とした小説世界とは別に漱石は、講演あるいは評論では、明晰なモラリストとしての姿を明確にみせる。

『私の個人主義』という学習院で行った講演がある（大正三年）。迷い多かった自分の人生をふりかえりつつ漱石は「自己本位」という言葉を手にしたとき、大変強くなったと述懐する。そしてその自己本位という自己の立場を、聴衆に向かって「貴方方のもって生まれた個性がそこにぶつかって始めて腰がすわる」ものにまで、自力で突きすすめと忠告する。後半では、個性の発展にともなって、「正義」「義務」「責任」を説き聞かせる。

漱石によれば、「自己本位」とは「利己主義」ではない。それは「個人主義」と呼ばれるべきものである。「個人主義」は「国家主義」とも「世界主義」ともなるが、「国家的道徳というものは個人主義的道徳と比べるとずっと低いもののように見える事です」というように、あくまで国家であろうと、徳義に則った個の自由の無限の拡張の下位にあると言い切る。

漱石は、「則天去私」という境地に関し、晩年は「自然」を目標として「私」を去ろうと努めるほか道はないと考えるに至ったとされる。人は人情世界を生きながら、同時にエゴイスティックに己の追求するものを遂行せねばならない。自己実現とエゴイズムのうらはらさを、誠実に生き抜くほか我々にはなく、究極的には他者のために、生きることとなる、というのが漱石の思想の核心といえるだろう。

「自然」について付言しておきたい。『中味と形式』（明治四四年）の講演では、娘や妻に対する関係が維新前と比べてどのように変わったかを思い起こしてみるように言ったあと、「（娘・妻との関係の）内容の変化に注意もなく頓着もなく、一定不変の型を立てて、そうしたその型は在来あるからという意味で、またその型を自分が好いているというだけで、そうした傍観者のような態度を以て、相手の生活の内容に自分が触れることなしに推して行ったなら危ない」と述べている。漱石はあるがままの人間関係に何らの改変をくわえない「自然」のままを主張しているわけではないことは重要である。

美禰子の謎の言葉も、漱石のなかで、そのままでは危ない「エゴイスティックな」自己のありかたに、キリスト教の教えが何らかの影響を与えたものと解することが出来るだろう。『それから』は三四郎のそれからを描いたと漱石は言うが、『三四郎』でもすでに一定の西洋文明への批判、うわすべりの近代化への警句が散見する。すでにこの作品においてみえる、人間の関係への関心が、関係の中に胚胎する「咎」「罪」の感覚を揺曳させていることを一度念頭に置いておきたい。江藤淳は、そうした夏目の文学に「原罪」の観念を連想させる、としつつキリスト教のそれとは異なる、と評している(2)。

我が罪が何を意味しているのか、この作品でもこれ以降も明示されない。愛の問題をキリスト教の説くアガペーとエロスとの関係としてより深く考究したあともうかがうことはできない。しかし関係の相克を描く後の展開になんらかの影を残している。漱石は、人間の関係における愛をアガペー的な、垂直的な神と人との関係の中に置くことはせず、かわりに東洋的な「天」をたて、その境地を究竟のものとしたようにみえる。人間の関係が、超越的な何ものかとの関係をかすかに遠望しながら、人間の関係を世界の内にあるものとしてとらえる世界観、道徳観は、「自然」性への親近あるいは汎神論的な世界観につながるといえるだろう。

3　『善の研究』における神と愛

学習院講演の「個人主義」にかかわって、三カ条の心得を聴衆に述べている。これには、イギリス留学の体験をふくめて、見聞した経験論的道徳観が深く関わっていよう。

漱石のこうした「利己主義」への否定的応対は、「我々は何処までも自己の私を去って物そのものになって考え、物そのものとなって行う、何処までも真実を求め、真実に従う、そこに科学があり、道徳がある」(『哲学論文集』)とする西田幾多郎の哲学的思索のあゆみと時代的にまた内容的に親近しているといえる。人と人との関係の倫理学を個人の局面から考察したのが西田哲学である。

西田は広く読まれた『善の研究』(明治四四年)においてすでに、仏教やイスラムへの言及とともに、かなりのキリスト教への言及を残している。この書は「純粋経験」という主客が合一した状態を出発点としてその思索を始める。「自己の細工を棄てて」知識とその対象が「全く合一」状態、すなわち主観と客観という二元論を越える、主客未分の意識の統一的状態を規定する。西田は注意深く、主観の一方的な存立でないことを強調する。この行論はたしかに自己の意識を出発点とすることで、「他人の意識は自己に経験が」できないことにあらわれるようにある種の独我論の傾向を持っていることは指摘できる。

キリスト教への言及は、とくに「宗教」の篇においてみられる。宗教は独我論的状況を乗り越えるものとされている。宗教については「宗教的要求は自己に対する要求である、自己の生命についての要求である。我々の自己がその相対的にして有限であることを覚知するとともに、絶対無限の力に合一してこれによりて永遠の生命を得んとする要求である」と定義するとともに、パウロの「すでに我生きるにあらず。キリストにありて生きるなり」(ガラテヤ書2・20)およびキリストの言葉(「十字架を取りて我に従わざるものは我に協《かな》わざる者なり」(マタイ10・38ほか))を引いている。「客観的世界に対して」主観的自己を定立し統一を求める間は、「その主観的自己はいかに大」であっても、その統一は「未だ相対的たるをまぬがれない」のである。絶対的統一は「ただ全然主観的統一を棄てて、客観的統一に一致することによりて得られる」という。主観的統一と客観的統一の合一とは、主客の合一すなわち意識の純粋経験の状態そのものであろう。宗教は主観が、大きな客観に合一することである。

こうして西田は宗教の本質にふれるが、ベーメなどの神秘主義に近しい思いをいだいていることがわかる。「我々の最深なる内生によりて神に至る」とみている。

人間と人間の関係、愛についてもこの論理の流れのなかで言及する。少し長いが特徴的な節を引用する。「神はすべての実在の根柢として、その愛は平等普遍の愛でなければならぬ。万物自然の発展の外に特別なる神の愛はないのである。元来、愛とは統一を求むる情である。自己統一の要求が自愛であり、自他統一の要求が他愛である。万物の統一作用はただちに万物の統一作用であるから、エッカルトのいったように神の他愛はすなわちその慈愛でなければならぬ。我々が自己の手足を愛する如くに神は万物を愛するのである。エッカルトはまた神の人を愛するのは随意の行動ではなく、かくせねばならぬのであるといっている」と神と愛との関係を理解している。

西田は、神は「実在の根柢」とされ、根源的統一力こそが神であるとする。この行論では、具体的な他者、汝の問題が看過されているように見える。西田にとってはしかしながら、この根源的統一力こそが神の人格である。『善の研究』の出版は明治四四年であり、その思索が夏目の文学的営為とかさなることは興味深い。愛は敬との関係の中で理解されている。「愛というのは二つの人格が合して一つとなるの謂」「敬とは部分的人格が全人格に対して起こす感情」であるから、敬愛の本には必ず人格の統一」がなければならない、敬愛は「人と人との間」ばかりでなく自己の意識の中心でも起こるのである（以上第四篇「宗教」第二章「宗教の本質」）。

他者の具体的相は中期の論文『私と汝』（昭和七年）に引き継がれている。自己と物との関係であるところを超える議論がみられるのも『私と汝』である。一神教的神には一定の拒否感を漂わせる西田の体系であるが、その体系は基本的には「私を去る」こと、エゴイズムの消去を志向している。『善の研究』からはじまるその後の展開はこの『私と汝』において、自己と他者との存立基盤を考える方向にいたる。西田幾多郎は、キリスト教の愛を神の愛、アガペーの愛として、ギリシャ的伝統にみられるエロス的愛との区別に言及し、エロスとアガペーというキリスト教の愛の核心に触れる議論を展開している。特にニグレンの『エロスとアガペー』を参照言及している。論全体としては、慈悲に言及するなど、その東洋的性格は夏目と同様、キリスト教の愛の西田なりの理解であり、キリスト教の外部からのキリスト教への問いかけであるというべきであろう。

西田の神観は「汎神論ないし万有内在神論の神に近い(3)」とされる。再び『善の研究』にもどるなら、超越的神が外から世界を支配するという考えを否定し、「神意」とされるべきなのは「自然の理法」だけだとする。「我々がキリストの神性を信じるのは、その一生が最深なる人生の真理を含む故である。我々の神とは天地これによりて位し万物これによりて育する宇宙の内面的統一力でなければならぬ。この外に神というべきものはない。もし神が人格的であるというならば、かくの如き実在の根本においてただちに人格的意義を認めるとの意味でなくてはならぬ」。したがって我々は「自然の根柢」「自己の根柢」においてただちに神を見ればこそ「神において生きるという宗教の真髄」に達することが出来るのである。

西田は自己の哲学的体系と結構をまもりつつ、最大限キリスト教的愛をその東洋的な宗教観に取り込んでいこうとする。

4　和辻の間柄の倫理学

キリスト教の影響下でそれを多分に意識しながら、間柄の倫理学を形成したのは和辻哲郎である。人間を個人的でありつつ社会的であるという性格付けには、西田的な主観と客観の統一という意識がなかったとはいえないだろう。そのキリスト教理解には、マリア論をはじめ、多分に誤解があるとされるが、自他融合の二人関係には、個人から出立する西田的な存在論と比べ、この社会の伝統的な自他融合的な共同体の即自的な肯定とされるのもうなずける。しかし間柄に着目する思想が、他方で、常に一神教的な伝統との対決という姿勢をもっていたことはたしかである。和辻の場合、西田のいう純粋経験を共同体のなかでの無意識的な存在の様態と見ていたのかもしれない。

和辻哲郎は夏目漱石に私淑して、その授業を窓際で聴いていたと述懐している。しかし、夏目との関わりでは、和辻は矛盾にみちている。

「人間」とは「世の中」自身であると共にまた世の中に於ける「人」である。従って「人間」は単なる人でもなければまた単なる社会でもない。「人間」においてはこの両者は弁証法的に統一されている（『人間の学としての倫理学』）。人間とは孤立した存在ではなく関係を生きるもの、「間柄」としての人間《じんかん》である。二人共同体の間柄からはじめ、その間柄が家族・親族、社会、国家にいたる空間的広がりを『倫理学』では体系づける。その根底には、「日本人は個人として生きた経験はない」(『日本語と哲学』)ということばにもあらわれるように、個人主義への強い批判がある。和辻によれば、利己心を人の本質とする利益社会的な立場にたてば、「私」を保つことはむしろ「人間の自然」として是認せられるであろうけれども、しかしここで問題にしているのは「感情融合的な精神共同体の立場」であるとして「私を抱く者は何らかの危険な、気味の悪い、従って排除せられるべきものとして感ぜられる」という。和辻から見るなら、人間の現実的なありかたからみると「個人主義」は虚構としての議論である。

以上は、キリスト教の外部に与えたその一部である。もちろんキリスト教の側からの発信も努力もあった。たとえば波多野精一の『宗教哲学』(昭和一〇年)等がそれである。だが、大きく見るなら、キリスト教はアカデミズムの中か、社会運動にかかわり、明治大正昭和にかけて、関係をめぐる外部での議論に十分に応答してこなかったといえるのではないだろうか。

5　愛という虚偽――戦後の思想から

キリスト教の外部から、比較文化論的立場から、戦後評判を呼んだ伊藤整の議論を思い起こすこととしよう。伊藤の議論は、夏目、西田そして和辻のように、その営みの中で、キリスト教的なものにふれながら、キリスト教を選ばなかった戦前の知性のひとつのありようにかかわっているからである、

その昭和三三年発表の論文『近代日本における愛の虚偽』(4)で伊藤は、日本の伝統的な関係をめぐる思想は、「愛」のキリスト教的な意味での受容を妨げるものがあるという議論を展開した。この論文は、問いかけという形をとってはいないけれど、イギリス文学に精通し、キリスト教文化に通じている一知識人の人間の関係をめぐる言説としては、今に見るべきものがある。とくにキリスト教の愛の観念の近代での受容以前の日本・東洋を問題にしている点において、戦前的なものと戦後、そして現代日本的なものを結ぶ位置にあるというべきだろう。伊藤の立論は、漱石をはじ

め、近代の文学そして思想哲学の他者をめぐる応答的議論の厚さの不在を背景に持っているといえるだろう。

伊藤の問題意識は明確である。西洋文化の中核をなすキリスト教の「愛」の観念をうけいれたが、果たして私たちはそれを正しく受容しえたか、を問うものとなっている。

伊藤の疑問は、人間の関係のとらえかたが文化の違いによって大いに異なるという認識による。キリスト教系の文化を持つ国においての人間と人間との触れ合いの道徳的な整理の仕方（ヨーロッパ的道徳）は聖書の「人にかくせられんと思うことを人に為せ」で示される。伊藤はそれを「他人を自己と同様なものと考えるという意味で個人尊重の考え方を生み、さらにそのような独立した他者に、愛という形で働きかける組み合わせ、交際、協力などを尊重する考え方を生み、市民社会というものを形成する原則の一つをなしている」ととらえる。

そもそも「人間と人間の間の秩序が考えられるところ」必ず「他者への愛や他者の認識」があるが、西洋と東洋の考え方には、「かすかな違いがあり、やがてその違いが文化の総和においての大きな違いとなっているらしい」とし、西洋の考え方では、他者との組み合わせの関係が安定したときに心の平安を見いだす傾向が強いこと、東洋の考え方では、他者との全き平等の結びつきについて何か躊いが残されていることを、その差異として感じているとし、「我々日本人は特に、他者に害を及ぼさない状態をもって、心の平安を得る形と考えているようである」とする。そしてそのような他者認識をよく示す言葉として『論語』にしるされる孔子の言葉、「己の欲せざるところを人に施すことなかれ」をあげる。伊藤は仏教についてはとくに言葉をとりあげていないが、おそらくは『歎異抄』に記される親鸞を意識してか、仁や慈悲には「他者を自己と全く同じには愛しえないがゆえに、憐れみの気持ちを持って他者をいたわり、他者に対して本来自己が抱く冷酷さを緩和する、という傾向が漂っている」とまとめている。

西洋的な人間と人間の間のとらえかたについて伊藤はいう。「冷酷な人間の区別感を消そうとする」ためにはどうしても絶対者の存在が求められる。神の前で「悔い改めること、善の理想への同体化を願うことは、命令が不可能であるという前提において存在し、不可能であるがゆえに無限に繰り返される行為を呼び起こすと、キリスト教の「愛の考え方」をまとめている。そして「信仰による祈り、懺悔がないときに、夫婦の関係を『愛』という言葉で表現することには、大きな、根本的な虚偽が存在している」と日本近代の心性を指摘する。

明治以来、西洋文学の恋愛の思想をとりあげてきたが、キリスト教の宗教生活の実践性、願望や祈りや懺悔などを抜きにして、形の上でのみ、取り入れたものであった。「我々には不可能なことから退いて自己を守るという謙虚や思いやりはあっても、他者を自己と同一視しようというような、あり得ないことへの努力の中には虚偽を見出すのだ。我々は、憐れみ、同情、手控え、躇いなどを他者に対して抱くが、しかし真実の愛を抱くことは不可能だと考え、抱く努力もしないのだ。即ち仏教的に言えば、そのような愛を抱くことのできぬことが我々の罪深い本性であり、その本性を持ったままで我々を救うのは仏なのである」と言い切る。こうした「心的習慣を持つ東洋人中の東洋人たる日本人」が、明治初年以来、「愛」という翻訳言葉を輸入し、それによって男女の間の恋を描き、説明し、証明しようとしたことが、どのような無理、空転、虚偽をもたらしたか」について自分は、最大限に譲歩しても疑うことができないとし、「人類愛、ヒューマニズムという言葉も同様である」と断じる。輸入された愛の思想は、透谷の考え方、蘆花の考え方、それを引き継ぐ白樺系の人々の考え方の中で、恋は愛というものに転換されかかったし、隷属的であった女性たちに人間らしい立場を与えるという功利性を持っていたので、実質上役に立ったが、「その本質にある虚偽性を否定することはできな」かった。やがてそこから「大きな思考の空転が生まれてきたのだ」。

伊藤の見る所、我々の心的習慣では、なお「男女の愛は、恋である。それを愛に同化したいという祈りの念を我々は持っていない」のであり、「他者と非現世的な愛という形で組み合わされることにはおびえがち」であり、社会を離れ、隠遁し、孤独になるときに心の平安を得るという古い心的習慣をまだ強く持っている。「他者との結びつきには我々を不安にするものが常にある」のであり、我々が他者との間に秩序を形成するとき、「それは他者を同一の人と見るよりは、上下の関係においてみる傾向を持っている。日本人にとっての夫婦の愛情は、赦し合いという実例を持つかまたは真の執着そのものかである」。

決して我々は本質的に西欧化してはいないと伊藤はいう。「多分、愛という言葉は、我々には、同情、憐れみ、遠慮、気づかい、というもの、最上の場合で慈悲というようなものとしてしか実感されてないのだ。そして、そのような愛という言葉を、日本人が恋において使い、夫婦において使い、ヒューマニズムという言葉を、道徳の最終形式のように使うとき、そこには、大きな埋められない空白が残るのだ。この西欧の考え方は、我々を、封建制度から解放し、女性を家庭の奴隷状態から解放した。それとともに、我々を別個な虚偽、キリスト教の救済性を持たぬ虚偽の中に導きいれたのだ」という結論部分に多くが示されている。

私たちが注意したいのは、最後の部分である。愛という上昇勢力のプラスのないところに、マイナスとしての罪は実感されないと伊藤はのべたあと、「主我的なことが正義と同質化するという無信仰の怖れがいま世界に行わたっている」として、西洋、東洋いずれがより正しい認識か、「私はその二つのものの前にたって決しかねている」と述べた部分である。明治生まれの人間として、また文学を通して、東西の文化の比較を考えざるを得なかったものとしての最後の不決断の表明は、思想や文学を通してのキリスト教への問いかけをそれなりにしてきた近代日本での、ひとつの象徴的な言葉と考えられる。

一時期大きな反響を呼んだこの論文を今の私たちに対してみるとどうなるかが新たな問いとなろう。学生たちとこの論文を再三読んできた経験によれば、現代日本において「愛は定着している」という感想を述べるものが多い。ボランティアが定着しつつある。ようやく戦後のながれをへて、愛は一つの形を取りかけていることはたしかであろう。

6　キリスト教からの問い——森有正の場合

文学等で表明された感性的なものをふくむ、他者のとらえかたについて、戦前的なものと戦後的なものを架橋する位置にあって、キリスト教の側から日本の人間の関係について随想的な文章でまとめた森有正（一九一一－一九七六）の『経験と思想』を見ておきたい。

森はデカルト、パスカル等フランス思想の研究者であったが、戦後フランスに留学しそのまま滞在を続け、思索をつづけた。後年、森は長年のヨーロッパ生活をふまえ、日本人であることをふまえ、「日本語を通じての経験」という問題に関わるようになる。フランスに長年いても、「体験」は増したが経験はえられなかった。経験は日本語によってしか森にとって、獲得できないと思われた。端的に言って日本語はその構造上、第三人称がなりたたない、というのが森をつらぬく問題関心となっている。

森は本居宣長の問題提起に影響をうけたことを表明しており、単に近代にかぎらない日本の経験の本質を論じるという姿勢をとっている。森はその日本語と関係の問題を論じた『経験と思想』（一九七七）で「二項方式」とよぶ着想を説明している。

「『経験』にしても『思想』にしても、それらは『言葉』とはなすことの出来ない関係に立っている。『経験』はその本質的契機として、『言葉』と呼ぶ外ない機能を含んでいる。（中略）我々の場合は、『言葉』は日本語である。我々は日本語において『経験』をもち、『思想』を組織する」（森有正全集12、三〇頁）。

ドイツ語がカントの「経験」「思想」のと不可分であるように、日本語をはなれて我々は経験や思想の実体はないのであり、日本語は「日本」というものへ我々を導いていく、と森は考えた。そして日本語を通じた日本の「経験」を分析する中で、「関係の親密性」や「相互嵌入性」（相互に腹を割る、真心の尊重など）という人間のありかたと、そこから派生してくる日本の公共性共同性のなさ、関係が水平から上下に傾斜する垂直性、などを例示しつつ、「日本人においては『経験』は一人の個人ではなく、複数を、具体的には二人の人間を構成する関係を定義する」とし、それを「二項結合方式」（combinaison binaire）（略して「二項関係」「二項方式」）と名付けた。

森は「日本人は相手のことを気にしながら発言するというとき、それは単に心理的なものである以上に、人間関係そのもの言語構成そのものがそういう構造をもっているのである」あるいは「日本語は本質的に二項関係の内閉性を持っている」と説明する。日本語では、欧米語のような端的な「AはBである」という言表がなりたたない。「AはBだ」「AはBでございましょう」「AはBではございませんか」という表現は、「AはBである」という言表を立てるというより、話し手、甲と乙の「関係」性をむしろきわだたせてしまう。この「二項方式」の問題点は、「経験」が二人の人間の関係に自閉し、「自分一個の経験にまで分析されえない」こと、そして反面「三人称的、客観的」な真理、公共性が他者との間に成立し得ない、ということであった。もちろん森は、「三人称」としての自我の確立を、あるべき方向とするのである。

ちなみに森はしばしば和辻哲郎を参照している。「和辻哲郎氏は、日本人において最も著しい私的存在のかたちを『間柄存在』であるといい、それはただ一人の相手以外のあらゆる他の人の参与を拒む存在である、という。一人になるという『経験』を日本人は殆どもつことはない。和辻氏はそれが不可能であるという」と和辻の『日本語と哲学の問題』の問題性にふれる。ちなみに和辻のこの書は、「一つの民族の精神的特性と言語形成とは密接に融合されたもの」といい、日本語を「実践行動の立場における存在の了解を豊富にふくんでいる」として、日本語をめぐる議論の先鞭をつけたものである。和辻によれば、日本語の複数形の欠如、性の区別のなさ、動詞の人称の別のないこと、助詞の豊富さ、主語の欠如の諸特徴は、否定的に見られるべきでなく、むしろ人間の個人的社会的な二重性格を「忠実に」反映したものだという。「かつて個人として生きた経験のない日本人」を和辻は、浮かび上がらせている。

他方、森の立場は、再三の和辻への言及にも拘わらず、日本的伝統を擁護し個人主義を否定する和辻と同じ立場であるのではない。しかしまた、近代日本における「家の重み」「自我の未確立」「革命の不在」などを二項方式に発する因習の、核心に関わる具体例としてあげる森にとって、和辻の認識をめぐる個人あるいは共同体の習慣性（因習性）の指摘は、その最終的な論理の帰結とはべつに、日本の「経験」を的確に開示したものと映ったのであり、だからこそその超克をも示唆するものだったのだろう。

森有正の思索の場は、近代の日本の問題点をえぐり、その古い心的習慣の克服をめざすものであるが、いわゆる近代主義とは一線を画すものである。森はクリスチャンでもある。その前にかかれた『いかに生きるか』（講談社現代新書、一九七六）は信仰的立場を明確にしており、この『経験と思想』の発想がキリスト教的信仰と結びついたものであることを明確にしている。

いずれにしても、近代の文学者、思想家達の問題意識を引き継ぎながら、信仰的立場を明確にしたものであることはあきらかである。こうした関係は『甘えの構造』を書いた精神科医のカトリックの土居健郎とも共通する。信仰的立場で書かれたものでは、しばしば「甘え」の必要性を論じていることなども参考になろう。

7　おわりに

キリスト教のアガペーは人と人との関係に関わるとき、「人にしてもらいたいと思うことは何でも、あなたがたも人にしなさい」とするキリスト教道徳の主要な徳目、黄金律とされた。他方で、キリスト教思想の歴史や思想には他方で「自分のして欲しくないことを人にしてはならないは最高の道徳である」という思想もまたかすかにであれながれている。

古くは、『トビト記』四章一五節、あるいは『タルムード』にある。(5)また西洋中世の神学者・論理学者には、「自分がして欲しくないことを人にしてはならない」は最高の道徳法則であるとしている者がある。あるいは、キリシタン時代のキリシタン宣教師の報告書のなかに「自分がして欲しくないことを人にしないこと」を信仰につうじる眼目であるという考え方を表明したものもいる。(6)

伊藤整は、黄金律を西洋の人間関係を律するものとし、儒教的な人間関係の規範と背馳するというが、キリスト教の道徳をあまりに厳格に捉えている気味があるだろう。むしろ、二つの命題の間こそ、自他の間での、他者への寛容あるいは、自由の容認の余地が生じる意味があるのではないか、と考える道はないのだろうか。三木清のいう「離心的」に習慣的心性をでて、また文化の制約をでて、キリスト教的霊性に至る道への手がかりとなるのではないだろうか。

ともあれ、戦前から今に至るまで、関係をめぐるキリスト教外からの問いかけに、キリスト教がその心情にまで踏み込んで、応対できたとはいえないし、今もその傾向はあるというべきだろう。聖書に啓示された「黄金律」を私たちは、私たちの言葉と行いを通して、現代の関係の変化をふまえて、あらためて語り直すことが、時に誤りをもたらすかもしれないが、必要であろう。重要なことは、伊藤の結論部分でいったように、エゴイスティックなものが世界を覆っていることである。

近代以前の思想にも例えば伊藤仁斎など、「愛」を思考の価値をもつものであることを論じた思想家はおおい。またキリスト教の愛を「ご大切」という訳語で受けとめたキリシタン時代も振り返るに値する。しかし、近代日本において関係という問題を広範に投げかけたのは、キリスト教の意義である。即自的な関係のあり方を、対自化することの意義にキリスト教は寄与してきた。あらためて「愛と学び」というキリスト教的西洋的伝統の思想的歴史に立ち返ることが求められる。主我的なながれは伊藤の時よりも強い潮流である。伊藤の危惧こそが今実践的に応答されるべきだろう。他者への配慮と愛とのあいだにこそ、自己を越える自己超越の真髄が、また霊性が宿ると答えることとしよう。

【注】

(1) 三木は「シェストフ的不安」の中で使用している。ヘルムート・プレスナー (Helmuth Plessner 1892-1985) の "Exzentrizität"

は現代では「脱中心性」と訳される。また『構想力の論理』では「離心的」という用語が見られる。
（2） 江藤淳『夏目漱石』新潮文庫、二〇〇六年、一五一－一五二頁。
（3） 小坂国継『善の研究　全注釈』講談社、二〇〇六年、四〇〇頁。そのほかにも汎神論（万有内在神論 pantheism）というより万有内在神（panentheism）と性格づける議論は多い。「第四篇　宗教第3章　神」参照のこと。
（4） 伊藤整『近代日本人の発想の諸形式』岩波文庫、一九八一年所収による。
（5） 土岐健治・太田修司『パウロ』教文館、二〇〇二年、第九章とくに一七三頁。
（6） ザビエルに従って布教したコスメ・デ・トーレスは、人間がその理性によって、たとえ山の中に育ち、人間を見ずにそだてられたとしても「他人が自分にすることを欲しないことを他人にすることは罪である」ということを知ると日本人に説教し、さらに「もし人が自分になされるのを欲しないことを他人になさず、自分を創ってくれた御主に祈るならば、たとえデウスの教えの説明をきかなくても、救われるであろう」と説いたと記録に残る（シュールハマー、神尾庄治訳『山口の討論』昭和三九年、新生社、一五五－一五六頁。豊澤一「『山口の討論』について（一）」『山口大學文學會誌』49巻、一九九九年、一八三頁および注32の示唆による。豊澤一『近世日本思想の基本型　定めと当為』（ぺりかん社、二〇一一年、九頁－四六頁）に再掲されている。

第9章　宗教が医療・医学に果たした役割、果たすことが期待されている役割

加藤　敏

1　はじめに

筆者は精神科臨床に携わって四〇余年がたつ。現在でも患者さんとの出会いの中であらたなことを患者さんから教えられる。そうしたなか、医療におけるスピリチュアリティの重要性をますます強く考えるようになってきている。若い時フランス・ストラスブールに留学のため滞在した折、筆者が学んだ西欧医学の思想的源泉がキリスト教にあることを肌で感じた。医療の歴史をたどると、病んだ患者を治すという使命感は宗教的信仰に裏打ちされていたことがよくわかる。

実際、宗教家であると同時に医師である人は少なくない。関西学院を創立し初代院長に就いたウォルター・ラッセル・ランバスはその一つのいい例で、氏はヴァンダビルト大学で神学と医学を修めている。さらにランバス院長の父ジェームス・ウィリアム・ランバスは牧師であり医師でもあった。奉仕のための練達（Mastery for Service）が関西学院のモットーとなっていることは意味深い。サーヴィス（Service）はまずは神への奉仕であり、この世での人

間のすべての活動は神に仕える、ひいては神に祈る行為に通じるという考えがこめられていると思う。とりわけ医療やケアにおける病んだ人へのserviceは、神への祈りの行為であるとする敬虔かつ謙虚な考えがみてとれる。

本論では宗教が医療・医学に果たした役割を歴史的に跡付けたい。宗教としては、カトリシズム、プロテスタンティズム、仏教を扱い、これを通じ、科学的論理が支配的になり、ややもすると「精神不在の医学」(mindless medicine)に陥ってしまう現代の問題を考える素材としたい。

2 カトリシズム

1 精神療法、平等な医療の端緒を提供したイエスによる病気治しの物語

(新約)聖書に目をとおしてみてあらためて驚くのは、随所でイエスによる病気治しの話がでてくることである。その対象となる事例では、悪霊つきがもっとも多い。そのほか、重い皮膚病あるいは盲人、身体障碍者、あるいは罪深い女といわれている人である。いずれも穢れた存在とされ社会から疎外された人たちである。そういう人たちにイエスは優しく寛容な心持で近づいて行き、声をかける。次いで、病んだ人の額に両手をあてるという行為に代表されるように、自らの手で病んだ人の体に直接触れる。そこでの癒しの過程は、イエスと病んだ人との間で展開する触覚レベルと言語レベルの交流によって進むということができる。イエスが病んだ人に対して語る言葉で大変示唆に富むものとして、次の言葉があがる。

「娘よ、あなたの信頼があなたを救った(1)」。

「信頼」は、新共同訳では「信仰」になっているが、原語のピスティスは体全体で心をかたむけて信頼するという

ニュアンスが強い言葉のようである。つまり、病んだ人がイエスに対して心から強い信頼感を抱くという情動に裏うちされた態度こそ、癒しの過程に決定的な意義をもつことをイエスは説いている。その場合、「イエスに対して強い信頼を置く」ということはとりもなおさず、病んだ人による神への信頼、ひいては信仰につながる点から、治すのはイエスではなく神であるという認識が控えているはずである。

宗教的な枠組みを棚上げして言うなら、この言葉には、治療者に対する心からの信頼が治療の動因となるという考え方が表明されているとみることができる。そうしてみると、イエスが行ったとされる病気治しは、精神科のみならず内科・外科等で日々暗黙の裡に実践されている精神療法の根幹にかかわるもので、その端緒と位置づけることができる。(2) 奇しくも、イエスが弟子とともに病気治しを実践していたのとほとんど同じ時代に、ヒポクラテスを中心としたアスクレピオスの医師集団が活動していた。この治療集団は薬を処方するだけでなく、メスを使って外科的治療も行った。ヒポクラテスが現代の科学的医療の祖と仰がれるゆえんである。これに対し、イエス・キリストは精神療法の祖ということができると筆者は言いたい。

事実、イエスは、西欧古代、中世において病んだ人、病める人（ホモ・パティエンス）に対する救いの模範とされ、さまざまな呼び方がなされた。「肉においても、同時に霊においても、医師である人が一人いる。イエス・キリスト、われらが主」（アンティオキアのイグナティオス）「大医師」（ヒルデガルト）「すべての医師の教師」（ヒエロニュムス）などがその例である。

『ルカによる福音書』では、イエスが弟子に対し病気治しの指示をしたことが次のようにはっきり述べられている。

「どこかの町に入り、迎え入れられたら、出される物を食べ、その町の病人をいやし、また『神の国はあなたに近づいた』と言いなさい(3)」。

この言葉は、聖職者は病人に対する医療、ケアを一つの使命とすべきであることを説いた重要なメッセージと受け取ることができる。

『パウロ書簡』のなかに「フィレモンへの手紙」という短い書簡がある。[4] これは、コロサイに住んでいた奴隷オネシモの人権についての率直な考えが説かれている点で貴重である。奴隷オネシモは、主人のフィレモンに何か悪いことをして、コロサイから出てローマで放浪している。そこでパウロに会う。パウロはオネシモを評価し、主人フィレモンに、奴隷オネシモを再び受け入れ帰れるようにという手紙を書く。そのなかで、次のような言葉がしたためられている。

「その場合、もはや奴隷としてではなく、奴隷以上の者、つまり愛する兄弟としてです。オネシモは特にわたしにとってそうですが、あなたにとってはなおさらのこと、一人の人間としても、主を信じる者としても、愛する兄弟であるはずです[5]」。

パウロは、奴隷を一個の人格として尊重する、そして悪事を許すという寛容な態度を明確に表明している。

パウロが生きた時代は、奴隷制度は当然のことと考えられていた。この時代には普通の市民が平均四名の奴隷を所有し、全人口の四割が奴隷だったという。こういう時代に、奴隷が普通の人と同じ、主人と同じ人格の持ち主であることを主張するのはかなり勇気がいることであったことは想像に難くなく、その行為が画期的なものであったことは間違いない。

「奴隷も一個の人格として尊重する」という考えを全面におしだしたキリスト教こそ医療を行う上での根本と精神を提出したことを確認しておきたい。医療費を払うことができない貧しい人にも医療の手を差し伸べるという近代医学の考え方は、この精神にこそ基礎をおいている。

2　修道院医療

ヨーロッパの大学病院、また公立病院を訪問して印象的なのは、病院が教会に隣接しているのをよく目にすることである。例えば、パリのノートルダム寺院を正面にみて左側の道路を隔てたすぐ手前に神の宿（Hôtel Dieu）と名付けられた立派な病院がある。ヨーロッパにはカトリック修道院が医療活動を行うという伝統があり、教会に病院を併設することはよくあったのである。

その歴史は古く、「ヌルシアのベネディクトゥス」と呼ばれているイタリアの修道士ベネディクトゥス（四八〇ー五四七／六〇頃）が六世紀、南イタリアのモンテ・カッシーノに、修道院併設の病院を建てた。この創設は、カトリック教会による医療活動の始まりとなった。その思想的背景については、ベネディクトが著者と目される『聖ベネディクトの戒律』のなかの以下の言葉を読むとよく理解できる。

「病人については、何ごとよりも先に、また何ごとよりも熱心にその世話をし、キリストに仕えるように、真実彼らに仕えねばなりません」(6)（一五一頁）。

この言葉は、「病の床にある修友について」と題された第三六章の冒頭のものである。この点からすると、さしあたり修道院内での仲間の修道士が病気になった時に、日々の神への祈りよりも病人の介護を優先させる必要を説いたものと理解される。しかし、この言葉だけをとれば、仲間の修道士の介護に限定することなく、病人すべてに対し「何よりも先に」病人の介護を優先するよう修道士が心がける態度として読むことも不可能ではない。

病人への介護は、「キリストに仕えるようにしなければならない」という言葉は意味深い。病人に対する介護の行為そのものが、キリストへの祈りとなることを含意しているからである。次の言葉から明らかなように、このような考え方は、聖書のなかで、キリスト自身が病人への介護の行為はキリスト自身への介護につながると述べていることが典拠となっていることが示される。

「キリストは『わたしが病んでいる時に、あなたはわたしを見舞ってくれた』（マタイ25・36）と言われ、『この最も小さい者の一人にしたことは、わたしにしてくれたことである』（マタイ25・40）と言っておられます[6]」（一五一頁）。

さらに、以下の言葉から、医療は神への祈りに通じる敬虔な行為であると看做す視点が打ち出されていることがよくわかる。

「そして、病人自身も、修友たちが自分に仕えてくれるのは、神に対する敬意からであることを忘れないで、不必要な要求をして、自分たちに奉仕してくれる者を悩ますことがあってはなりません[6]」（傍線筆者　一五一－一五二頁）。

病んでいる人への介護は「神への敬意からなされる」という言葉は、医療行為がもつ高い倫理性を明示したものとして注目に値する。

「修友は病人に忍耐をもって接しなければなりません。そのような働きに対してこそ、よい報いが豊かに与えられるのです[6]」（一五二頁）。

医療に携わることそのものが神への祈りの行為で、これを通し、神から良い報いがもたらされるという認識は、聖職者をして医療活動に向かわせた大きな動機づけとなったことは間違いない。

実際に、ベネディクト派の影響下に、ローマ・カトリック教会が医療に力を注ぐようになり、七二四年の教会会議では次のような決定がなされた。

「すべての修道士と女性修道士は、ベネディクト派の規則に準拠して、修道院並びに病院の生活を整備、運営せねばならぬ(7)」(三六頁)。

これはきわめて意欲的な方針である。この決定のもとに、フランスやイタリアなどの都市に修道院が運営する、病人や困った人のケアに当たる神の館(Hôtel Dieux)が多数設えられた。今述べたパリ、シテ島の神の館はその一つに過ぎない。

以上から、カトリシズムが医学、医療にもたらした意義を一言で述べるなら、敵、味方を問わず、人種を問わず、階級を問わず病んだ人に無条件に援助の手をさしのべる、無条件の歓待(ホスピタリィティ hospitality)の精神に求めることができるだろう(2)。そこには、かけがえのない各個人を個別に尊重する精神がある。そうした修道院医療では、医学的治療が期待できない現在の緩和医療の対象となるような重篤な状態にある患者の介護が積極的になされたことが考えられる。

3　死を前にした病人がキリストの死と復活の画を前にする意義

筆者はキリストの磔刑図、またそれと対になるキリストの復活の画自体が、緩和医療に寄与したことを考える。宗教画は現在とは異なり単なる鑑賞の対象ではなく、人々の苦悩を受容し、キリストへの祈りを促す役割を果たしていたように思える。その極めつきの例として、アルザス地方の街コルマールに一三世紀末アントニウスによって建立された聖アントニウス会修道院付属の施療院の礼拝所がある。そこには、きわめて鮮烈な祭壇画(『イーゼンハイム祭壇画』一五一二―一五一五頃)がしつらえられた。

この施療院には、当時流行した麦角菌によって皮膚がただれ無残な状態になった人々が息もたえだえに足を引きずって集まって来たという。そうした人たちへの対応は次の手順でなされたことが考えられる。彼らは教会に入り、大きな祭壇画に出会う。そこには顔にも血が流れ、皮膚がただれ実に無様な姿をしたキリストが描かれ、キリストの磔刑画として、これ以上に残酷な描き方はないと言われ、異端的とさえ批判されたこともあった（図1、図2）。この祭壇画の第二面は「受胎告知」「天使の奏楽」「降誕」「復活したキリスト」が描かれた祭壇画がある（図3）。この一対の祭壇画は、訪れた人々に対し、苦しみからの救済の役割を果たしたと言われる[8]。

精神分析学の見地からすると、救済の過程は次のように把握できるように思う。麦角菌に冒され苦しんでいる人は、自分と同じような姿をし、苦しんでいるキリストを見て、その姿に自分を重ねる。そこには同種療法に通じる過程をみてとることができる。次いでキリスト復活の画を見て、彼らは救いを手にする。このように、イーゼンハイム修道院の祭壇画は、苦悩の引き受け、そして救いへの期待の過程を導くように描かれて、緩和医療を進める機能をもっていたのである。

要するに、キリストの磔刑図、続いてキリストの復活の画を観る過程には二つを区別できる。まず、苦悩するキリストへの同一化の段階で、人々は苦しいのは自分一人ではなく、ほかならぬ十字架上のキリストは自分以上に苦しむ仲間であり同伴者であるという気持ちをもてる。この同一化の段階ですでに苦しみが多少とも緩和することが期待できるかもしれない。次いで、復活するキリストへの同一化の段階がある。そこでは、抱擁してくれるマリアを同伴者にして再生する希望とともに、死後の道筋が示される。カトリック教会ではキリストの磔刑図とマリアを伴う復活の画の一対は、画の基本といえるもので、修道院医療においてこのような緩和医療の役割を果たしたことが考えられる。

筆者は、物語としてのキリスト教の言説で肝要なのは、イエスの死に示されるメランコリーの契機と、キリストの復活に示されるメランコリーの克服の契機の二つをそなえている点にあるとみる[9]。メランコリーの契機とそこからの救いの契機がほどよい配分でキリストの物語が紡がれていることが全世界に波及し、定着していった何よりの要因だ

イーゼンハイム祭壇画（1512-1515頃）
マティアス・グリューネヴァルト（1470/75頃-1528）ウンターリンデン美術館

図1

図2　キリスト拡大図

図3

と考えられる。すでにあらためて述べるまでもなく、メランコリーの契機とそこからの救いの契機をもつキリスト教の物語は、自分にとって重要な対象喪失を受け入れ、成長していく喪の作業全般を進める上で大きな貢献をしてきたことは間違いない。病気で苦しむ人にとって、十字架を背負ったイエスへの祈りが精神的な支えとなり、自分の苦悩を自ら引き受ける道筋を示した。

こうした布置をもつ宗教言説のもとに、修道院医療において、聖職者は病んだ人に手をさしのべたイエスを医師のモデルにして、薬草を研究し、外科的な処置をも学び医療活動に従事した。医療活動を宗教的実践と捉え、病人に接する際、病んだキリストと見立てる敬虔な祈りの気持ちに裏打ちされていたことは特筆に値する。死を前にした病人の看取りは聖職者が専門とするところで、修道院医療は文字通りスピリチュアルケアを行っていたのである。

しかし、カトリック伝道師によってなされた修道院医療は、宗教言説に負うところが大きかっただけに、時に本来の医療から逸脱する方向に進む。例えば、中世スペインの「プリメラ・パルティダ法」では、医師の宗教的義務が次のように定められていたという。

「懺悔が行われてから、医者は治療に着手すべきであり、その逆ではありえない。なぜならば、人間の罪によって病気が増え悪化することがしばしばあるからである」。もし、医者が病人に懺悔させなかった場合には、「神聖なる教会は、規則に反した行動のために彼を破門すべきである(10)」。

懺悔することが医療を始める絶対条件と定める激しい規定は、宗教言説が内にもつパラノイア的な側面をよく示す。プロテスタンティズムはというと、科学的かつ合理的精神をいち早く受け入れ、これに根ざした医学の展開を導いた。

3　プロテスタンティズム

ドイツではルター、スイスではカルヴァンに代表される人物によって口火を切られた宗教改革は、カトリシズムにはなかったあらたな革命的影響を医学にもたらした。近代西欧医学、また現代医学の発展はプロテスタンティズムの登場なくしてはないといっても言い過ぎではない。

これも既に周知のことに属すと思われるが、プロテスタンティズムがカトリシズムと決定的に違う点を知るにはルターの次の言葉が参考になる[11]。

キリスト教徒は、「あらゆることに対する自由なあるじである」。
「あらゆることの自由意志的なしもべである」。

要するに、プロテスタンティズムにあっては、キリスト教徒は神のしもべであることを認めつつ、ここから進んで、自分の行うこと、考えることに関し、個としての主体性を強調する。

カルヴァンはこの考え方をさらに推し進め、社会的な活動に勤勉に従事することは、「神の栄光を増すため」のもので、「本人が神から選択されたしるしである」という職業観を打ち出した[12]。この信念が、人々に対し、商業活動が自由にできるという保証を与える結果をもたらしたのである。それまで人々は、カトリシズムの影響下に仕事によって利潤を積み重ねていくことに罪悪感を抱くのが常であった。ところが、マックス・ヴェーバーが『プロテスタンティズムの倫理と資本主義の精神』[13]において説いたように、仕事によって利潤を得ることが、当人が神から選ばれた存在の証であるという教えを説くプロテスタンティズムの登場によって、人々の商業活動はいきおい盛んになる。こうして資本主義の急速な発展の下地ができあがったのである。この同じ宗教的な下地から、科学的な研究も著しい発展を遂げていく。

ルター派には、仕事は「ベルーフ（Beruf）」であるという考え方があった。ベルーフは「天職」という意味をもつことからして、この言葉には、仕事は神から与えられた使命である、仕事自体が神からの使命であるという考え方がこめられている。従って、プロテスタントの登場によって商業活動が自由にできるようになったといっても、その自由は無制限な放縦とはおよそ性質を異にし、神によって条件づけられている。カルヴァンにもルターにも、人が主体的に種々の商業活動をする際、その営為の根底には神への敬虔な信仰とそれに基づく謙虚な態度があったことを忘れてはならない。

このような宗教思想のもとに、自然科学を自由に行うことの正当性を主張したのがプロテスタント系のイギリスの思想家フランシス・ベーコンである。「聖書は二つある」という言葉がよく知られている。彼のいう文字どおりの聖書に次ぐ第二の聖書とは「自然の聖書」で、こちらの聖書は人間が解明して、人間の健康のために利用するものだと説かれる。つまり、彼は、人は神から自然の世界を、自由に研究するよう導かれているという考え方を提出する。この思想のもとに、実験に基づく科学的な研究を行うことの正当性が保証されたのである。医学の研究においてもこのことがあてはまる。例えば当時、ローマ教皇は人体解剖を禁じていたので解剖学は日の目をみなかった。人間の体を解剖して研究することは、神からの与えられた課題であるという考えるプロテスタンティズムによって初めて可能になったのである。外科の発展についても同様なことがいえる。

ベーコンが述べていることで注目に値するのは、「人類が、神の恵与によって、彼のものである自然への自分の権利を回復せんことを」とする考えである。(14) ベーコンが自然への権利は人間が持っていると主張していることは重大な意義をもつ。この思想は、古代、キリスト教当初のカトリシズム、あるいは古代の民族の考え方と大きく異なる点である。伝統的には多神教、一神教いずれの社会でも、「自然は神のものである」という見方が支配的であった。それをベーコンは、「自然は人間の所有である」と自然に対する所有権を神から奪い、人類の側にもたらしたということができる。神から人間へのこの所有権の移動は、人類史にとりまた人類の思想にとり革命的な大きな転換点であり、この転換を経て医学を含む科学的探究は飛躍的な発展を始める。要するに、プロテスタンティズムが正当な根拠を賦与するような仕方でもって人間の科学への欲望、知への欲望が解放されたのである。ここから、自然科学、近代医学の先駆者にはプロテスタントの信仰をもった人が多いことが推しはかられる。参考までに述べると、主に数学者、化学者、医学者から構成されたイギリスの王立学会員についていうと一六六三年の段階で、実に六二パーセントがピューリタンとみなされる人々であったという(7)(一〇六頁)。

さまざまな画期的な外科治療を行い外科学の祖ともいわれるフランスのアンブロワ・パレはユグノーである。彼はバーソロミューの虐殺を免れた唯一のプロテスタントといわれており、治療行為に関して「私は(手術を終え)縫合する、神が治す」(je le pansyt, Dieu le guérit) という有名な言葉を残している。治療に携わるのは医師であるが、医療行為の究極の主体は神であることを端的に述べているこの格言は、現代医療を考える上でも様々な示唆を投げかける。

例えばこの言葉には、医療には医師の力では及ばない限界があり、治すことができない病気があるという明確な認識が打ち出されているのがみてとれる。その際、医師に責任があるわけではないことが含意されているはずである。もちろん医師が明らかな医療過失を犯しているのであれば、医師はその責任を問われるべきである。他方で、厳密にいえば同じ診断がつけられた病気といえども、各人で身体状態は異なるので、とりわけ困難な手術ともなれば予想できない事態が起こらないとは限らない。その意味では、治療には絶えず冒険的な側面が伴う。

今日、治療がうまくいかないと、すべて医師、あるいは病院の責任に帰し、訴訟をおこす風潮がある。もしも神を究極の医師とする見地にたつパレの考え方に立ち返るなら事情はだいぶ違ってくるだろう。その際、医師自身、敬虔な態度をもって医療にあたることが条件となることはいうまでもない。プロテスタンティズムを背景に発展を遂げた近代医学の黎明期には、医師と患者の二者の外部に位置する第三項として神が位置し、医師と患者の双方の主体性を相対化し、相互の関係を調整する機能を司った。「神は死んだ」とさえいわれ、神ないし絶対的な他者の超越的な次元が全体的に後退してしまった現代、医療には限界があることを踏まえた、このような第三項の機能をもったシステムを組織する必要があるだろう。

いずれにせよ、プロテスタンティズムが登場した時代、敬虔な信仰をもった謙虚で勤勉実直な人々により第三項としての神の次元がしっかり保持される形で医療行為がなされ、また研究がなされたことは特記しておくべきことだと思う。こうして、近代医学が大きな躍進を遂げ、現代への橋渡しがなされたのである。

わが国の緩和医療において、プロテスタンティズムに与するクリスチャンの医師がその創設に寄与し積極的に推進したことは決して偶然ではないだろう。内科医では聖路加国際病院で自ら音楽療法も実践し緩和医療にあたった日野原重明、精神科医では淀川キリスト教病院に一九八四年にホスピスを開設した柏木哲夫、大切な人を亡くし悲しみにくれる人に対するグリーフ・ケアにも力を注いだ故平山正美(15)の諸氏などがその例となる。このような人々が使命感をもって熱心かつ誠実に取り組む様子をみて、筆者は緩和医療・ケアは、科学的医学だけでなく、スピリチュアリティに裏打ちされた祈りといったある種の宗教的信念の後ろ盾があって、はじめて首尾よく実践ができる医療分野ではないかという思いを強くする。

4 仏教

現在、仏教も緩和医療に対し独自のさまざまな取り組みをしていることも記しておかなければならない。医療の歴史を世界的に展望してみて、わが国の仏教は今日でいう緩和医療の領域で先駆的な取り組みをしている。この点について論じる前に、仏教がキリスト教に類似して、医療において倫理面、実践面の双方において大きな貢献をしてきたことについて一言述べておきたい。

仏教の開祖ブッダは、インド医学を学び、医療に対し深い理解をもっていたようである。古代インドでは、仏教の思想を背景に、めざましい医学の発展をみた。仏教の経典には、病人の介護、医の倫理について論じられているものが少なくない。杉田暉道はそうした医学を仏教医学と総称している[16]。

わが国では奈良時代、仏教の影響下に奈良に光明皇后（七〇一－七六〇）によって窮民救済のための悲田院、施薬院（興福寺内）が造られた。また行基（六六八－七四九）は病人に対する介護を行う施設を造ったといわれる。

仏教における医療実践においては、慈悲の心をもって病人に接するという仏教思想が後ろ盾になっていた。この点は、神の愛をもって病人に接することを信条とする既に述べた（カトリック）修道院医療に通じることは明らかで、いずれも医療、介護が霊的超越者、および病人への祈りに裏打ちされて進められることが特徴である。

杉田が「わが国最初のターミナル・ケア」と指摘しているように、仏教医学は終末期医療に早くから取り組んでいた。その端緒になったのが、平安時代中期に比叡山の僧侶源信（九四二－一〇一七）によって著された『往生要集』（九八五年）である。仏教の人間観、世界観を説きおこしながら、いかに人が往生するのか、どのように死を看取り、いかに往生させるかを事細かに論じており、その首尾一貫した体系的な論述には驚くべきものがある。第六章で、臨終をむかえる時の儀礼の次第が具体的に説かれる。その言葉を抜粋しながら往生がどのような手順で考えられていたのか述べたい。

「祇園精舎の西北の隅、日が沈むほうに無常院があり、病人がでると、その中に寝かせました[17]」（『往生要集』抜粋現代語訳、一八一頁）。

「人は煩悩に染まっていて、ふだんの住まいにいると、衣服や日用品を見て愛着をおこしむなしい日常のことを離れたいとは願わないので、別の建物に行かせるのです。その堂を無常院といいます[17]」（一八一頁）。

臨終を迎える人のための「無常院」と名付けられた専用の建物が用意されていたことは興味深い。死を前にした病人の容体が悪化し、もはや生きる見込みがないと判断されると、この無常院に移される。その理由として、それまで住んでいた部屋では、現実世界への未練が生じてしまい、死に向かう心の準備ができないことがあげられる。このような言葉には、人が死ぬ際には、より正確には質の高い死として、世俗世界への執着を放棄することが前提条件であるという考え方が見て取れる。筆者の見地からすれば、それは世俗世界への繋がりの喪失によって引き起こされるメランコリーの受容を説いた指針と受け取れる。

「その堂の中に立像の仏を置きます。顔は西方に向け、右手は挙げ、下げた左手には長く垂れた一本の五綵の幡（五色の細い旗縦長の旗）をにぎらせます。病人が安心できるように仏像の後ろに寝かせ、左手に幡の端をにぎらせます。阿弥陀仏に引かれて浄土に往く意をおこさせるのです[17]」（二八一―二頁）。

無常院は、垂直方向にしっかり立っている仏像があるだけの簡素な空間だと想像される。病人をその仏像の後ろに寝かすことは、病人を安心させる効果があると源信は述べている。たしかに大きな不安をもつ病人にとり、仏像は心の支えとなると考えられる。概して仏像は、この世を去り、西方浄土にいっていると考えられる僧侶の像であることが多い。そうすると、仏像のすぐ後ろに病人がいるようにするという措置には、自分の師であるモデルを後ろから見るようにする配慮を認めることができる。顔を西方浄土に向かせる措置は、浄土へと向かう準備態勢をつくっていることを示す。病人はこの仏像に誘導されて浄土に赴く可能性を与えられる。

「看病の人は香を焚き、花を散らして病人を厳かであるようにします。病人が便をもらしたり、唾をはいたりしたときは、そのつど取り除くのです」[17]（一八二頁）。

このように看病の人の役割も明記されている。その主な役割は浄土にいくにふさわしい厳粛の時を過ごせるよう配慮し、浄土に行けるよう清潔な身繕いを保つようにすることである。

「念仏の行者が病み、あるいは老いて命を終えようとするときは、これまで念仏三昧の法によって心身を整えて顔を西に向け、一心に阿弥陀仏を観じて心にも口にも仏を念じ、絶えることなく「南無阿弥陀仏」ととなえて往年を想い、花台の聖衆（蓮華の台に乗る阿弥陀仏と諸菩薩）が来迎するさまに念をこらしなさい」[17]（一八三頁）。

臨終の時にある人は心の中で念仏を一生懸命唱えることを指示される。その人は仏にであうための行者、あるいは修行者と見なされる。つまり、臨終の時を迎えている人は、仏に向かい祈りをし、それを通じより高い境地に到達することを目指す行者と捉えられる。このような言葉から、仏教においていかに死の時を大切な局面と位置づけているのかがわかる。

「そうして極楽に往生するようすが見えたら、すぐに看病の人に話し、看病の人は聞いたことを筆記しなさい。病人が話すことができないときに看病人は必ず何度でもどんな世界が見えたかを病人に聞くのです。もし罪の報いをうけていると話すなら、そばにいる人は仏を念じ、一緒に懺悔して必ず罪を滅さなければなりません。そして滅罪を得て花台の聖衆が念仏の願いのとおりに現前したら、そのようすを書き留めておきなさい」[17]（一八三－四頁）。

臨終の時に過去を想い、罪が想い浮かぶなら懺悔することが強く指示される。なぜなら、罪があるまま死ぬなら地獄に行く運命が待ち構えているからである。臨終の時にある人にとり、自分がこの先浄土、極楽の地に行けるのか、さもなくば地獄の地に行くのかが決まるのっぴきならない切迫した時におかれているのである。

なお、カトリックでは、この仏教の往生場面に似て、信者の臨終の場面で、罪の告白がなされた後、天国に行けるよう終油の秘蹟の典礼がとりおこなわれることを付け加えておきたい。

家族の看病、面会は許されているが、この厳粛な時に立ち会うにあたり、家族も俗世間から離れた状態を保つことを次のように求められる。

「念仏の行者の家族が看病に来るとき、酒、肉、五辛（ネギ、ニンニクなど修業を乱すとされた食物）を食べた人は病人に近よってはなりません。そのようなことがあると、臨終の病人の正念が失われ、餓鬼どもが騒いで心を乱し、地獄、餓鬼、畜生などの悪道におちてしまいます。願わくば修業者がよく慎み、仏の教えを奉じて、仏にまみえることができますように[17]」（一八一頁）。

以上の抜粋からも察せられるように、『往生要集』では、人がこの世から去る死を受容し、同時に仏が住むとされる荘厳な極楽浄土に行ける希望をもてるようにするという構想のもとに、死に臨む上での手順が丁寧に示されている。「臨終行儀」という源信の言葉からもわかるように、無常院に入ること、仏像の後ろに寝ること、浄土に顔を向けることなどいずれも厳粛な宗教的行為として位置づけられていることに注意を喚起したい。人は究極的には一人で死に向かうという基本的事実に立ち返り、その単独性を大切にしていることは印象的である。もっとも、仏教では阿弥陀仏や菩薩がその人が浄土にやって来るのを迎えるべく待っていてくれており、決して一人ではない。いずれにせよ、死を前にした人は文字通りスピリチュアリティ（霊性）の息吹が充満しているかけがえのない時にいることが推察される。

『往生要集』が完成した翌年、源信の指示した事項に従い比叡山横川の中堂の僧侶らが念仏集団を組織したところ、往生したいという人が集まってきたという。往生院と名付けられる建物がしつらえられ、そこに往生する人を移すことが決められた。このように、『往生要集』に触発され実際に亡くなる人に死の儀礼がとり行われた。(18)

唐突に思われることを承知で述べると、源信が説く臨終の手順は、先にみたイーゼンハイム修道院で病人が一対の祭壇画を順番に見ていく過程に通じるものがあると考えることはできないだろうか？　もはや世俗的世界とは隔絶した無常院に行き仏像と出会うことは、この世での生の喪失としてのメランコリーの受容の段階で、次いで西方浄土に顔を向けることはあらたな生の再生の段階に対応するという見方がそれである。

5　欧米のスピリチュアルケア・パストラルケア

筆者は国際学会参加のおり、病院を見学するようにしている。そこで驚くのは、とりわけアメリカ、イギリスだが、病院のなかに医療相談部や栄養相談部などのサービス部門と並びスピリチュアルケア部門がしっかりしつらえられていることである。

二〇一六年五月ニューヨーク・コロンビア大学の付属病院プレスビテリアン・ホスピタルを訪問した。そこには「パストラルケア・教育部門」(Department of Pastoral Care & Education) と銘打たれた立派な施設がある。もともと聖職者で、医学について勉強をした臨床宗教師が実に一五名余りおり、病院の正職員として採用されている。宗教的な出自はさまざまでカトリック、プロテスタント、ユダヤ教、イスラム教、さらに仏教の僧侶までいる。みんな優しい笑顔で筆者を迎えてくれ、丁寧に説明をしてくれた。実に謙虚で寛容な物腰からして、人間として高次の知恵を練り上げているのがすぐわかる、尊敬できる立派な人ばかりであった。業務として、患者、また家族、さらに病院職員が精神的に困難をかかえ、臨床宗教師に希望が表明された場合、①スピリチュアルケア　②情動的支援　③患者

（家族）の医学的な判断に対する支援　⑤信仰の手ほどき　⑤祈りの支援　⑥ミサ　⑦瞑想などに携わるという。

筆者が訪問したおり、何人もの臨床宗教師が病棟から戻ってきたり、これから病棟に行くとあわただしく動いていた。患者（あるいは家族）の悩みに耳を傾けるのに、臨床宗教師が病棟まで足を運ぶシステムは素晴らしいと思う。この施設のすぐ近くにある大きな礼拝堂に行くと、カトリックやプロテスタントの教会にある十字架やキリストの磔刑図など特定の宗教を表すものは一切ない。もしカトリックの礼拝をおこなう場合には、十字架をもってくるようにしているという。礼拝堂の奥に、もう一つ部屋があり、そこにはイスラム教の人が祈ることができるように絨毯がしかれている。日本で僧侶の資格を得たという臨床宗教師は袈裟を着ており、病棟で座禅のセッションを行っているという。

多宗教を大切にしたこれほど充実した院内スピリチュアルケアの施設は特別かもしれないが、欧米ではこの傾向が一般的になりつつあるようである。ロンドンの代表的病院では、多宗教祈り室（multiprayer room）と名づけられた礼拝堂をもっている施設を複数目にした。また臨床宗教師の部屋の前には、各自の宗教が表示され、自分の写真が貼られており、二四時間の対応ができるよう夜の連絡先まで示されている。看護師などで、患者の死に心を痛め、抑うつ的になり、仕事を終えた後、臨床宗教師のもとに相談に来る事例も少なくないという。臨床宗教師がプライマリケアないし精神科医の役割を担っていることは、注目に値する。

欧米の教会を訪れると、アルコール依存や抑うつ、不安障碍などのパンフレットを置いているのを何度か目にした。教会は教会で、メンタルヘルスケアに積極的にとり組もうとしている様子が窺える。

わが国では、欧米においても日本と同様にもはや宗教がすっかり衰退したかのようなことを言われるのを耳にするが、これは大きな誤解だと思う。医療に焦点をあてると宗教が目覚しい貢献をしていることがわかるだろう。欧米では、キリスト教と医学がもともと非常に密接な繋がりをもっていた伝統が今でも息づいているのである。日本においていかに公的な形で医療・医学のなかに宗教を取り込むのか、今後の大きな課題だと思う。

【注】

（1）ルカによる福音書八章四八節（新共同訳）、日本聖書協会。
（2）加藤　敏「精神科臨床における『無条件の歓待』」『精神病理・精神療法の展開　二重らせんから三重らせんへ』中山書店、二〇一五年。
（3）ルカによる福音書一〇章八－九節（新共同訳）、日本聖書協会。
（4）松本卓夫『ピレモン書注解』教文館、一九二八年。
（5）フィレモンへの手紙一六節（新共同訳）、日本聖書協会。
（6）ベネディクトゥス、古田　暁訳『聖ベネディクトの戒律』すえもりブックス、二〇〇一年。
（7）エイトケン、フラー、ジョンソン共著、榊田　博訳『医学とキリスト教の連携』すぐ書房、二〇〇二年。
（8）内海松寿『美と宗教』里文出版、一九九六年、一五八－一五九頁。
（9）加藤　敏『人の絆の病理と再生　臨床哲学の展開』弘文堂、二〇一〇年、二一－二六頁。
（10）P・L・エントラルゴ、榎本　稔訳『医者と患者』平凡社、一九七三年、八九頁より引用。
（11）マルティン・ルター、石原　謙訳『キリスト者の自由』岩波書店、一九五五年。
（12）ジャン・カルヴァン、渡辺信夫訳『キリスト教綱要Ⅰ、Ⅱ』新教出版社、一九六二年。
（13）マックス・ヴェーバー、大塚久雄訳『プロテスタンティズムの倫理と資本主義の精神』岩波書店、一九九七年。
（14）ベーコン、桂　寿一訳『ノヴム・オルガヌム』岩波書店、一九七八年、一九七頁。
（15）平山正実『死生学とはなにか』日本評論社、一九九一年。
（16）杉田暉道『やさしい仏教医学　わが国最初のターミナル・ケア学』出帆新社、一九九七年。
（17）源　信（石田瑞麿訳注）『往生要集（下）』岩波文庫、一九九二年。
（18）大角　修『日本人の死者の書』日本放送出版協会、二〇〇七年。

第10章　V・フランクルのロゴテラピー
──「人生の意味」についての基礎理論

桑原直己

1　はじめに

ユダヤ人としてアウシュヴィッツ強制収容所に送られ、生還した精神医学者V・フランクルが、自らのアウシュヴィッツ体験を書き綴った『夜と霧』は多くの読者に感銘を与え、読み継がれている。これに対して、フランクルの理論的な主著である『医師による魂への配慮 *Ärztliche Seelsorge*』（邦題『死と愛』霜山徳爾訳、『人間とは何か』山田邦男監訳(1)）は、一般には『夜と霧』ほどには読まれていない。しかしながら、「ロゴテラピー Logotherapie」もしくは「実存分析 Existenzanalyse」と呼ばれるフランクルの理論的な立場は、本書の主題である「生きる意味」について考える際の基礎的理論であり、一般の人々を「哲学」の世界に導入し、さらには「宗教」の意味にまで思いをいたす際の格好の素材である。

そのことにはいくつかの理由があると思う。第一に、同書が読者を誘う「生きることの意味への思索」は、「哲学」に対して一般の人々が抱く最も素朴な、そして好意的なイメージに合致している。よりソフィスティケートされた領域で活動している「哲学の専門家」たちの中には、「生きる意味」などというとむしろ冷笑したりする者がいるかもしれないが。第二に、フランクル自身はユダヤ教徒であるが、臨床家である彼の理論は「人生の意味を求める」という人間性に共通した場面から、立場を異にするあらゆる人々と共に出発することを可能とする地平を提供してくれる。第三に、あらゆる立場の人々と共通の出発点に立ちながらも、やはりフランクルの理論は宗教の積極的な意味について多くの示唆を示してくれている。

以下、主としてフランクルの『医師による魂への配慮』に依拠して彼の「ロゴテラピー」理論の概要を紹介しつつ、その「人生の意味」への思索、特にその宗教性への示唆について明らかにすることに努めたい。

2　意味への意志

1　精神分析と実存分析

『医師による魂への配慮』の第1章は、主としてフロイトの「精神分析」理論やアドラーの「個人心理学」に対する批判に当てられている。これを受け、第2章の冒頭でフランクルは自らの理論である「ロゴテラピー Logotherapie」ないしは「実存分析 Existenzanalyse」の基本的な立場を、フロイトの「精神分析」と対比する形で示している。

心理療法（山田監訳では「精神療法」Psychotherapie）[2]はその精神分析 Psychoanalyse としての細かい技法においては心理的なものの意識化に努める。それに対してロゴテラピーは精神的なもの Geistige の意識化に努力する。そして実存分析としてのその細かな技法において、それは特に責任性を……人間の実存の本質的根拠として……人間に意識させることに努めるのである。[3]

フランクル自身の立場である「ロゴテラピー」ないしは「実存分析」は、クライエントに対して「精神的なもの Geistige」、すなわち「責任性」を意識化させることを目指すものとされる。ここでいう「責任」ということの意味について、フランクルは第一〇版では明快に「責任とは、つねに、意味 Sinn に対する責任である」と述べている。[4] つまりそれは自分の人生を「意味」で満たす事に対する「責任」であり、「誰に対する責任か」と言うならば、フランクル自身を含む宗教的な人間にあっては、それは後述する「使命の委託者（神）に対する責任」であるが、神を認めない人間にあっては差しあたり「自分自身に対する責任」である、と言うこともできよう。これに対して、フロイトの理論である「心理療法」としての「精神分析」は「心理的 Seelisch なもの」、すなわち抑圧された欲求や感情を意識化させることにより神経症を治療するものとされている。

ここで、我々は「精神」「精神的」と「心理」「心理的」という表現の使い分けに注意を喚起しておく必要がある。いずれの語も日本語での読者にとっては広い意味での「心」に関わる語として同義であるように感じられかねないからである。フランクルは、「存在論を唱えたニコライ・ハルトマンと人間学を唱えたマックス・シェーラー」に従い、人間を「身体的なもの Leibliche」「心理的なもの Seelische」「精神的なもの Geistige」という三つの段階または層に区別して捉える視点を受け継いでいる。[5] フランクルが依拠するこれらの思想家たちは、唯物論的な還元主義に抗して「人間的なものを守ろうと努めた人物」である。またフランクルは人間が「身体的 somatische、心理的 psychische、精神的 noetische な次元」からなる全体性において捉えられるべきであると主張する。[6]「Leibliche」「Seelische」「Geistige」は完全なドイツ語であり、「somatische」「psychische」「noetische」はそれぞれ「sōma」「psychē」「nous」というギリシア語に由来する語であるが、いずれの組も「身体的」「心理的」「精神的」という訳語に対応するものとして区別されていると見てよい。

ところでフランクルは「人間は、生物学的な次元と心理学的な次元を動物と共有している」と言う。つまり、心理的次元で捉えられた人間は動物と同様、カント的な表現を用いるならば感性的な「現象界」に位置する人間、すなわち分析や操作の対象として見られた人間の「心」ということになる。これに対して、精神的次元における人間とは、「人生の意味」を追求する「人格」としての人間ということになる。

フランクルは神経症の治療方法としての精神分析理論の有効性を否定してはいない。しかし、ここでフロイトとの根底における人間観の違いを強調していると言ってよかろう。フランクルが見るところ、フロイトの「精神分析」が拠って立つ立場は、人間を「心理的 Seelisch なもの」、すなわち「感情・欲求の束」として見る人間観であり、端的に言えば還元主義的唯物論に向かう方向であると言える。これに対して、フランクルは自身の「実存分析」の立場を、あくまでも人格的な人間理解を示すものとして対置しているのである。

付言するならば、「精神的なもの」と訳される「Geistige」はギリシア語では「nous」よりはむしろ「pneuma」に対応する。フランクルによれば「精神的なもの Geistige」とは、「人生を意味で満たすことへの責任」であった。宗教的な人間であるフランクルにとってそれは「使命の委託者（神）に対する責任」であるところから、思い切って「Geistige」を「霊的なもの」「霊性」と訳してもよいように思われる。

2 「意味への意志」

フランクルは「意味への意志」が人間にとって本質的なものであると考える。「意味への意志」とは、「私は何のために生きているのか？」という「人生の意味への問い」に答えを求めること、人生を意味で満たすことを求める意志のことを言う。フランクルによれば「人生の意味への問い」は「病的な徴候」ではなく、人間にとって本質的なものである。

しかし、この問いは通常は意識されていない。つまり、精神的に健康な人ならば、意識せずともこの問いに対する自分の答えを持っているのである。彼は「即座に、たとえば家族のことを考えねばならないとか、仕事のことを考えねばならない、などと答えるであろう」[7]。フランクルによれば、この「人生の意味への問い」は特に二つの場面で「問い」として顕在化する。その第一の場面は青年期である。

この意味問題は、その甚だしく極端な場合においては一人の人間を圧倒してしまうこともありうるのである。ことに青年期においてはしばしばそれが見られるのであって、人間存在の本質的な問題性が精神的に成熟しつつある、苦悩する若い人間にあらわれてくるのである。かつてある自然科学の教師が授業の際に、有機体の生命は、したがって人間のそれも、結局は一つの酸化過程、すなわち燃焼過程に「他ならない」と得意になって説明したところが、突然一人の生徒が立ち上って激しく彼に質問したという。「一体それでは人生はどんな意味をもっているのでしょうか？」[8]

「人生の意味への問い」が顕在化する第二の場面は、人が危機的運命と遭遇したとき、すなわちそれまでその人の「人生の意味」を満たしてきたものを喪失した場面である。その時、「私は何のために生きているのか？」という問いは深刻な形でその人に立ち現れてくる。

生命の意味に関する問いは青年期に典型的にくりひろげられるばかりでなく、時おりまたいわば運命から、たとえば或る根底から心を揺り動かす体験によって生じるのである。……（略）……たとえば彼がそれまでの生涯を献げて世話をしてきた熱愛する近親者を失った後に、不安定になって自分の今後の生活がまだ意味をもつかどうか疑問になった人間のごときである。[9]

「意味への意志」の充足は生命肯定の世界観的態度（「生きる力」）をもたらし、非充足は生命否定の態度をもたらす。このことを典型的に示すのは自殺企図者であり、その人はそうした企図を有する瞬間において、「人生の意味への問い」に対する答えを見失っている。「ロゴテラピー」はクライエントが「意味への意志」を充足することを支援する「テラピー（治療法）」である。『医師による魂への配慮』においてフランクルはクライエントの自殺企図との対決という形でその具体的内容を示している。

3　フランクルにおける「価値」

「私は何のために生きているのか」という「人生の意味への問い」に対する答えをなすもの、つまり人生に意味を与えるための道となるものをフランクルは「価値」と呼ぶ。

1　三つの価値のカテゴリー

フランクルは価値を、「創造価値」「体験価値」「態度価値」という三つのカテゴリーに分類する。

「創造価値 schöpferischen Werte」とは、「創造ないし活動」、すなわち何らかのものを創造することにより、世界に与えるものにより実現される価値である。通常は職業生活を通して実現される。あるいは他者へのケアとしての愛（献身）、何らかの社会的貢献など。外部世界への能動的関与が特徴的である。

「体験価値 Erlebniswerte」とは、何かを体験することにより、世界から受けるものにより実現される価値である。具体的には、美的な体験、あるいは体験としての愛など。外部世界から受動的に与えられる点が特徴的である。

創造価値、体験価値は一定の恵まれた条件を前提とした上で実現される。創造価値を実現するためには、それを可能とするための能力と場とが与えられていることが前提条件となる。体験価値はさらに状況依存的であり、美しいもの、人生を意味感で満たしてくれるものとの出会いの体験が前提条件となる。人生においては、そのような恵まれた条件は制約を受けたり奪われたりする可能性がある。これが「苦悩」と呼ばれる状況である。しかしフランクルは、創造価値、体験価値への可能性が制約されてゆくこととしての「苦悩」に立ち向かう態度そのもののうちに実現される価値があると主張し、この価値を「態度価値 Einstellungswerte」と呼ぶ。

かかる価値を実現化する可能性は一人の人間が運命に対して、それを受取るよりほか仕方がないような場面において生ずるのである。即ちいかに彼がそれに耐え、いかに彼がそれをいわば彼の十字架として自ら担うか、ということが問題なのである。たとえば苦悩の中における勇気、没落や失敗においてもなお示す品位、等の如きである。(10)

態度価値を価値として認めるのであれば、人間はいかなる状況にあっても、少なくとも態度価値への可能性が開かれているのであり、意志の自由さえ条件とするのであれば、価値への可能性が閉ざされることは決してあり得ないことになる。フランクルは「態度価値」の内実について、「苦悩の中における勇気、没落や失敗においてもなお示す品位」と格調高く枚挙している。しかし、実際に苦悩の中にいる人間にとって、この「態度価値」なるものを「価値」として認めることができるのか、という点は容易に納得されることではなく、常に問い直されるべき問いとして残るであろう。この点については4節で後述する。

2　眼前にある価値可能性を捉える「弾力的な態度」の必要性とその妨げ

フランクルによれば、人生いかなる状況のうちにおいても、創造価値、体験価値、態度価値のいずれかの価値を実現する可能性がある。

時々刻々と人生においては、あるいはこの価値群、あるいはかの価値群へと向う機会が交替してくるのである。

ある場合には生命はわれわれに創造価値を実現化することを求め、他の場合には体験価値のカテゴリーに向うことを求めるのである。(11)

フランクルによれば、人間には常に眼前にある価値の可能性に気づき、そこに生の意味を見出す「弾力的な」強靱さが求められる。フランクルは「弾力的で強靱な」生き方の模範的実例として、「上述の三つの価値のカテゴリーの可能性が、ほとんど劇的な順序で実現された一人の患者の最後の生活史」を紹介している。

それは手術不能な重篤な脊髄腫瘍のために入院している一人の青年であったが、職業的な活動をすることはすでに長い間不可能であった。即ち麻痺現象が彼の活動能力を阻んでいた。従って彼は創造価値を実現化する機会にもはや恵まれていなかった。しかしなおこの状態においても体験価値の世界が彼に開かれていた。即ち彼は他の患者たちと精神的に優れた会話を交し、(同時に彼らに勇気と慰めを与え、)多くの良書を読み、また特にラジオでよい音楽をきくことに専心した。しかし遂に彼は或る日、もはやレシーバーをかけるに耐えられなくなり、また次第に増加する彼の手の麻痺によって本をもつことができなくなった。ところがいまや彼はその生活に第二の転換をなした。即ち彼は以前からすでに創造価値から体験価値へ退かねばならなかったのであるが、さらに態度価値に向うことを強いられたのである。……(略)……死の前日に……彼はそれを予見したのであるが……彼は当直の医師が彼に適時にモルヒネの注射をすることを委託されているのを知った。さてこの患者はその時何をしたであろうか。この医師が午後の回診にきた時に患者は注射をすでに夕方してくれるように頼んだ……医師が彼のために夜起されなくてもよいためであった。(12)

フランクルの見るところ、人が弾力的に生きることができない原因、「常に眼前にある価値の可能性」を見出すことを妨げているものは、時々刻々変化する状況の中で「(まだ、もう、そもそも)自分のものではない」価値の可能性への囚われである。具体例を挙げるならば、空想上の自分の将来に逃避したり、失ってしまったチャンスに執着したり、他人の境遇をむやみに羨んだりすることである。「生き方の弾力性」の問題は、たとえば創造価値内部における可能性の多様性についても見ることができる。フランクルは創造価値内部の多様な可能性に対する「弾力性」について例を与えながら示している。

われわれの患者の一人が、自分の働きは何の高い価値も持っていないから、自分の生命は何の意味もないと主張することをしばしば経験するのである。われわれは彼に、人間がどんな職業生活をしており、何をしているかは結局どうでもよいことで、本質的なことはむしろいかに彼が働いているかということであり、また彼に与えられた役を実際によく果たしているかどうかである、ということを何よりもまず指摘してやらねばならないのである。したがってその活動半径がどのくらい大きいかということが重要なのではなくて、人間がその使命圏をどれほどみたしているかということが重要なのである。[13]

ここでフランクルは、「何をするか」よりも「いかにするか」が重要だと説いている。「何をするか」、つまり特定の創造価値可能性(たとえば特定の職業など)に対する「囚われ」により、しばしば人は実際は自分の目の前にあって実現可能な創造価値を見失ってしまうことが指摘されている。フランクルによれば、このことは職業生活の場が失われた「失業」という事態においても当てはまる。「失業神経症」と呼ばれる人々が陥っている「実存的空虚」について、ボランティア活動など、職業生活以外の活動の中で創造価値を実現している人との対比を通じて、「失業神経症」は職業生活が唯一の創造価値であるとの「囚われ」の結果であると指摘している。

4　ロゴテラピーの宗教的次元

以上、簡単にフランクルの「ロゴテラピー」ないしは「実存分析」の理論の大枠を概観してきた。以下に、彼の理論が宗教性に対していかなる示唆を与えているのかについて明らかにすることとしたい。

1　「無執着」としての宗教性

まず、3節で紹介した「生き方の弾力性」という要請の中に、一種の宗教性への示唆を見ることができる。それは「無執着」としての宗教性への示唆と言ってよかろう。「生き方の弾力性」を妨げているものは、時々刻々変化する状況の中で「(まだ、もう、そもそも)自分のものではない」価値の可能性への囚われであった。常に眼前にある価値の可能性に気づき、そこに生の意味を見出す「弾力的な」強靱さが求めることは、そうした「自分のものではない」価値可能性への執着から自由になる事に他ならないからである。

仏教の宗教言語においては「無」「空」といった否定的な言辞が多用される。正しくアプローチするならばそこに深い哲理を見いだすこともできるのであろうが、多くの人々にとっては仏教における否定的な言辞は「理解を阻む壁」もしくは「誤解の危険」につながりかねない。しかし、これまでに見てきた「生き方の弾力性」としての「無執着」への要請の中には、仏教的宗教性と通底するものが見いだされるのではなかろうか。本書に寄せられた中野東禅氏による論考は「時・処・位」ということを強調している。このことはフランクルが示唆する当人の眼前の状況を「独自性」と「一回性」の相のもとにとらえる、という視点と共通しているように思われる。

2 「人間の有限性」の意味

フランクルによれば人間は二重の意味で有限性の相のもとに置かれている。すなわち人間の生の時間的有限性としての「死」、そして人間の生にとっての内的な制約としての運命的な所与である。これらの有限性は価値への可能性を制限するものとして人生の意味にとって否定的なものであるように見える。しかし、フランクルは人間の有限性（死、運命的所与）にも人生の意味にとっての積極的意味があると考える。このことも、彼の理論の宗教的次元を示しているものと理解することができる。

人間の生の時間的有限性としての死――「状況の一回性」の根拠

フランクルによれば、死は人間の生の時間的有限性として、人生の状況が「一回的であること」の根拠とされる。平たく言えば、人間には死があるが故に今のこの時はかけがえがないのである。こうした視点からの「死」の意味についてフランクルはいくつかの比喩により自覚を促している。その内の一つの比喩を取り上げよう。

その比喩は、相手に「その生涯の終わりに彼自身の伝記をひもといているかのように想像させる」というものである。「そしてちょうど現在の生活を取り扱う章まで頁をめくったとする。即ち彼は未だ書かれない内的生活史の重要な章をいわば校正しうるとするのであるとを決定する機会をもったとする。奇蹟によって彼は次の章に書かれるべきことを決定する機会をもったとする」。「この想像表象に浸ることができるならば、同時に人間がその生涯のあらゆる契機においてもっている責任の重大さが彼に意識されるのである」。

この比喩の目指すところは、死を眼前に置くことによって現在の時をその一回性の相のもとに体験せしめることにある。宗教の中に死を死後の問題として見るよりもむしろ、死を眼前に置くことによって現在の生に対する態度を深めるものとして捉える観方がある。この視点は、人間は皆例外なく、その生の終わりとしての死の前に立たされている、という人間としての共通の基盤に根ざしている。ここで我々は実存哲学者のハイデッガーが「可能性としての死」を、良心と並んで人間の非本来的在り方から本来的な在り方への立ち返りの契機として挙げていることを想起すべきであろう。死に対するこうした捉え方は事実多くの宗教の中に共通して含まれている。フランクルが人間の生の時間的有限性としての「死」を「状況の一回性」の根拠として示唆していることは、そうした宗教的な見方と通じるものがある。

人間の変えることのできない運命的所与——「個人の独自性」の根拠

人間には、過去、生物学的運命としての素質、社会学的運命、心理学的運命といった自分では変えることのできない運命的な所与によってその自由を制限されている。しかし、フランクルはそのような運命的な所与は、個人の自由の内的な制約でありながら、その人の独自性を本質的に構成しており、使命の独自性の根拠となっている、と言う。先述の通り、「独自性」と「一回性」は、一人の人間の眼前に与えられた価値の可能性を、「その時の」「その人」にとってのみ実現可能な価値、すなわち「使命」としての性格を強く与える。「独自性」と「一回性」の感覚に対する覚醒は一種の宗教的聖性への示唆ともなり得るように思われる。

「使命」

フランクルによれば人生いかなる状況のうちにおいても、何らかの価値を実現する可能性がある。常にその時のその人でなければ実現できない価値への可能性が謂わば用意されている。それをフランクルはその人の「使命」と呼んだ。フランクルによれば、各人がその使命を発見するとき、その人の実存は強められる。実存分析が目指すところはここにある。ところで、フランクルによれば人間の生に意味を与える「使命」は、それが特殊的、具体的な形で与えられるほど人間の実存の増強になる、という。ここで、「使命の特殊性、具体性」とはこれを、個人の独自性と状況の一回性に即した形で与えられることである。つまり、その「価値実現の可能性」がその人にとって「独自的（自分にしかできない）」で「一回的（今しかできない）」なものとして受け止められるとき、真にその人にとって生きる力を与える。「独自的」「一回的」な相のもとに捉えられた「価値実現の可能性」は、「個人的に編成された」（＝「その時、その人のために用意された」）「使命」として受け取られる。

人生に於て一つの使命をもっているという意識ほど外的な困難や内的な煩悶にうちかち乃至は耐えうるものはない、という主張でわれわれは満足しているわけではない。この使命がいわば個人的に編成され、天職とでも呼びうるようなものになる時に初めて真に上述のことがいえるのである。その場合には人間は他の何者によっても代用されることができなくなり、独自な価値を生命に与えられるのである。[14]

「使命」を「課せられた」ものとして受け止める人間が一歩進めば「使命を課する者」を体験する。こうした見方をする人間が「宗教的な人間」であり、フランクルは「宗教的な人間」を「生命をいわばより広い次元において体験する人間」として高く評価し、これを「神経症的な人間」の対極に置いている。

彼らは彼に使命を課するところの或る高次なものを体験するのである。彼らは使命を委託されたものとして体験するのである。その場合、生命は超越的な委託者をはっきり目ざしているのである。これがわれわれの見解によれば、その意識と責任とによって、生命の委託と委託者とが共に与えられている人間である宗教的人間（homo religiosus）の本質的特徴の素描なのである。[15]

このようにして、フランクルは「使命を課する者」としての超越者（神）を志向する宗教性を示唆している。

5　苦悩の意味――「態度価値」は「価値」と認めうるのか

1　フランクルのアウシュヴィッツ体験

先に、「態度価値」なるものが本当に「価値」として認めうるのか、という疑問は課題として残しておいた。特に、苦悩のさなかにある人間に対して、「苦悩の中における勇気、没落や失敗においてもなお示す品位」のうちに人生の意味を見いだせ、という主張が説得力をもつのかという問いは真剣に問われなければならない。この問いに取り組むに際して、我々はフランクル自身のアウシュヴィッツでの体験を紹介したい。

列車のドアがさっと開き、乗客たちはプラットフォームに出るよう命じられた。荒々しい、しわがれた声の命令が彼らに浴びせかけられた。彼らは、男一列、女一列の二列に並ばされた。長い列をなした囚人たちは、華美な制服に身を包んだ親衛隊将校の前をゆっくりと歩いていった。その男はひとりずつに一瞥をくわえ、無造作に左か右かを指さした。最初、だれもそれがどういう意味なのかわからなかったが、列が短かくなるにつれ、自分たちのほとんどが左のほうに送られていることがわかった。

フランクルの番になったとき、この親衛隊の男は、他のだれのときよりも長い時間、フランクルを凝視した。そして、このナチス隊員は、手を伸ばし、フランクルの肩に両手を置いて、彼をゆっくり右方向へと向けた。その夜遅く、フランクルは、すこし前からこの収容所に入っているひとりの囚人に、左側に送られた友人はどこにいるのかと尋ねた。「あそこに見えるよ」、そういって、男は炎と煙を吐いている高い煙突を指さした。同乗の乗客の九割――千三百人以上――が翌正午までに命を絶った。

残った囚人たちは――衣類、宝石、手帳まで――所持品のすべてをひき渡すようもとめられた。フランクルは、彼の最初の著書となっていたはずの本の草稿を携えていた。彼はなんとしてもそれを手離したくなかった。その紙の束には彼のライフ・ワークが含まれていた。急いで、そして、そっと、彼は、ひとりの年老いた囚人にこの仕事の大切なことを説明した。彼はニヤニヤと笑いはじめた——人を馬鹿にし、嘲笑するような侮蔑的な笑いだった。そして、彼が口を開いていったことばは、「糞くらえ」のひと言、だった。「その瞬間、私はありのままの真実がみえてきた。そして、私の心理的反応の最初の段階における頂点を特徴づけるものは何かが理解できた。私は自分の以前の全生活をうち捨てた。」

その草稿はフランクルの精神的な意味での子どもだった。このような悲劇的な喪失に直面して、生きていくことに意味があるのか。フランクルは決断に迫られた。

この段階でフランクルは普通に考えられる創造価値、体験価値の可能性をすべて奪われたと言ってよい。フランクルに迫られた「決断」とは、さらに生き続けるべきか、ということであろう。折角生き延びても、「鉄条網に向かって走る」つまり高圧電流に身を投じて自殺した人は多かったのである。

だが、彼の疑問に対する回答はその場でなされた。着用するようにと与えられた死んだ囚人の衣服のポケットのなかに、フランクルはヘブライ語の祈祷書からひきちぎった一枚の紙きれを見つけた。それには、イスラエルの民へのモーゼのことば、「あなたは、心を尽くし、精神を尽くし、力を尽くしてあなたの神、主を愛さなければならない」という文句が書かれていた。フランクルはこれを本来の宗教的意味とは違うふうに解釈した。彼にとってそれは、「直面しなければならないものが何であれ、苦悩であれ、たとえ死であれ、生きることに対してイエスと言えという命令」に聞こえた。

フランクルは、自分の人生の価値や意味がたんに草稿が出版されるかどうかにかかっているにすぎないとしたら、そんな人生は本当は生きる価値などないんだと決意した。きっと、人生にはもっと大きな意味があるに違いない。その時のその場のフランクルにとっては、一枚の紙切れが、失った著作以上の価値をもつものとなった。その祈祷文は、みずからの展開した哲学にもとづいて生き、たんにそれを紙の上に印刷するだけでなく、強制収容所という過酷な実験室で試してみよという「象徴的な指令」であった。彼の理論の中心的なアイディアはアウシュヴィッツに来る前にすでに展開されていたが、アウシュヴィッツにおいての体験によって経験的にその妥当性が確認されたわけである。事実、このことが彼の生きる支えとなった。[16]

このときフランクルが失った著作の草稿とは『医師による魂への配慮』の草稿である。「アウシュヴィッツに来る前にすでに展開されていた彼の理論の中心的なアイディア」の中には当然「態度価値」の理論が含まれていたはずである。彼は「態度価値」なるものを「強制収容所という過酷な実験室で試し」「アウシュヴィッツにおいての体験によって経験的にその妥当性」を確認した。このことは、この時のフランクルによってしか果たし得ぬ「独自的」にして「一回的」な使命であり、まさにそれが「祈祷書の紙切れとの出会い」を通して「天命」として啓示され、「彼の生きる支えとなった」のである。

2 「態度価値」は「あかし」によって支えられる

このように、「態度価値は価値である」という主張は、フランクル自身のアウシュヴィッツ体験によって「あかし」され、実証されていると言える。ここで我々は、「態度価値」なるものが「価値」として認められるためには、実際に態度価値を生きている人による「あかし」によってこそ支えられる、という事情を見て取ることができる。たしかに、彼がアウシュヴィッツで体験した苦悩は、人間が遭遇しうる苦難のうちでも極限的なものであった。しかし、現実の生活の中では人は大小様々な苦悩の中に生きている。人間の苦悩は、その人が置かれた状況に応じてきわめて多種多様である。そうした中で、現実に苦しんでいる人間に対して「あかしの支え」を提供することができるのは、その人自身と「同じ苦しみ」の中で態度価値に生きている人の存在であろう。実際にそのような人間に出会えたとき、人は慰められ、同じようにして苦しみに耐える力を得ることができる。そのような人々がいわば「態度価値のあかしの支え」のネットワークを構成することができる。しかし、実際にそのような人に出会えなくとも、この世には自分と同じ苦しみの中で態度価値をあかししている人がどこかに、自分の知らないところにいるに違いない、と信じることはできるかもしれない。それは、いわば「あかしの支え」の「見えないネットワーク」である。

3 「あかしの支え」とキリスト

キリスト者にとっては、そうした「あかしの支えの見えないネットワーク」の起点として位置づくのはまさにイエス・キリストであろう。「キリストはいつも苦しむ者とともにいる」という信仰はキリスト教の本質に属することと言ってよい。「第二イザヤ書」に登場する「苦難の僕」の歌は、キリスト者にとってはイエス・キリストを預言するものであり、おそらくイエス自身、自らの使命を「苦難の僕」と重ね合わせていたように感じられる。「苦難の僕」は、通常「代理贖罪」の思想を示唆するものと言われている。しかし、「苦難の僕」は、自分自身の責めによるのではなく、当人にとってはいわば「理不尽」に投げ込まれた苦難を能動的に引き受ける者として、いわば「受苦者の連帯」の起点としての意義をもつものとして理解されていたと考えられる。キリスト者にとって、イエスはそのような意味での「苦難の僕」であり、「キリスト」であった。そうした観念はキリスト教世界において伝統的に伝えられていた。加藤敏氏が紹介した「イーゼンハイム祭壇画」に描かれた磔刑のキリスト像は、病苦の中にある人々に慰めを与える同伴者としてのイエス・キリストを示しているのである。

6　結　語

最後に、フランクルのロゴテラピーが特に宗教との文脈の中で有する意義についてまとめておこう。ロゴテラピーは人生の意味――価値への可能性――を見失いかけている人間にこれを見いださせることを目指している。その際、特定の価値可能性へのとらわれからの解放を目指す限りで「無執着としての宗教性」を志向していると言える。また、人間の生の時間的有限性としての死については「状況の一回性」の根拠として、また人間の変えることのできない運命的所与は「個人の独自性」の根拠として、それぞれ積極的な意義を見いだしていた。フランクルは自分自身の眼前に「独自性」と「一回性」の相のもとに立ち現れる価値の可能性を「使命」ととらえ、その委託者としての神を志向する宗教性を示唆していた。

【注】

（1） Viktor E. Frankl, *Ärztliche Seelsorge : Grundlagen der Logotherapie und Existenzanalyse*, Wien : F. Deuticke,（以下、*AS.*）邦訳：V・フランクル著、霜山徳爾訳『死と愛：実存分析入門』みすず書房、一九八五年、山田邦男監訳、岡本哲雄、雨宮徹、今井伸和訳『人間とは何か：実存的精神療法』春秋社、二〇一一年。霜山訳は一九五二年の原著第6版、山田監訳は二〇〇五年の第11版による。フランクルは本書を晩年に至るまで推敲を重ねていたので、二つの邦訳の間にはかなりの内容上の変化がある。

（2） 以下に述べるように、フランクルは「精神的」と「心理的」という二つの次元を峻別しており、前注にもかかわらず、筆者としてはその区別を忠実に保っている霜山訳をなるべく用いることとしている。

（3） *AS.*,S.39, 山田監訳　七八頁、霜山訳、三二頁。

(4) AS.,S.39, 山田監訳、七九頁。
(5) AS.,S.31, 山田監訳、五四－五五頁。
(6) AS.,S.3, 山田監訳、六頁。
(7) AS.,S.43, 山田監訳、八四頁、霜山訳、三八頁。
(8) AS.,S.40, 山田監訳、八〇頁、霜山訳、三四頁。
(9) AS.,S.42, 山田監訳、八二－八三頁、霜山訳、三六－三七頁。
(10) AS.,S.61, 山田監訳、一一二頁、霜山訳、五三－五四頁。
(11) AS.,S.62, 山田監訳、一一四頁、霜山訳、五四頁。
(12) AS.,S.62, 山田監訳、一一五頁、霜山訳、五五頁。
(13) AS.,S.60, 山田監訳、一一一頁、霜山訳、五一－五二頁。
(14) AS.,S.67–68, 山田監訳、一二三頁、霜山訳、六五頁。
(15) AS.,S.71, 山田監訳、一二九頁、霜山訳、七〇－七一頁。
(16) D・シュルツ『健康な人格―人間の可能性と七つのモデル』上田吉一監訳、川島書店、一九八二年、一八一－一八二頁。

Ⅳ　人生に意味を与える道としての霊性

第11章　「神の子となる」――カルメルの霊性と共に

九里　彰

あなたがたは、人を奴隷として再び恐れに陥れる霊ではなく、神の子とする霊を受けたのです。この霊によってわたしたちは、「アッバ、父よ」と呼ぶのです。（ローマ8・15）

1　はじめに

私は、思春期に入り、「人は何のために生きているのか」という大疑団にとらわれた。それ以前もそのような問いを抱いたことがあったかもしれないが、受験戦争という競争社会の現実に直面した時、「何のために勉強しているのか」分からなくなり、鬱々とした時を過ごした。級友のように割り切って受験勉強に打ち込むこともできず、半ばノイローゼ、半ば不登校の心理状態の中で、クラシック音楽と読書、山登りにのめり込んだ。家族や部活の友人の存在が救いとなった。

根本的な答えを知りたいという思いが無意識のうちに働いていたのだろうか、カトリックの大学を選び、西洋哲学を長い間、学んだ。その間、司祭でもあった恩師や多くの人々のお陰で受洗の恵みを受け、さらに不思議な摂理により、今はカルメル修道会の司祭となっている。
以下は、長い道のりの中で私なりにつかんだ一つの回答である。言わんとするところを述べるため、論旨をはしょり、かなり粗雑な論旨の展開になっている点は、ご容赦願いたい。この一文が、道を求め、道に迷っている人にとって、一条の光となれば、幸いである。

2 不幸の原因

人間の不幸は一体どこにあるのか。それは、きわめて簡単に言ってしまえば、私たちが「神の子」とならない、あるいはなれないことにあると言ってよいのではないだろうか。そこには二種の状態を区別することができる。一つは、神を知らないがため、信仰の世界を知らず、神の子となれない状態である。日本人の多くは、この中にいる。

もちろん、キリスト教に関心を持ち、聖書を読み、教会に通ったにもかかわらず、洗礼を受けない人も少なからずいる。彼らはさまざまな理由から、あえて「神の子」とはならない。だが、神を信じない限り、キリスト教についての知識は豊富であったとしても、父と子の関係が開かれてこないことに変わりはない。

二つ目は、洗礼を受け、教会の一員となったにもかかわらず、真の意味で「神の子」となっていない存在である。たとえば、幼児洗礼で洗礼台帳に記入された後、ほとんど教会には来ない。聖書を開くことも、黙想会に与ることもない、名前だけの信者である。「神を信じているか」と問われれば、「信じている」と答えるかもしれないが、その信仰内容はきわめて曖昧である。キリストに出会っていないキリスト者とも言える。それは、成人洗礼であっても同じで、ミサや典礼に熱心に与り、教会行事に熟知しながらも、キリストの心、神の心からは遠く離れ、形だけ「神の子」となっている。

最初の状態の人々は洗礼の秘跡を受けていないため、父なる神との関係を生きることは、外面的にも内面的にもできない。第二の状態の人々は、秘跡によって外面的にはその関係を生きているが、内面的には、そうではない。ゆえに、神を信じない最初の状態の人々と、内面的にはほとんど変わるところがない。

いずれにせよ、父なる神との内面的関係が実際に開かれてこないならば、人は自分だけの世界、人間だけの世界に落ち込むことになる。その時、人間を超える絶対的な地平が存在しないため、あらゆる次元の事柄が相対化されてくる。そこでは、「自分さえ良ければ」というエゴイズム、自己中心主義がむきだしとなってくる。自分の目的を実現するために、他者との競争は熾烈となり、弱い者、力のない者は切り捨てられていく。弱肉強食の世界である。こうして、エゴイズムと何ら変わらない個人主義が社会を覆い、人は、人生における外的内的困難を、自分の力、人間的な力で克服していこうと独り相撲を取ることになる。

この世界観、人生観の中では、モラルは低下していく。なぜなら、人に気づかれなければ、法律を犯さなければ、社会的には罰せられることはないからである。そこで、上手に悪いことをしてゆこうということになる。「人が見ていなくても、法律に引っかからなくても、悪いことはしてはいけない」という超越的絶対的次元は存在しない。その意味で、「良心」が麻痺した人々は、平気で嘘をつき、邪悪で無責任な行動を、自己中心的な考えから平然と取ることが可能となる。

現代は、多くの国々が民主主義の社会となり、基本的人権が保障されている。社会的政治的次元での自由・平等・博愛は、人類の歴史を振り返るならば、大幅に改善されたと言ってよいだろう。この面では、ますます人類は進歩していくものと思われるが、その一方で、ますます神の存在を否定する人間中心主義の社会、我儘な個人主義の社会となっていることも否めない。革命によって強引に推し進められた政教分離は、結局のところ、宗教を社会から排除し、神の存在を日常生活の場から駆逐していく結果となった。自然科学技術の長足の進歩とグローバリゼイションの波の中で、今世紀は、まさに神なしの、人間だけの世界となったと言ってよいのではないだろうか。人間を超える超越的絶対的な次元、宗教の世界を認めない時代の到来である。

3　神の子となれない要因

前に述べたような形で、現在、多くの人々が「神の子となる」ことができないでいる。その原因としては、さまざまな要因を挙げることができるが、大雑把に捉えれば、外的要因と内的要因に区別することができるだろう。

A　外的要因とは、前節ですでに述べた歴史的社会的状況のことである。私たちは皆、二〇世紀から二一世紀という時代状況の中に生まれ育ち、その制約の中で活動し、やがてこの世を去っていく。この制約から逃れられる者は、一人もいない。どのような制約かというと、第二次世界大戦後、戦中の極端な精神主義（軍国主義によって唱道された国家神道）に対する反動として、極端な物質主義に走り、経済一辺倒の社会に化したということである。それは同時に、戦前の宗教的道徳的伝統、精神的遺産からの乖離をもたらし、欧米から、西欧近代以降の思潮である神を認めない人間中心主義（ヒューマニズム）や、無神論的唯物論的な考え方が蔓延していったということである。したがって、神の存在を認めず、宗教を否定する時代においては、「神の子となる」こと自体が、ナンセンスとしか言いようのないこととなった。

B　内的要因としては、二種区別される。

第一は、人間の自然的生物学的要因である。すなわち、人間はこの世に誕生するやいなや、心身共に成長し、一日も早く「大人となる」よう養育されるのである。子供のままでいることは、社会的にも許されない。両親に扶養され、学校に通い、身体的にも精神的にも、また経済的にも、両親から独立し、社会に貢献できる一人前の「大人となる」ことが要請されている。子供とは、体力も知識も経験も経済力も十分でない、親に依存従属する半人前の状態として否定的に捉えられているのである。

もちろん、「神の子となる」ということは、このような次元のことではないが、「子供となる」こと自体が、人間の自然性に逆行するため、多くの大人は抵抗感を覚えることと思われる。

この第一の自然的生物学的要因に重なるように、より根源的な神学的人間論的要因が加わる。それは、生まれた時から自然性の中に組み込まれているとも言える。すなわち、人間は、「神のように善悪を知るものとなる」ことを望み、食べてはならないという神の命令に逆らい、禁断の木の実を食べたという「原罪」の神話である（創世記3章）。それは、人間が根本的に、神から離れ、神に依存せず、独立しようとする傾向、神を否定し、自分を「この世の主」にしようとする傾向を持っていることを表している。言わば、人間性の中心に潜む闇であり、仏教的に言えば、煩悩無尽の「無明」ということになる。自己中心性、我性（エゴ）から、自分の思いのままに生きたいという欲望が生まれ、人は神から離れていくのである。これをキリストは、放蕩息子のたとえ（ルカ15・13参照）の中で見事に描いている。人間は、自然的には皆、放蕩息子、放蕩娘なのである。

C 神学的には、人類の罪（原罪とあらゆる罪）は、キリストの十字架の死によって贖われ、神と人類の間に和解がもたらされたとされる。また個々人は、洗礼の秘跡を通して、キリストのこの贖いの死に与り、キリストと共に新たな命に甦るのである。（ローマ6・3－7）

とはいえ、すでに罪から救われた私たちの中にも、原罪の残滓が今なお強く働いている。それゆえ、キリスト者は、受洗後も罪の誘惑に絶えずさらされ、それと闘わなくてはならない。私たちは基本的に皆、罪人なのである。このことは、キリストの復活・昇天後も、人類の歴史が無数のおぞましい罪で覆われ、今もなお世界各地でさまざまな戦争や争いが絶えないことからも明らかであろう。（浄土真宗の開祖、親鸞上人は「罪業深重、煩悩熾盛の凡夫」と言っているが、キリスト者にとっても、罪人であることの自覚は、不可欠である）。

ところで、原罪の残滓の最たるものは、人より上に立ち、偉い者となり、自分を誇ろうとする高ぶる心であろう。これは、日常生活のあらゆるところで、吹き出している。

安息日のことだった。イエスは食事のためにファリサイ派のある議員の家にお入りになった……。イエスは、招待を受けた客が上席を選ぶ様子に気づいて、彼らにたとえを話された。「婚宴に招待されたら、上席についてはならない。……招待を受けたら、むしろ末席に行って坐りなさい。……だれでも高ぶる者は低くされ、へりくだる者は高められる」（ルカ14・1、7-8、10-11。傍線筆者、以下同様）。

イエスはここで周知の「実るほど　頭を垂れる　稲穂かな」といった道徳的な教え、処世訓を説いているのではない。そう取る人は、今度は謙遜だと人から認めてもらおうと、末席に着こうと躍起になる。そうではなく、キリストはここで、自分を絶えず人に優越させようとする自然的な人間の傾きに対して、常識とは逆の道、すなわち、次節で述べる「十字架の道」を説いているのである。

とにもかくにも、この世ではあらゆる分野で上席に着こうと、激烈な競争、戦いが繰り広げられている。それは、ナンバーワン、トップに立つことによって、名声や地位、莫大な富や強大な権力が手に入るからである。金メダルやノーベル賞はその最たるものであるが、賞という賞はすべて、この人間的自然的欲求を満足させるものである。しかし、これらは皆、所詮、人間が人間を評価しているに過ぎない。

4　十字架の道

A　原罪の残滓にがんじがらめになっている私たちに、キリストはその生と死をもって、人が真に生きる道を指し示された（神学的には救済史の観点から、御父が罪の闇にいる人類を救うため、御子をこの世に遣わされ、十字架の死によって人類の罪を贖われたということになる）。その道とは、「十字架の道」、すなわち、自分を高め、自分の栄光を求める自然的な自分に死ぬ道である。

それから、群集を弟子たちと共に呼び寄せて言われた。「わたしの後に従いたい者は、自分を捨て、自分の十字架を背負って、わたしに従いなさい。自分の命を救いたいと思う者は、それを失うが、わたしのため、また福音のために命を失う者は、それを救うのである」（マルコ8・34－35）。

どういうことかというと、私たちの自然性は、前節に見たように、絶えず自分を追い求め、自己中心性から脱け出すことができずにいる。ここから脱け出す「狭き門」「細い道」（マタイ7・13－14）は、自分を捨て、自分に死ぬことに他ならない。

これは、「群集を弟子たちと共に呼び寄せて」言われたことからも分かるように、すべての人に向かって言われたと取るべきである。つまり、「自分に死ねば、自分は生きる」という十字架のパラドクスを生きるように、だれもが招かれているのである。自分に死なない限り、原罪の残滓から解放されることはないからである。

禅でも「百尺竿頭如何進歩」という石霜和尚の公案がある。百尺竿頭に達するだけでもたいしたものだが、それは、あくまでも自力の世界での話にすぎない。そこからさらに一歩を進めることが求められている。「大死一番」。一歩進めば、まっさかさまに地に落ち、頭を打って死ぬ。しかし幸いなるかな。その時、初めて自力・他力の世界を超えた絶対他力の信仰の世界が目の前に開けてくるのである。

B　それは、キリスト教では、「まことの回心」と呼ぶべき事態ではないだろうか。キリストは福音宣教の最初に「時は満ち、神の国は近づいた。悔い改めて、福音を信じなさい」（マルコ1・15）と言われたが、復活した後も、同じことを言われている。

次のように書いてある。「メシアは苦しみを受け、三日目に死者の中から復活する。また罪の赦しを得させる悔い改めが、その名によってあらゆる国の人々に宣べ伝えられる」と（ルカ24・47）。

「まことの回心」とは、使徒パウロの言葉を借りれば、自然性に生きる「古い人」に死んで、霊的に「新しい人」となることであろう。つまり、自然的な誕生ではいまだ動物的世界にとどまっているにすぎず、私たちは皆、霊的に「神の子」として新たに生まれることが求められているのである。イエスは或る夜、ファリサイ派の議員ニコデモにこう言われた。

はっきり言っておく。人は、新たに（上から）生まれなければ、神の国を見ることはできない。（ヨハネ3・3）

それは、イエスを神の子キリストと信ずる信仰による「霊的新生」「霊的誕生」である。キリストは、上述の言葉を「だれでも水と霊によって生まれなければ、神の国に入ることはできない」（同上3・5）と言い直しているが、それは、洗礼の秘跡を暗示している。とはいえ、この秘跡が秘跡として効力をもってくるのは、「まことの回心」「まことの信仰」が不可欠となってくるのである。

しかし、言は、自分を受け入れた人、その名を信じる人々には神の子となる資格を与えた。この人々は、血によってではなく、肉の欲によってではなく、人の欲によってではなく、神によって生まれたのである。（ヨハネ1・12―13）

「神によって生まれる」とは、神がまことにその人の父となり、その人がまことに「神の子となる」ということであろう。父と子の関係に入るということである。旧約時代には、神と神の民との関係で語られているが、同じことで

あろう。（出エジプト6・7、エレミヤ32・38等参照）

C しかし、前節で見たように、人はなかなか「神の子」として生まれることができない。それは、原罪の残滓である「高ぶる心」、「大人」であることを放棄しない、「人間の傲慢」にある。

そのとき、弟子たちがイエスのところに来て、「いったいだれが、天の国でいちばん偉いのでしょうか」と言った。そこで、イエスは一人の子供を呼び寄せ、彼らの中に立たせて、言われた。「はっきり言っておく。心を入れ替えて子供のようにならなければ、決して天の国に入ることはできない。自分を低くして、この子供のようになる人が、天の国でいちばん偉いのだ。わたしの名のためにこのような一人の子供を受け入れる者は、わたしを受け入れるのである」（マタイ18・1－5）。

すでに見てきたように、この世では、できる限り自分を大きく見せ、人より優れた者、偉い者にしようと努めている。ナンバーワンとなり、トップに立とうとする上昇志向、自己中心主義である。しかし、キリストの言葉は「真逆」である。「自分を低くして、この子供のようになる人が、天の国でいちばん偉いのだ」と。下降志向であり、人間の自然性に逆行する。上述の平行箇所は、こうである。

一行はカファルナウムに来た。家に着いてから、イエスは弟子たちに、「途中で何を議論していたのか」とお尋ねになった。彼らは黙っていた。途中でだれがいちばん偉いかと議論し合っていたからである。イエスが座り、十二人を呼び寄せて言われた。「いちばん先になりたい者は、すべての人の後になり、すべての人に仕えるものとなりなさい。」そして一人の子供の手を取って彼らの真ん中に立たせ、抱き上げて言われた。「わたしの名のためにこのような子供の一人を受け入れる者は、わたしを受け入れるのである。わたしを受け入れる者は、わたしではなくて、わたしをお遣わしになった方を受け入れるのである」（マルコ9・33－37）。

旅の途中の弟子たちの話は、「だれがいちばん偉いか」という話であった。私たちのこの世の旅路の話題もほとんどこれと同じではないだろうか。皆が一番になりたいのである。そこで、キリストは弟子たちを呼び寄せて、自分の道が逆であること、人々の前にへりくだり、僕（奴隷）のように「仕える道」であると説き、具体例として小さな子供を彼らの真ん中に立たせ、その子供を受け入れることこそ、キリストを、さらには神を受け入れることなのだと宣言するのである。これはとんでもないことであった。弟子たちは心底驚いたことであろう。尊敬している人や身分の高い人に仕えるのであればまだしも、半人前の無力無能の子供に仕えることが、キリストを、さらには神を受け入れることになるとは、だれも考えたことはなかったのではないだろうか。現代においても、これを信仰の内に真実、受け取っている人がどれだけいるのだろうか。自分が偉い、上だと思っている限り、小さな子供や地位の低い人、社会から疎外され軽蔑されている人に仕えていくことはできない。だからこそ、自分を捨てること、自分に死ぬことが求められてくるのである。

D　さらに、興味深い逸話が残されている。エルサレムへ入る直前、二人の使徒、ゼベダイの子ヤコブとヨハネは、「栄光をお受けになるとき、わたしどもの一人をあなたの右に、もう一人を左に座らせてください」とイエスに直訴する（平行箇所では、彼らではなく、彼らの母親――教育ママの走りか？――がひれ伏して願っている。「王座にお着きになるとき、この二人の息子が、一人はあなたの右に、もう一人は左に座れるとおっしゃってください」と）。要するに、彼らが考えていた栄光とは、王座に準ずる上席であり、日本流に言えば右大臣左大臣の席であった。求めていたのはこの世の栄光であり、十字架の内に示されるキリストの栄光、神の栄光ではなかったのである。

出し抜かれたといきり立つ他の一〇人の使徒たち……。そこでキリストは、同じ穴のムジナである一二人を呼び寄せ、こう言われた。

あなたがたも知っているように、異邦人の間では、支配者と見なされている人々が民を支配し、偉い人たちが権力を振るっている。しかし、あなたがたの間では、そうではない。あなたがたの中で偉くなりたい者は、皆に仕える者になり、いちばん上になりたい者は、すべての人の僕になりなさい。(マルコ10・42－44)

「異邦人の間では、支配者と見なされている人々が民を支配し、偉い人たちが権力を振るっている」とは、「この世」の状態である。この世では、力の強い者(知力、体力、美力?[1]、財力、政治力、軍事力等々)が当然のごとく幅を利かせ、無力な者、弱い者を支配するのである。これに対し、キリストが弟子たちに求めているのは、トップに立つことではなく、最後の者となること、人々の前にへりくだり、無力な者、弱い者に仕えていく道(神の愛が支配する神の国)である。しかし、この「仕える道」が単なるボランティア的な奉仕ではなく、自分に死ぬことであることを、続くキリストの言葉は示している。

人の子は仕えられるためではなく仕えるために、また、多くの人の身代金として自分の命を献げるために来たのである。(同10・45)

つまり、「仕える道」とは、キリストご自身が歩まれた、人々のために自分の命を献げていく、人間的に見れば実に愚かな「十字架の道」だということになるのである。

5　愛の霊性

カルメル会の霊性は、上述の「キリストの道」、「十字架の道」を、婚姻神秘主義の伝統の中で、神と人間の間の愛の問題として捉えている。

A　改革カルメル会の創始者であるアビラの聖テレジア（一五一五－一五八二）は、念祷（直訳は「心の祈り」）をキリストとの友情の親密な交換として定義している（『自叙伝』8・5）が、さらに、花婿キリストと花嫁霊魂（人間）の間の愛の交わりとしても捉えている。霊的成長とは、キリストと出会い、霊的婚約から霊的婚姻へと、人と神の愛の一致が深まっていくダイナミックな過程を指し示している。そして、この愛の一致を通して、霊魂は神の愛へと変容され、父と子と聖霊の三位一体の愛の交わりの中へ入ってゆくのである。ゆえに、完徳とは、人間の努力によるものではなく、霊魂の中で聖霊が働くことによって、神ご自身よりもたらされる恵みの充満だと言える。

B　ところで、テレジアは、一六世紀のスペインにおいて修道生活の改革を企図し、その理想を、「小さな祈りの共同体」に置いた。最初の人数は一三人であったが、これは、キリストの後に従った十二使徒団にならったものである。共同体の中心に現存するキリストとの共同体的・個人的な愛の交わり（祈り）を真に大切にすることによって、個々人がキリストに似る者となり、キリストの愛の共同体（神の国の先取り）となっていくことが目指されていた。

念祷についてお話しする前に、念祷の道を歩もうと思う人たちに必要なある種のことをお話ししておきたいと思います。……主が私どもにあれほど強くお勧めになった内的外的平和を保つために、この三つを守るとどれほど助けになるかをわかっておくのは、この上もなく大切なことですから。その一つは、私どもの相互の愛、もう一つはすべての被造物からの離脱、もう一つは真の謙遜、これは最後に挙げましたが、一番主な、そして他のすべ

てを含む徳です。（『完徳の道』4・3－4）

新しい修道共同体の倫理的柱となるこの三つの徳について詳説する余裕はもはやないが、今回のテーマ「神の子となる」こととは、特に最後の謙遜の徳にあたると言える。なぜなら、何度も指摘したように、私たちの自然性は、自分を主とし、自分を誇ろうとする傲慢、うぬぼれの中にあるからである。

B　とはいえ、これらの三つの徳は互いにつながりあっている。なぜなら、真の相互愛を生きるには、キリストが最後の晩餐において示されたように、相手の前にへりくだり、その汚い足を洗わなくてはならないからである。

イエスは、この世から父のもとへ移る御自分の時が来たことを悟り、世にいる弟子たちを愛して、この上なく愛し抜かれた。……食事の席から立ち上がって上着を脱ぎ、手ぬぐいを取って腰にまとわれた。それから、たらいに水をくんで弟子たちの足を洗い、腰にまとった手ぬぐいでふき始められた。（ヨハネ13・1、4－5）

C　周知のごとく、当時、人の足を洗うことは奴隷（僕）の仕事であった。この行為によって、キリストは、「あなたがたの中で偉くなりたい者は、皆に仕える者になり、いちばん上になりたい者は、すべての人の僕になりなさい」という教えを、自ら実践するのである。弟子たちの足を洗った後、再び席についてこう言われた。

わたしがあなたがたにしたことが分かるか。あなたがたは、わたしを「先生」とか「主」とか呼ぶ。そのように言うのは正しい。……ところで、主であり、師であるわたしがあなたがたの足を洗ったのだから、あなたがたも互いに足を洗い合わなければならない。わたしがあなたがたにしたとおりに、あなたがたもするようにと、模範を示したのである。（同13・12－15）

これが、この後、「新しい掟」として弟子たちに与えられた相互愛の中身である。相互愛とは、気の合う者同士が互いに親切にし合い、和気あいあいとした雰囲気を醸し出すことではない。好き嫌いの感情を超出することである。好き嫌いの感情にとらわれている小さな自分に死ぬことである。見落としてはならない。キリストは自分を裏切るユダの足をも洗っているのである。最後まで彼を愛し、赦しているのである。

あなたがたに新しい掟を与える。互いに愛し合いなさい。わたしがあなたがたを愛したように、あなたがたも互いに愛し合いなさい。互いに愛し合うならば、それによってあなたがたがわたしの弟子であることを、皆が知るようになる。（ヨハネ13・34－35）

D　要するに、テレジアは、三つの徳の筆頭に相互愛を置いたが、それが可能になるには、キリストが最後の晩餐において示した「まことの謙遜」が求められているのである。そしてその謙遜は、前節で「仕える道」が、単なる奉仕ではなく、自分の命を献げるまでの「十字架の道」であったように、自分を捨て、自分に死ぬ「まことの離脱」と一つなのである。実に三つの徳は、十字架にかけられたキリストの姿に集約されている。テレジアは、自己認識の大切さを繰り返し主張しながら、こう述べている。

けれども私の考えでは、神を知るように努めない限り、私どもは決して自分をよく知るようにはなりません。神の偉大さを眺めれば自分の卑しさがよく見えます。神の清さは自分の汚れを見せ、神の謙遜を思う時、自分がいかにそれから遠いかが分かるでしょう。（『霊魂の城』第一の住居2・9）

6　無の道

A　アビラの聖テレジアは、二種の離脱を区別している。一つはこの世からの離脱。他の一つは、自分自身からの離脱である。第一の離脱については、たとえばこう述べている。

さて、こんどは私どもが実行しているはずの離脱についてお話ししましょう。完全に実行されれば、その中に一切があるのです。……それは、もし私どもが「造られたもの」をすべて、まったくむなしいものとみなし、ただ創造主のみにつくならば、いと高き御者は大変豊かに徳をお注ぎくださるのです……。（『完徳の道』8・1）

B　すべてを捨てる第一の離脱は、捨てている自分自身を捨てるという第二の離脱と一つになっていなくてはならない（これは、前節で見た「百尺竿頭如何進歩」の公案となる）。テレジアは言う。

すべては、あるいはほとんどすべては、自分自身と自分の安楽を気にするのをやめることにかかっています。（同上12・2）

つまり、自己離脱こそ、すべての離脱の要《かなめ》であり、これなしには、謙遜も偽りとなり、人々に仕えていく相互愛も単なるパフォーマンスとなるのである。自己愛に凝り固まった私たちは、自分に死なねばならないが、それは、キリストへの愛によってなされる。離脱は、基本的に「愛の離脱」だからである。

離脱とは身体が離れることよりも、むしろ、魂が決然として、私どもの主、よきイエスさまに固くつくことだと私は思います。彼の内にいっさいを見出すので、他のいっさいを忘れてしまうのです。（同上9・5）

したがって、離脱は、貞潔の修道誓願とも密接につながっている。「キリストのみを愛します、キリスト以外のものを愛しません」というのが貞潔の誓願とすれば、この世の人やものに執着し、そこから離脱しないことは、浮気をすること（姦淫）に他ならないからである。

C　離脱のことをより詳細に説明したのは、テレジアの協力者となった十字架の聖ヨハネ（一五四二―一五九一）である。『カルメル山登攀』における「無の道」（1・13）は、これを取り扱っている。これも、やはり「愛の離脱」の道である。私たちは、無意識のうちにキリスト以外のもの、この世の宝やあの世の宝を愛し、それらに執着しているからである。それゆえ、「無の道」は、私たちの不純な愛が浄化されていく過程を示している。

以上のことから今、一層はっきりしたことは、……この一致のための心構えは、神について理解することでも、味わうことでもなく、何かを感ずることでも想像することでも、他のいかなることでもなく、ただ一つ、純潔と愛ということ、すなわち、神のみのために、あのことや、このことのすべてを捨てて全くの赤裸になるということである。（『カルメル山登攀』2・5・8）

あらゆるものや自分自身への執着を捨てて、無一物、「心貧しい者」となることは(2)、ヨハネの表現で言えば、「暗夜」を歩むことである。それは、この世のものや自分自身に頼ることなく、神にのみ信頼していく対神徳の道に他ならない。この「暗夜」の中でこそ、純粋な信仰・希望・愛が育っていくのである。

（実に、洗礼の時に神から与えられる超自然的な対神徳は種のようなものであり、この種は「地に落ちて死ななければ、一粒のまま」残るのである）。

このような意味で、ヨハネも二種類の離脱をはっきりと区別している。たとえば、『霊の賛歌』の第一の歌の「叫びながら、私はあなたを追って出てゆきました」という句について、こう説明している。

ここで言われる「出る」ということを霊的に解釈すると、霊魂が神の後を追ってゆく二つの様式を意味している。第一はすべてのものから離脱することで、それは、それらのものを憎悪し、軽蔑することによってなされる。第二は、自分自身を忘れることによって自分から離脱することで、それは神の愛によってなされる。（『霊の賛歌』1、20）(3)

D　少し複雑になるが、十字架の聖ヨハネは、離脱を二側面から捉えている。すなわち、「能動的暗夜」と「受動的暗夜」である。前者は『カルメル山登攀』の内容であり、後者は著作の『暗夜』の内容である。「能動的暗夜」では、感覚（視覚、聴覚、嗅覚、味覚、触覚）と精神（知性、記憶、意志）を言わば闇の中に置く——ここで欲求の抑制、禁欲が求められる——ことにより、五感と精神能力が、さまざまな執着から自由になるのであるが、これは基本的に霊魂の側の努力による。この努力は、この世のものと自分自身に頼ることを止め、神にのみ頼っていくための一種の修行（アシェーシス「修道」）となる。眼耳鼻舌身意《げんにびぜつしんい》という五官と心（意識）の浄化は、「六根清浄、六根清浄」と山登りしていくようなもので、感覚の暗夜と精神の暗夜を通り抜けていくことである。自力をやめるための自力の行とも言うべきものである。

しかし、これだけでは足りない。なぜなら、宗教の世界では、単なる意識の世界を超えた世界、現代心理学で指摘される無意識の世界を問題とするからである。たとえて言えば、水面下の氷山のようなものである。海面上に出ている氷山は意識の世界で、これは「能動的暗夜」によって浄化される。しかし、水面下に沈む無意識の世界は、人間のコントロール不能の広大な（ある意味で無限の）神秘の世界である。そこは、原罪の残滓（我性）に汚染されている。その浄化は、「受動的暗夜」、すなわち「観想」の状態において行われる。すなわち、無限の神である聖霊が、コンプレックス、うらみつらみにまみれているわたしたちの無意識の世界を知らぬ間に浄化してくれるのである。この時、私たちに求められるのは、自分からは動かないこと、神の愛に対する「まことの信仰・希望・愛」である。仏教的に言えば、自力・他力を超える絶対他力の心が求められている。

（カルメルの霊性においては、上述の二種の段階は、祈りの段階としても理解されている。前者は自分の感覚や精神能力を駆使する能動的な「黙想」の段階、後者はそれらの能力が働かなくなる「無為」の状態、すなわち「諸能力の眠り」、聖霊の恵みが注がれる受動的な「観想」の段階とされる）。

E　上述の二種の離脱は、キリストの後に従った最初の弟子たちの生き様にも見て取ることができる。まず最初に、彼らはイエスと出会い、すべてを捨ててイエスの後に従った。目に見える形で「この世からの離脱」が行われる。だが、これは、この世の栄光に魅かれながら、いまだ自分を捨てずにキリストに従うという中途半端な状態であった。これは、十字架の死によって頓挫する。

次に、復活したキリストと再会し、昇天、聖霊降臨を通して、文字通り「自分を捨てて」キリストの後に従う者へと変えられていく段階である。聖霊の助けによって、自己に執着する自分自身からも離脱し、「まことの信仰」の内に、真に「神の子となる」のである。彼らの姿は、現代に生きる私たちに大きな教訓と模範を示している。

7　まことの幸い

A　以上のように考えてくるならば、「神の子となる」ことは、簡単のようで、実に容易ならざることだと言ってよい。イエスの言葉が想い起される。

天地の主である父よ、あなたをほめたたえます。これらのことを知恵ある者や賢い者には隠して、幼子のような者にお示しになりました。そうです、父よ、これは御心に適うことでした。（マタイ11・25－26、ルカ10・21）

「幼子のような者に」のギリシア語は〝ネーピオイス〟、直訳は「幼子たちに」である。私たち現代人は皆、学校に通い、沢山のことを学び、ファリサイ派の人々や律法学者たちのように、「知恵ある者」「賢い者」、すなわち「大人」になってしまい、「神の子となる」ことができなくなっているのである。

ところが、「神の子となる」こととは、神を単純に信頼する無垢な幼子となることに他ならない。これについてはリジューのカルメリット、幼きイエスの聖テレジア（一八七三－一八九七）の「小さい道」「幼な子の霊性」がある(4)が、これについて詳説することはもはやできない。奥村一郎師は、リジューの聖テレジアの霊性と、東洋の聖賢、老子の「嬰児復帰（幼子に帰る）」の思想の親近性を指摘している(5)。

実際、「神の子となる」こととは、禅の用語を使うならば、差別知（分別知）の「この世」から、無差別知（無分別知）の信仰の世界、「神の国」へと生まれ変わることではないだろうか。前者は、言葉や概念という色眼鏡で人や物を見る世界であり、そこからは優越感と劣等感、あらゆる差別が生まれ、いじめや犯罪、さらにはテロや戦争という悲劇が絶えず生じている。これに対し、後者は、言葉や概念以前、言わば原罪以前の、まだ何も知らず、価値判断せず、すべてをありのままに受け止めていく幼子の心の世界である。実際、「今ここ」を生きる幼子は、時空を超える喜びで満たされ、大人とは違い、いつも生き生きとしている。鈴木大拙師に言わせれば、「無心」ということになろうか。

自分の考えでは、この「無心」ということが、仏教思想の中心で、また、東洋精神文化の枢軸をなしているものなのである。(6)

そしてこの「無心」を、師は《childikeness》という英語に置き換えている。まさに「幼子のようになること」である。

中世西欧神秘主義の巨峰マイスター・エックハルトの「神の子の誕生」という言葉もあるが、「神の子」として新たに誕生しない限り、人は個人的にも共同体的にも、真の平和、真の幸いには至り得ないのではないだろうか。

B 『カルメル山』山頂に辿りつくことは、そのような霊的誕生、神の子となることを意味している。その過程を、ヨハネは、西方教会で一般的に使われている「聖化」という言葉ではなく、東方教会で重要な神学用語となった「神化」（テオポイエーシス：テオーシス）という言葉で表している。(7) 前者では、罪を避け、罪を犯さないことに重点が置かれる道徳的倫理的側面が強いのに対し、後者では、人間存在の目的を神の似姿となることに置く、より積極的側面が垣間見られる。ヨハネの場合、それは何よりも、神の愛（アガペ）と一致し、神の愛へと変容されていく「愛の神化」を意味している。

「神は御自分にかたどって創造された。神にかたどって創造された。男と女に創造された」（創世記1・27）という言葉は、男と女が真に愛し合うことを通して、共に神の愛の似姿となるという「人間の召命」を指し示すものとなる。ヨハネも人間の創造の目的は、人間が神の愛の内に神の似姿となることであると述べている。(8)

ところで、ギリシア教父たちは、神化の思想を、「神は人となった。それは人が神となるためであった」という言葉で表現しているが、「人が神となる」道を人類に切り開いたのは、受肉した神の言、神の子キリストに他ならない。

そのころ、イエスはガリラヤのナザレから来て、ヨルダン川でヨハネから洗礼を受けられた。水の中から上がるとすぐ、天が裂けて〝霊〟が鳩のように御自分に降って来るのを、御覧になった。すると、「あなたはわたしの愛する子、わたしの心に適う者」という声が、天から聞こえた。（マルコ1・9－11）

したがって、神の独り子であるキリストに似た者となること（イミタチオ・クリスティ）とは、私たちがキリストに一致し、キリスト化されることを通して、「神の子となる」こととなる。

確かに洗礼の時、秘跡的に私たちはすでに「神の子」となった。しかしそれは、スタート地点にすぎない。ゴールは、「あなたはわたしの愛する子、わたしの心に適う者」となることであり、その全過程が「神化」と呼ばれているのである。

C　このような意味で、「神の現存」に関するヨハネの教えは重要である。『霊の賛歌』の第11の歌の解説（11・3）で、三種の「神の現存」が区別されている。①本質的現存、②恵みによる現存、③愛の働きによる現存である。

これを人間の一生と重ね合わせれば、①はこの世の誕生とともに始まる。この世に生まれ、生き、成長していく根底に神が現存しているのである。（この現存は信仰の有無を問わない。また人間だけでなく、すべての存在者に妥当する。この現存が欠ければ、一切は無に帰す。ゆえに、悉有仏性ではないが、存在論的なレベルの現存と言える。そこでは、すべての人間は、「神の子」として生まれ、森羅万象と神の内につながっているのである）。

②は、洗礼の秘跡を受けることによって、神が、その存在を信じる人の心の中に、父なる神として現存し始めることである。その意味で、信仰を持つ者のみが、「神の子」であることを自覚するのである。

③は、上述の「神化」によって神の愛と一つになり、文字通り「神の子となる」ことである。パウロが「生きているのは、もはやわたしではありません。キリストがわたしの内に生きておられるのです」（ガラテヤ2・20）といった状態である。

D　②と③は、二つの婚約という考えとも重なっている（『霊の賛歌』第23の歌2－6参照）。そこではヨハネは、救いの歴史の中で、神と人類の婚約を捉えている。最初の婚約はキリストの十字架上の死によって人類と結ばれ、第二の婚約は、信仰生活の深まりの中で、個々人がキリストと一致し、「霊的婚姻」を通して、「神化」することである。

ここでわれらが語るのは、神が十字架上でわれらの霊魂と共になされた婚約のことではない。それただ一度で決定的に行われ、神はその時、最初の恵みを与え、次いで洗礼において(9)各々の霊魂にそれを伝達された。ここで問題となっている婚約は、完徳の道を通じてなされるもので、各自の固有の道を経て、少しずつ行われるものである。これら二つの婚約は、結局のところ一つのものにすぎないのだが、違うところは、一つは霊魂の歩みに従ってなされるので、少しずつ進み、他方は神の歩みに従うので一度で行われるということである。（『霊魂の城』第23の歌6）

E　いずれにせよ、「神化」、「霊的婚約」（この場合、霊的婚姻に同じ）を通して、人は、神の愛（アガペ）に一致し変容され、神の愛の人となるのである。それは、すべてのものから、また自分自身からも解放された、真の平和、真の幸いの状態と言える。

霊的な人は、この赤裸の中に、静けさと憩いとを見出す。なぜなら、彼は謙遜そのものとなり、何ものにも、ことさらに望みはないので、上に向かって疲れさせるものもなければ、また下に押しつけるものもないからである。（『カルメル山登攀』第一部13・12）

この場合の「謙遜そのもの」とは、すでに指摘した「心の貧しさ」のことである。聖書学によれば、「心の貧しい」という形容詞は、旧約聖書において、イスラエルの神への信仰のゆえに異国において社会的に差別され経済的に貧しくなったイスラエルの「残りの者」を指す「アナウ（複数形：アナウィム）」というヘブライ語を指している。この語は、七十人訳聖書では、「苦しむ、虐げられた、乏しい、柔和な、謙遜な、弱い、貧しい等々」のさまざまなギリシア語に翻訳されている。つまり、「私は柔和で謙遜な者」（マタイ11・28）とは、「私はアナウな者」だということである。

要するに、「山頂においても無」というカルメル山の山頂とは、すべてのものを捨て去った「アナウな者」となることであり、言葉以前の幼子、原罪以前の「神の子」となることに他ならない。

この時、何の問題もなくなる（現実の人生において問題や困難がなくなるという意味では毛頭ない。問題や困難はそのままだが、問題が問題で、困難が困難でなくなるという意味である。事実、ヨハネの場合、迫害や苦しみは死の間際まで続いた[10]）。

こうして、「謙遜そのものとなる」こととは、神が真に私の父、お父さん（アッバ）となり、私が真に「神の子となる」ことを意味する。生きることも死ぬことも、この世のこともあの世のことも、神が父であり、自分が神の子であるならば、何を恐れ、何を心配することがあろうか。十字架の聖ヨハネの「愛し焦がれる魂の祈り」には、父なる神と一つになった魂の喜びの叫びを聞くことができる。最後の部分のみ紹介する。

天は私のものである。父は私のものである。すべての人は私のものである。義人は私のもの、罪人も私のものである。天使は私のもの、神の御母も一切のものも私のものである。キリストは私のものであり、まったく私のためである以上、神ご自身も私のものであり、私のためでまします。だから、私の魂よ、お前は何を求め、何を探すのか、これらすべてはお前のものであり、お前のためなのだ。

【注】

（1）こんな言葉はないが、美しさが力を持っていることは、周知の事実である。容姿だけでなく、声や言葉の美しさ、物腰の美しさ、演技力などは、人を魅了する。

（2）キリストは、マタイ福音書では、開口一番、「心の貧しい人々は幸いである、天の国はその人たちのものである」（5・3）と言われたが、ヨハネの霊魂の「赤裸」とは、このことを意味している。あらゆる欲望から離脱し、自由となった無一物の心の状態である。（『カルメル山登攀』第一部3章4節参照）

（3）ディジョンのカルメリット、三位一体の聖エリザベット（一八八〇－一九〇六）が強調する「自己忘却」は、まことの自由に至るための鍵概念である。拙論「三位一体のエリザベットが示す平和と幸福」、『カルメル』特集号、二〇〇六年、四九－五九頁参照。

（4）拙論「小テレジアに見る『無所有の徹底』」、『幼いイエスの聖テレジア　帰天百周年教会博士授与記念』所収、一九九八年、一五三－一五八頁参照。

（5）奥村一郎「テレーズと東洋的霊性」、上掲書所収、一五九－一六六頁参照。

（6）鈴木大拙「無心ということ」序、『鈴木大拙全集第七巻』所収、一九六八年、一一五－三〇三頁。

（7）ヨハネの「神化」に関しては、拙論「十字架の聖ヨハネを捕らえた神のいつくしみ」、『カルメル』特集号、二〇一六年、六一－六四頁参照。

（8）『霊の賛歌』第28の歌1、第38の歌4参照。

（9）邦訳においては、「洗礼において」という語句が欠落している。

（10）十字架の聖ヨハネの生涯の最後に関しては、拙論「十字架の聖ヨハネを捕らえた神のいつくしみ」、『カルメル』特集号、二〇一六年、六四－六六頁参照。

第12章　「おかげさま」の言語化と生き方による霊性化

中野東禅

1　はじめに

今般「生きる意味——キリスト教への問いかけ」という、とても深い課題を頂き、改めて自分の人生を考える契機になった。しかし、「自分の人生」を考える前に、その土台になる四分の三世紀の世界と日本社会の変化の方がよほど問題である。それはさておき、今回のテーマで、ある神父様が話してくれたことを思い出した。

その神父様は、ヨーロッパの農村の生まれで、日曜日毎に父親に連れられて教会に通っていたという。あるときおじさんの修道士が里帰りして「おまえ、修道院に入らないか。口と魂が救われるんだよ」と言った。それで自分は修道院に入ったんだ、と。

こうしたご縁は仏教の坊さんにも多いのだが、問題は口の癒しの機能である。

瓜生岩子（一八二九－一八九七）さんは、会津戦争の後、会津では幽霊の話でもちきりだったので仏教会と有力者に呼び掛けて、一周忌に戦死者供養を大々的に行った。そこに供えられた膨大な餅を、遺族や孤児孤老に布施した。つまり幽霊の不安（たましい）を「口の癒し」で安らぎに転換したのだ。

人生の不条理と不思議に対する神・仏の真実という目線が「呼び掛け」として聞こえてくる時、当人の霊性が聞き取らなくては見えてこないわけである。そのために心の姿勢を転換する力が「口の癒し」だと思う。

小生が、人生を分かりたいと思ったのは「人生という・口と魂」との丸ごとの癒しへの求めだったたと、今では気付かされている。

神の摂理が、人間の不条理に慈愛として呼び掛け、それを言語化したイエス様がいて、それを聞き取るのが人間だという構造は仏教も基本的には共通している。その聞き取る狭間に人生論があると思う。

2 「生きる意味」に答えはあるのか

宗教は基本的に「自己の存在意義」に「答えを得る事」である事は多くの人が納得していると思う。しかし、なぜ答えを求めるかといえば、自己存在自体が「不条理・不可解・矛盾だらけ」だからである。

では、その「不条理・不可解・矛盾だらけの自己の存在」に〈答えが出る〉とはどういう形だろうか。それは「現実に納得・得心」する事であろう。

与えられた自分の身体は、不条理だらけでありつつ、同時に無条件に恵まれていたものであるという事は思春期後期くらいから納得できるようである。つまり、自己とは「所与の現実しかない」という事であり、そこに得心し、そこを意味あるものとして「輝かせる事が自己の役割」つまり「生きる意味・役割」という事になろう。

禅の言葉で「牛や馬こそ最も自分に得心している」と言う。つまり、自己存在に疑いを差し挟まず、納得しているというわけである。

＊

それにかかわるエピソードを思い出した。

ホスピス、ターミナルケア研究会のパーティでの事だった。

ある僧侶が、

「二月の節分にイワシの頭をヒイラギと一緒に門に付けて、悪魔払いをする習俗みたいな信仰心の人が、ガンの末期になった。その患者さんと対話する事になった時、仏教の僧侶としてどう対応したらいいのだろうか」

という質問をした。

すると、念仏系の僧侶が「それは大変だ。そんな間違った民間信仰で迷ったままでは、善いあの世には行けないから、急いで阿弥陀様を信じなさい、と教えて上げるべきだ」と主張した。

筆者は、「そんな……。今、危篤な人に、馴染みのない仏を信じなさいと言うのは、当人を混乱させ、苦しめる事になりませんか……」というのが精一杯だった。

そこを通りかかったのがプロテスタントのチャプレンの先生だったので、つかまえて、

「今こういう議論になっていますが、先生どうしたらいいのでしょうか」と聞いた。

するとその牧師さんは、即座に言いました。「イワシの頭の信心でもいいではないですか。その人が今、死のうとしているのですから、『あなた、イワシの頭を信心して善かったですね』と言って上げなさい。それが〝宗教的死の看取り〟という事です」と一言のもとに言い切られたのだった。

つまり、死に直面した時に、正しい宗教か、不純な宗教か、清らかなあの世観念か、汚れたあの世観念かではなく、当人がいまわの際で「善かった」と得心できたかどうかが、死に際での「決着」の仕方だという事でしょう。

ただし、最後に「善かった」と言えるその「内容」を形成するのは、健康時の危機意識、問題意識、「求め方・学び方」によって、〈善かった〉の内実には得心する力の濃淡・純不純の違いができるわけだから、生きている時の迷いと求道、信仰の薄・篤の違いは当然出来てくるが、それらに支えられて「死に際」の決着の仕方は、〈善かった。ありがとう〉と言えるか、どうかであるという事になるでしょう。

＊

それに関係して、大学の「死生学」の授業で、「死」という一文字で作文を書いてもらっていたが、それが七〇〇人分ほど集まった時、分類してみた。

まず、「死に直面した時」を〈A直接的体験〉の人と、〈B間接的体験〉の人に分けた。次に「死をどう説明しているか」を〈観念で説明している人〉と、〈事実を直視している人〉とに分けた。そして次に「死の前をどう生きようとしているか」は、〈自分のしたかった事中心の人〉と、〈回りの人への感謝や思いやりの人〉とに分かれる事がわかり、分けてみた。

それでわかった事は「死に直面した時」の〈A直接的体験〉の人とは「自分が死に接近した体験、家族や友人など親しい人の死を体験」した人であり、それによって人格が変わるほどの体験をした、と筆者の推量で判定した人である。

〈B間接的体験〉の人とは、そうした「人格が変わるほどの体験」にはなっていないと判断した人のグループである。

そして、次に「死をどう説明しているか」の〈観念で説明している人〉というのは、あの世などを観念・空想などで説明する人である。それに対して〈観念で説明していない人〉つまり死という〈事実を直視している人〉は、少ないが、〈死〉や〈あの世〉などを観念で説明しない人である。たとえば「死とはあっけないものだ…」と書いた学生がいた。その対象は祖母との死別だった。そこで気が付いたのだが、仏教の言葉に「如実知見」と言う。「事実を事実のままに見る知恵」という意味である。学生の文章で、その意味の重要性に改めて気付かされたわけである。

そして、次に「死の前をどう生きようとしているか」を見ると、〈自分のしたかった事中心の人〉と、〈回りの人への感謝や思いやりの人〉とに分かれる事がはっきりした。

以上を総合して列記すると左の表のように整理できた。

死に直面した時	A 直接的体験の人	B 間接的体験の人
死をどう説明するか	a 死を事実として直視	b 観念で説明する人
死の前をどう生きるか	a－2 回りの人への感謝	b－2 自分中心の人

そして、［A…a…a－2］［B…b…b－2］というように大きく分けると［A系列］と［B系列］になる事がわかり、死への接近体験が直接的か、間接的かで大きく分かれ、死を事実として受容しているか、観念で受け取るかに分かれ、死の前をどう生きるかでは、自己中心になるか、他者との関係性で自己を見るかに分かれることがわかった。

以上のような検討から、自己存在の「危機意識・問題意識」の在り方で、人生論への切り込み方が異なってくることがはっきりしたわけである。

そして、もう一つは、死に直面した時「人生善かった、ありがとう」という事は、

1 「危機意識・体験・問題意識」と連動していると同時に、

2 人生の中での「宇宙観・真実性への学びの深浅」と関係し、

3 死に直面した時に「ありがとう」に集約されるような「自己肯定」になれば、それが、その人の人生の果実という事になるかと思うわけである。

その「ありがとう」と言える「思い」こそが「この人生と死後世界を輝かせる霊性」だということになろうかと思う。

3 支配者としての神仏と、神仏と共鳴する自己の霊性

「現世への失望」をバネとして「神・仏の世界への憧れ」を目的化し、それを「死後世界」と重ねる、という構造

の宇宙観をたてるのが宗教の一般的な傾向かと思われる。

そして、この論理が人間の側の色眼鏡によって、神仏を悪用する論理にすり代わっている宗教論理と人生論があり、その狭小な世界観の核に「霊性」が利用されることが、多くの宗教情報で見られる。

イギリスのゴーラー先生の『死と悲しみの社会学』で、遺族数百人を五年間調査した中で、夫に死別した夫人に、「ご主人は亡くなってどこに行きましたか」という質問がある。妻は「天国へ行きました」と答えるから、「天国というのはどんな所ですか」と訊く。すると夫人は「分かりません。でも天国へ行ったというだけで十分です」という意味の答えをしている。

神・天国を「人間の物差し」で説明したら、それは神の世界ではなくなってしまう。人間の物差しを超えているから神の世界なのだ。それは、憧れとして、心を投げ入れお任せする世界でしょう。それを人間の物差しで説明したら、それは人間の世界になってしまうはずだ。

この回答者の夫人は、信仰者として神と人間の立場を明確にわかっているという事が重要だと思う。

＊

「神のみ心」「神の世界」「仏の世界」「さとり」などについて仏教、特に禅の視点から整理してみると、その構造は、一般的には、

a　宇宙の支配者……〔対立〕……b　人間の悪・汚れ・矛盾・不条理……Y
a－2　宇宙の支配者……〔一致〕……b－2　人間の善と一致する関係…………X

というように説明され、神と人間の関係は「神仏の慈愛」と「人間の信・善」の対応関係、「神の罰」と「人間の不信」との対応関係で説明されるのが一般的論法である。

神や仏を「支配者」と設定する宗教の場合、人間の悪や、汚れに共鳴して「罰」が与えられるという論法になり、さらには人間の謝罪や奉仕で神仏の「力・恩恵」を期待するという論法になる。それは霊感商法の基本的構造でもある。

それは人間の弱さをくすぐって霊力を期待するアニミズム的レベルの宗教にすぐに横滑りするわけである。その論理の中での「霊性」や「生き方論」が悪用され、蔓延しているために、正統なキリスト教や仏教が、一歩後退したアニミズム的な受け止められ方になっていて、それが現代日本人の弱点になっているわけである。

＊

神・仏を「支配者」と立てる論法に対して、仏教は、

1　仏とは真理ないしその体現者であり、その真理が世界を包んでいる。
2　人間は真理の中にいながら、多様な条件に汚れて真実を忘れて非真実にもなる。
3　非真実な自己に苦しんだ時、仏の真実な声に「共鳴・応答」して「発心」し、
4　現実的な存在の在り方の中で、仏の真実に当人が「一致し・なる」

というように説明したらよいかと思う。

4　宇宙・存在の基本的真理は「縁起の理」である

仏教の存在論・人生論を整理すると、次のように説明できよう。

A　存在（幸も不幸も）を一貫する真理…縁起・無常・無我・空。
B　人間の汚れた心や行為………………妄縁起。（その時の心は）染汚心。
X　現実的生存とは、Aの中でのBだから…そこBでAを実現しそれになる。

というように説明する事ができよう。特に「霊性」は「AとB」を聞き取り、それになる「X」をキャッチする力といってもいいかもしれない。その聞き取る心を不染汚心という。不は「以前」の意味であるから「不染汚心」は「自我に染汚する以前の静寂な心」の意。この点を言い当てた言葉に百丈《ひゃくじょう》懐海《えかい》（七四九－八一四）の「これを車となして因果を運載す」がある。

　これ、真理（A）を車（分母）として、

因果、現実（B）を荷物（分子）として載せて、

　そこを善かったといえるように運載（丁寧に生きる・X）する、

という事になる。

　ここでいう、仏教のキーワードの第一は「縁起・無常・無我・空」という存在についての真理である。

①すべては「縁起」…条件の集合で存在（起）となっている。

②したがって条件は変化性でもあるから条件による存在は刻々に変化する…「無常」。

③条件の集合で存在・現象になる以上、物事には不変な実体（我）はない…「無我」。

④存在とは「縁起し、無常で、無我」である以上、固定化されない…「空」である。

それなのに、人間の生存は、「自我」に染まるために「妄縁起」して幻想に陥り、自我は変わらないと錯覚（常）し、我という実体（我）があると思い込み、我の所有物や、成果や、愛や、身体などの「変化性＝空」であるものを、不変で実在（有）すると思い込み、真実から外れてしまうのである。

　したがって、これ（A　宇宙と自己の真理性）を分母として、その上に（B　現実の自己）を分子として載せて、そこを丁寧に、善かったといえるように生きる（X　運載する）、という構造で説明できる。

　つまり、仏教の人生論は、仏と真理の普遍性・無条件な許し（A）を座標軸としつつ、現実の不条理・苦悩・個別性（B）から逃げないで、その「時・処・位（人）という限定された場」（X）で、その人なりに輝いて、Aを体現

する（X・生き方）のが「仏教的生き方学」という事になるでしょう。

それはキリスト教の「生き方学」の論理構造とある程度重なりつつ、「神」と「信」へのウェイトよりも、「生き方」において「当人の主体性」にウェイトがかかっているのかもしれないという印象である。

すると「霊性」はキリスト教では、仏教よりも「神の愛」を「信受」し、神の愛に「応答する」点に重点がかかっているのかもしれない、と感じるわけである。

逆に仏教の「霊性」は「仏の心になり」、それを実現する、「働き・生き方」に重点がかかっているのかもしれないと感じるのである。

5　結果でなく道を選ぶ深層の声に従う霊性

本書の企画の中心に「生きる意味を与える〝霊性〟」が据えられている。霊性は「スピリチュアリティ」の事だが、一七世紀に、スエーデンボルグが大病をした時の経験から言い出した事だそうである。それを日本に最初に紹介した鈴木大拙は、スピリチュアリティを仏教でいえば「無分別智」だと言っている。
「分別智」とは、概念の事であり、物事を「好・悪」「損・得」「美・醜」「自・他」というように比較して「選り好みに染汚」した自我中心の意識活動の事であるから、「無分別智」は、そのように比較したり対立的に見る以前の心のありようである。つまり、さきにのべた「如実知見」「不染汚心」と同じと見ていいと思う。
すると、乱暴かもしれないが、「霊性」を大雑把にとらえると、
　スピリチュアリティ＝霊性＝無分別智（如実知見）＝不染汚心
となる。
もう少し解説的に言い換えれば「命と心の根源から共鳴する純粋な意識」と言ってもいいかもしれない。

人生・個人の「生」のありようは、変化・流転が「時・処・位（当人）」の三条件の関係性がクロスする所で成り立っている。

それを整理すると、

イ　選べない関係性…①命　②命に由来する才能性格　③生まれて来た社会や環境

ロ　選べる関係性……④人間関係、職業　⑤行動・言動　⑥イ・ロを背負った健康等

と、大きく分けて整理するのが仏教の「因果論」である。「因果」とは、条件の集まり（縁起）を時間的にみることである。原因と影響力と結果の関係性の事である。

つまり、過去の行動や、その人の所属する社会の戦争や自然災害、その社会や当人の過去の関係性により現在に影響が現れた結果などを総合的縁起として分析する。

しかし、個人という存在の基本は「生命」の成立である。

その生命の成立についても仏教では受精から出産までを分析している。また生命そのものの成立条件も「同じ状態を維持する能力…煖。体温を維持する能力…寿。意識活動を成立させる能力…識」の三つの条件の縁起によると規定している。特に「寿・アーユス」は「同じ状態を維持する能力」と規定している。つまり犬から猿は生まれない、親からはそっくりな子供が生まれる。爪がはがれたら髪の毛が生えないで爪が生える、などのことで「遺伝子」の能力を想定している。

さて、右の〈イ　選べない関係性…命〉は自覚以前に与えられていたものが基本であるから〈タテの関係性〉とすると、〈ロ　選べる関係性…心が基底〉は多様な中から自己の意思で選択する関係であるから〈ヨコの関係性〉と見る事ができる。

すると、「タテ」の条件（縁）と、「ヨコ」の条件（縁）とのクロスした所が〈今の私のありよう〉という事になる。

その「今・ここ・私」を「時・処・位（当人）」という。つまりタテの縁と、ヨコの縁がクロスした所の「今・こ

こで・私が」、行動の責任主体という事である。

そこまで整理してみると、そのクロスしたところで「どう生きるか」という「当人の心の熟成度」である〈心の関係性〉という視点もあろうかと思う。

それを前の〈タテの関係性〉〈ヨコの関係性〉に対して、タテとヨコの多様な関係性がクロスした「今・ここで・私が、どううけとめ、どう行動するか」という〈心の熟成度〉という〈心の関係性＝内心の縁起〉というか、あるいは「神・仏・真心と自己の自覚との関係性…熟成度」という「縁」も見えてくる。

つまり選べない命の「タテの縁」と、選べる条件の「ヨコの縁」とがクロスする所には、「内心の縁」の深・浅がある、というように図式化してみると、人生における選択や受け止め方、或いは納得度を整理して理解する事は可能ではないかと気が付いたわけである。

＊

ある八〇歳台の友人からの相談である。

その方は十数年ほど前に、心臓弁膜症で心臓大動脈弁の置換手術を受けていたが、そろそろ取り換えの時期になった。そこで迷っておられて相談してこられた。

この歳になって、大手術を受け、高齢者医療で政府に負担を掛けても、あまり持たないかもしれない。そうしたら無駄になる。

かと言って手術を受けないで、悪化して苦しんだり、生きられるものを早死にするかもしれない。さてどちらを選ぶべきか悩んでいる。

という相談でした。（筆者も同じ手術を受けたばかり。国の社会保険機構が筆者のためにその病院に支払った手術料は百万円単位であった。現代日本の高齢者医療費の問題の当事者になって驚いている）

この友人は、ご自身の葬儀準備も着々とすすめていて、自立した精神の持ち主。それだけに、物事に納得して自己選択をする性格の方である。

そこで筆者は考え、申し上げた。

手術する方を選んでも、よい結果になるかもしれないし、後悔するかもしれない。

手術しないで善かったと言える結果になるかもしれないし、後悔するかもしれない。

どちらも、結果は、プラスの可能性と、マイナスの可能性と半々に含まれている。

「結果」は予測できないわけだから、「結果」で判断はできない。だとすれば、今、必要な事は、どちらの結果になってもよいから、〈今、選択し、行動する動機・決意〉が「自分らしい生き方」として、得心できるなら、そこに充足できるのではないか。

その選択（行動）が「自分らしさ」で満足できたら、その「自尊心」が、自己の「生き方」なのである。それが自己の命と、ご縁に対する「充足」であり、その充足があったら、その後の「事態」に対して後悔しないで、結果を受け入れられ、責任がとれるわけである……。

＊

というようなことを申し上げた。質問した友人は、「ハァ、そういう考え方もありますか」という返答であった。

「タテの縁」「ヨコの縁」がクロスする所での「心の縁」という三つの縁が重なった所が〈人生論〉だという事になりましょう。

6 この世の喜びがあの世の安らぎを作る霊性

そして「人生論」には〈あの世〉の問題が含まれます。〈この世とあの世〉は合わせ鏡である。したがって、この世の「人生」は「あの世観」と連動しているから、生き方の座標軸の持ち方が重要になると思う。

そうはいっても、生きていく上で「充実感」が感じられなかったら、迷いや、汚れた生き方への批判精神は働きださない。

そこで、生きている事を充実させる視点は「物を獲得する事で得る充実感」は、一時的な充実感であり、得られなかったら失望になる。

それに対して「多くの恵みに支えられている」という心の姿勢は、「恵みの広がり」を意識する事であり、それに感謝し喜ぶ「心の姿勢」であり、それによって欲望実現型の自分に気付く力がでてくるわけである。

それが「タテの縁・ヨコの縁・心の縁」を受け取り、喜ぶ心の姿勢である。その恵みの総合性を「神」とか「仏」などの「根源的な真実」に「帰納」するのが、真に宗教的な、「自己存在への答えの立て方」という事になると思う。

それこそが「霊性」なのだろうと考える。

ブッダは、一五歳の少年僧が重病になって、ブッダに会いたいというので、病室に趣き、吐瀉物で汚れた部屋を掃除し、少年の体を洗う。少年の質問は「ブッダの教えが分からない。特にあの世が分からない」ということだった。

ブッダは「人間の心は、外界の刺激と、感覚器官と、記憶や欲求との連動で、好き嫌いや怒りや喜びなどになる」という心の仕組みを語る。

少年は「人間の心の仕組み」が分かって、感動し、喜ぶ。

するとブッダは、唐突に「君のあの世はよいところだ」と答える。

なぜでしょうか。あの世については何も語っていない。問題は少年が人間の本質について納得して喜んだことである。

その、人間の本質について疑問が解け、納得して喜び、満たされた心であの世をもみているから「君のあの世は善い所だ」と証明したのである。

少年の人生への「得心」という喜びが、少年自身の「あの世」を輝かせている、と言っているのだ。

この少年が「人生を納得」する「霊性」こそ、私たちが醸成すべき「霊性」だろうと思う。

ブッダが、旅に出ようとすると、僧がやってきて「今、病室に重病の僧がいます。ブッダの留守に、その僧が危篤になったらどのように看取ったら善いでしょうか」と質問する。

するとブッダは「私を思い出させなさい。私の言葉を思い出させなさい。仲間とその生き方を思い出させなさい。そうしたら安らかに逝く事ができるであろう」と指導する。

その「安らかに逝く」とは、「安らかなあの世」に行く事ができるという事でもある。安らかな生、生きた意味の喜びと、満たされた上での死との合わせ鏡は「安らかなあの世」を形成しているからである。

7 「おかげさま」の霊性により遺族も亡き人も飾られる

さきに、提言した「タテの縁、ヨコの縁、心の縁」という場で自己の生きる意味を輝かせる「霊性」を言語化したら、それは「おかげさま」という言葉になるだろうと思う。

先にのべた、

イ　選べない命（とそのワク内の関係性）……………タテの縁

ロ　選べる社会的関係（とその連鎖の中での関係性）…ヨコの縁

ハ　心の在り方による関係性……………………………心の縁

がクロスするところで、

現実の命・身体的な有限性・社会的な関係性の縁起・因果＝荷物を選べない真理であり貴い命を生きているご縁（これ＝車）の上での事であり、そこから逃げないで、真実・仏・神との心のご縁（霊性）を輝かせて生きるのが責任。

というように、説明する事ができるかと思う。

自己存在が「大きな広がり（縁）に支えられつつ、そうした広がりの一端を支える主体の一人として生きているという両方向性をひっくるめて「おかげさま」というわけである。

つまり「イ　命の縁、ロ　社会的縁、ハ　神仏や自然界や精神世界の縁」に支えられつつ、それに参与して「自己として」生きてきた互恵の縁が「おかげさま」という事になろうかと思う。

しかし、人生の矛盾、不条理の最たるものは「死」である。死は「当人の死」と、「家族にとって愛する人の死」とある。死に逝く人の死と死後の得心は、当人の内心でしか実現できない。しかし、同時に死に逝く当人の死後の安らぎは、家族遺族の心と共鳴・連動している。

したがって「亡き人の安らぎ」は、「死者」と「家族・遺族など」との共鳴・連動で実現されるものでもあるわけである。

そこにも「縁起の理」が、機能しているわけである。

ブッダは、コーサラ国王パセーナディが、老母を埋葬した時に語る。

亡き人を供養するとは「遠き人に餉《かれい》（保存食）するがごとし」（お弁当を送るようなものだ）と。

海外へ赴任している家族を案じて「保存食」を送るように、手が届かない所へ行った家族には「安らぎ」というお弁当を送り給え、というわけである。

そして、別の経では、「亡き親を見送る時、貧しい人々に施してその功徳を亡き人に手向けなさい」とも言っている。

すると、あの世の安らぎと、この世の安らぎは「合わせ鏡」であり「連動」していると言っているわけである。

つまり「喜び」や「安らぎ」や「生きた意味を飾り輝かせる」のは、「この世とあの世」と、「亡き人と送る人」とが、別々に功徳を受け取るのではないという事を示していると言える。

「困っている人を助ける」という「布施（ダーナ、ドナー。どちらもインド・ヨーロッパ語族）」の喜びは、「施者、受者、施物」共に、喜びの徳に包まれ、それを共有して安らぎを頂いていくことになる、というわけである。

すると、人生論は「自己の死後の安らぎと、愛する死者の安らぎ」とを包みこんだものであるべきだし、その輪を広げてみれば「一個人の人生」は「世間の安らぎを祈る」事とも、連動し一体化しているという事になる。

その視点まで行き着いてみると、「おかげさま」という人生観は、大きな関係性を自己一身に集約する方向と、自己一身の喜び・安心が世界へと広がっていく拡大・連鎖の方向との、両方向性の「喜び・安らぎ」を実現する機能を持っている事が分かるわけである。

それは、さらに、

A　神や、仏の悟り、真実たる存在の本質に支えられ、包まれて、

B　多様な形態でありつつ個々それぞれの運命である固有な存在として、

C　その人なりにタテの縁、ヨコの縁、心の縁に支えられつつ、支える役割を果たすことで、現世の生存を意味あらしめ、同時に死後という鏡となって意味を輝かせる「おかげさま」という論理による「霊性」の働きなのだ、

というように自己存在を構造的に見たら〈生きる意味〉を整理する事ができるのではないかと考えた次第である。

＊

「生きる意味」という視点から「キリスト教への問いかけ」を考察するという今回の企画について、仏教、特に「禅の生き方」から〈問い直す〉という試みとして以上のようにまとめてみた。

そして、さらに確認すると「生き方において、生きる意味は確かめられる」という結論になり、それが「神の視点と、イエス様の言葉に照らされて自己が得心する」道だろうと思う。そのような「生き方学」として、日本社会に発信されたら、現代日本人にもっと共感されるはずだと感じている次第である。

第13章　エディット・シュタイン『十字架の学問』への道とその霊性

釘宮明美

1　はじめに

思想家や哲学者の中には、学問的な業績にも増してその生き方によって鮮烈な印象を残す人物がいる。エディット・シュタイン（Edith Stein 一八九一－一九四二）も、そうした人物の一人に数えられよう。

エディット・シュタインは、シモーヌ・ヴェイユ（一九〇三－一九四三）、ハンナ・アーレント（一九〇六－一九七五）と並ぶ二〇世紀を代表する女性哲学者・思想家の一人である。シルヴィ・クルティーヌ＝ドゥナミが『暗い時代の三人の女性』(1)でこの三人を取り上げたように、彼女たちには幾つかの共通点を指摘できる。三人とも二つの世界大戦の狭間に生き、両世界大戦と時代に深くコミットした。彼女たちはユダヤ人であるがゆえに、ナチスの迫害に晒され、三者三様の在り方で自分自身を投じた。ある種の超越への志向性と、真理および正義への飽くなき渇望をもち、強靭な哲学的思考と鋭敏な感性で人間の悪や罪と対峙した。

エディット・シュタインに関しては、欧米では特に一九九〇年代以降、二次文献が陸続と出され、ドイツのヘルダー社から出版されていた『エディット・シュタイン著作集』(2)に続いて、二〇一四年には全二七巻から成る『エディット・シュタイン全集』[3]が完結を見た。しかし日本では、カトリックの修道女という枠組みが起因しているのか、ドイツ語原典に基づく著作の翻訳もごく僅かで、[4]ヴェイユやアーレントに比べると知名度が低く、人口に膾炙しているとは言い難い。須沢かおり氏による優れた思想的評伝が出版されている[5]ものの、本格的受容は端緒に就いたばかりと言えよう。

エディット・シュタイン[6]は、一八九一年、ドイツのブレスラウ（現ポーランド領）で敬虔なユダヤ教徒の家庭に生まれ育った。フッサールのもとで現象学を学び、その優秀な愛弟子としてフライブルク大学ではハイデガーの前に助手兼共同研究者を務めた。フッサールの『イデーン』第二・三巻ならびに『内的時間意識の現象学』は、草稿の整理推敲と浄書に携わった彼女の献身的な寄与なしにはあり得なかったと言われている。思春期の頃に信仰を失った彼女が、哲学による真理探究の途上で神に出会う決定的な体験をし、カトリックで受洗したのは三〇歳のときである。改革カルメル会を発足させ、深い念禱による神との一致を求めたアビラのテレジア（イエズスのテレジア　一五一五－一五八二）の『自叙伝』に決定的な影響を受けた。その後、教育使徒職として献身するかたわら、現象学とスコラ学の対峙を試み、トマス・アクィナスの『真理論』の翻訳をはじめキリスト教哲学、人間学、女性論、社会思想など多方面にわたる分野で研究活動を行う。ナチスによるユダヤ人迫害により教職を奪われ、一九三三年、四二歳でかねての望みであったケルンのカルメル修道女会に入会する。修道生活の中で、主著『有限なる存在と永遠なる存在――存在の意味への登攀の試み』（一九三六年）、『十字架の学問――十字架のヨハネ研究』（一九四二年）など現象学的思惟とスコラ学的存在論、神秘神学が融合した哲学的・霊的著作を著す。迫害の激化に伴いオランダのエヒトの修道院に移るが、ゲシュタポに捕えられて一九四二年、アウシュヴィッツのガス室で五一年の生涯を閉じた。[7]なお、カトリック教会は一九九八年に彼女を「殉教者」として列聖している。[8]

本稿では、人間の理性的な真理探究が神へと開かれていき、哲学的思索と霊的生き方とが一つに収斂されていったシュタインの最期の境涯を示す遺作『十字架の学問――十字架のヨハネ研究』[9]に至る道程を取り上げ、シュタインが十字架のヨハネの生涯と著作を通じて浮き彫りにしようとした「十字架の学問」とは何であったのかを明らかにすることを試みる。シュタインの辿り着いた人生の終極地点から照射することで、「十字架の学問」という言葉で彼女が示そうとした真理の在り処の内実を考察し、その霊性の一端[10]に触れてみたい。

2 エディット・シュタインの生涯の転機――「精神的危機の時代」における信仰への歩み

エディット・シュタインの霊性には「キリストの十字架」が深く刻印されていた。ユダヤ教暦で「贖罪の日」に生を受けた彼女は、受洗後にはそれを「キリストの十字架」の意味と結びつけ、ある種の使命をもって受け止めた。これは後に、ユダヤ民族の運命を自分自身の十字架として引き受け、「キリストの救いのわざに参与していく召し出し」[11]として理解されることになる。

生涯の最後の三年八カ月を過ごしたエヒトの修道院に移る三週間前に書いた手紙には、自らの修道名「十字架に祝せられたテレジア」に触れて次のように述べている。

「十字架の」ということによって、私は神の民の運命を理解していたのだが、……それがキリストの十字架であることを理解している人は、それをすべての人に代わって自分に引き受けなければならないと思った。十字架のしるしによって主と婚姻を結ぶということが何を意味するかについて、私は今日より多く知るようになったのは確かである。とはいえ、十字架の意味を理解し尽くすことはできない。それは神秘だからである。[12]

この「十字架の神秘」こそ、哲学による真理探究の途上でシュタインが出会った、愛することのできる生きた人格化された真理の手応えであった。シュタインの二十代後半、一九一八年頃から回心を経て受洗へと至る一九二二年までの期間は、「精神的危機の時代[13]」と称されてよい。外面的には先ず、共にフッサール門下で学んだ敬愛する学友たちとの相次ぐ別離、すなわち、良き理解者であり生涯を共にすることを考えていたローマン・インガルデン（一八九三－一九七〇）との別れ、思想的影響を受けた尊敬する先輩アドルフ・ライナッハ（一八八三－一九一七）の戦死、新たな交際が実を結ばずして終わったハンス・リップス（一八八九－一九四一）との離別が続いた。また、フッサールの助手としての仕事内容に耐え難さを覚え、一九一八年には辞することになる。さらに、感情移入に基づく他我経験の構成の解明をテーマとした最優秀を収めた学位論文『感情移入の問題[14]』（一九一六年）の後、大学教授資格申請論文を提出したものの、当時のドイツでは女性に対して哲学教授の門戸は開かれず、ポストを得られないまま、一九二〇年には故郷ブレスラウに戻って哲学の個人教授をして暮らす先の見えない日々が続いた。内面的孤独と挫折で葛藤のうちに過ごした数年間は、しかしシュタインにとって、あらゆる憶断を廃し、厳密な客観性と知的徹底性を誠実に遂行することで肉迫される人間の純粋意識のうちに開かれてくる現象学的真理の次元が、存在の意味と意義への問いを深めていく中で「絶対的なものの開示とそれへの承認という宗教的次元[15]」にまで至る過程に他ならなかった。

フッサールの弟子たちの中にキリスト教へ接近した者が多かったことは、よく知られている[16]。思春期以来、無信仰で過ごしてきたシュタインも、既にゲッティンゲン時代から神についての問いと求道的関心を深めていった。そしてアウグスティヌスやキルケゴール、ルターの著作を読み、特にルターの「十字架の神学」に関心を寄せていたと言う[17]。一九一八年、第一次世界大戦で戦死したアドルフ・ライナッハの弔問に訪れたシュタインは、悲しみのうちにも慰めと希望をもって生きるアンナ夫人の信仰を目の当たりにする。それは、シュタインにとって「不信仰が崩壊し、ユダヤ教が後退」し「キリストが……圧倒した瞬間[18]」であった。このとき、初めて死をも凌駕する「十字架が与える神聖な力」に触れ、「十字架の神秘におけるキリストが立ち現れた」経験をしたのである。

『心理学と精神科学の哲学的根拠づけへの寄与』に記された次の文章は、徐々に回心へと導かれていったシュタインの内的体験を最も良く反映したものと言えよう。

神のうちに安らいでいて、すべての精神的活動が完全に休止してしまう状態がある。そのとき人は計画も決断もできず、行動することさえなしえず、むしろ将来のすべてを神の意志に委ねて、自分自身をすっかり「運命に任せる」のである。こうした状態が私の身にも起きた。それは私の力を超え、精神の源を完全に消尽させ、行動するすべての力が奪われた経験をした後に生じた。生命力の欠如が原因で行動できないのとは違って、神のうちに安らうことは、何か全く新しい独特のものである。生命力がなくなることは死の静けさであった。ところがこの静けさに、守られた存在というべき感覚が入ってくる。それは、あらゆる不安や責任や行動への義務から解き放たれたような感覚であった。そして、自分自身をこの感覚に明け渡すうちに、しだいに新しい命が私を満たし始め、意志的な精神集中を要さずとも、新たな活動性へと促された。この命を与える力の流入は、私のものではなく、私が要求をしなくとも、私のうちで働く活動性と力の現れのように思われた(19)。

苦しみの中ですべての精神的活動から解き放たれて、「自分自身を……明け渡す」とき、私自身にはよらない「命を与える力の流入」を感じたという「神のうちに安らう」宗教的体験とは、魂の内奥における、自己と自己を超えた存在との生きた出会いと言ってよい(20)。そのような存在によって既に自己が受け入れられているという確かな実感が、この超越的な存在に対して自分自身を明け渡しながらそれを受容し、承認し、信頼をもって「神」と呼びうることを可能にするのである。

シュタインの回心は、改革カルメル会の創設者アビラのテレジアの『自叙伝』(21)によって決定的となる。友人のコンラート＝マルティウス夫妻の別荘で、偶然手にしたテレジアの『自叙伝』を一晩中読み耽り、「これこそ真理である」と悟ったというエピソード(22)は、余りにも有名である。アビラのテレジア自身が若い頃、自分の人生が定まらず、遍歴を重ねて苦しんだ人であった。精神的な苦悩が昂じてであろう、原因不明の重病を長期間、患った経験などが『自叙伝』には赤裸に描かれている。しかし、そんなテレジアが「神の御手に捕えられ」、「神に導かれながら」自らの人生の方向を見出していくようになる。分裂していた自分自身が内的に一致し、自己の魂の向かう方向が、愛によって惹きつけられる神と一致するようになっていく。深い祈りと念禱によって神と自己との内的一致を求め、神によって人生が導かれていったテレジアの生涯を通して、シュタインは真理が人間の側から知的に構成されるものではなく、人格的な交わりのうちに恩寵として与えられるものであることを知る。自らの思いや意図を超えたところにある存在に対して自己を開き、この超越からの関わりを恩寵として信頼をもって受け入れたときに初めて、シュタインは「私は道であり、真理であり、命である」（ヨハネ14・6）というイエス・キリストの言葉を自らのものとして理解し得たのである。それは先述のシュタインの文章に表現されていたように、「私のものではな」い「命を与える力の流入」であり、十字架のイエス・キリストによって示された神の愛なる「真理」を見出した出来事であった。後年の主著『有限なる存在と永遠なる存在——存在の意味への登攀の試み』には、次のような一節が記されている。

> 神を受容することは、信仰のうちに神へと向かうこと、「神に向かって信じること」、神を目指して努力することである。ゆえに、信仰とは神を捕えることである。しかし、神を捕えることは、〔神から〕捕えられることを前提としている。恩寵なしに信じることは不可能なのだ。そして恩寵とは神の命に与ることである。恩寵に対して自らを開き信仰を受け入れるとき、私たちの中に永遠の生命が始まる。[23]（傍点引用者、〔 〕内引用者補足、以下同じ）

愛することのできる真理を教えられたシュタインは、受洗したときから早くも、深い祈りのうちに生きるカルメルの霊性への憧れを抱き始める。ブレスラウでシュタインから現象学の個人授業を受け、後に大学教授となったゲルトルート・ケーブナーは、この時代のシュタインを回顧して次のように証言している。

私たちの友情の二年目の頃、エディットは聖テレジアの著作を読み始めた。キルケゴールの『キリスト教の修錬』では満足できず、それを埋め合わせるために。彼女はテレジアの著作を何度となく声に出して読んだ。まるで読むというより祈っているかのようだった。これらの書物は、彼女自身のユダヤ教が、故国でたとえ真の信仰をもって実践されたとしてもその中には決して見ることのできない何かを持っている、と彼女が語るのを私はしばしば聞いた。それゆえ、これらの中に発見したものが何であれ、それに従って行為しなければならないだろう、永遠の真理へ付き従うことなのだからと彼女は言った。彼女の内的闘いは、フッサールのもとを去ってすぐに始まった。彼女は真理に全面的に自らを捧げることを切望した。しかし、彼女が十分に馴染んできた学問的真理にはもはや留まることはできないという信念ゆえに、一つの絶対的な奉献へと向かう道を選んだ。彼女にとって永遠なる真理の在り処は大学ではなく、教会へと辿り着くことになった。それにもかかわらず、彼女は純粋に学問的著作を生むための努力を続け、学問的に高い評価を得ていた。[24]

自分がどうありたいか、どのように生きたいかという課題は、自分にとって本当の意味で意義あるものとは何なのか、つまり「真であるものとは何か」という問いと不可分である。内村鑑三はかつて「真理は楕円である」[25]という言葉を残した。通常の円とは異なり、楕円には二つの焦点がある。一方には、自分がこの世でかく在りたいと願う価値を一つの焦点とし、そこへ向かって行こうとする道がある。エディット・シュタインの場合、それが「事象そのものへ」と向かう現象学による真理追究の途であり、「学問的真理」を一つの焦点とするものであった。しかし、人間にはもう一つの的となる真理があることが明らかにされる。それは人間の魂を本当の意味で満たし、いのちを与えてくれるような真理であり、人間の魂がその善さに惹きつけられてそちらへと向かい、そこに至って初めて安らぎを得ることのできるような真理である。すなわち、魂の真理追究としての信仰の途による「永遠の真理」という、もう一つ

ケルンにあるエディット・シュタイン像
（撮影：著者）

の焦点に他ならない。学友であったイェーガーシュミットに宛てた「神は真理である。真理を探し求める者はだれでも、その人には明らかであってもなくても、神を探し求めているのである[26]」という言葉に明らかなように、私たちはシュタインの中に、理性による真理探究の途が信仰へと開かれていき、「理性的真理」と「信仰の真理」という二つの焦点が、神の御手に導かれながら次第に合一していった姿を見て取ることができよう。

かくして「真理を探究する道が、実は神に自分が探し求められる道であった」ことを自覚したシュタインは、己の存在を全面的に神へと譲り渡していく。知的探究のみでは満たされない、人格化された生きた真理である神こそ、「真理に全面的に自らを捧げることを切望」していた彼女の「献身」が向かった先であった。それは祈りのうちに深められ、「人間が神の愛に応えていく魂の明け渡し[27]」となって神への全き自己奉献の道程となる。「哲学的な真理と神的な真理は、「献身」において一つに結ばれる[28]」。後にシュタインが「十字架の学問」という言葉で語ろうとした真理の内実は、こうして胚胎したのである。

筆者はここで「信仰とは、知性が愛の光を受けるという体験である[29]」というシモーヌ・ヴェイユの美しい言葉を想起する。有限的な人間の知性は、自らの存在を根本から生かし支える自己を超えた存在があることを知り、それが自分自身に関わってくれる「誰か」として発見されたときに、初めて無限の神の愛を受け入れ信仰へと至るのだろう。

人間の自然的理性だけでは尽くされない超越への開きと、その関わりの元に置かれて初めて充溢する人間存在の在りようを示唆するものと言えよう。

3 『十字架の学問――十字架のヨハネ研究』の前史と概要

『十字架の学問――十字架のヨハネ研究』は、十字架のヨハネ（一五四二‐一五九一）の神秘思想を現象学的手法を用いて再構築することを試み、ナチズムの席捲する時代の暗夜の中で、彼の生涯と著作を通して、十字架の意味とその生きられた真理を黙想的思惟によって考察した霊的著作である。

十字架のヨハネことファン・デ・イェペスは、アビラのテレジアと共にカルメル修道会の改革を行い、男子の跣足カルメル会を創設した人物として知られる。その主要四部作『霊の賛歌』『カルメル山登攀』『暗夜』『愛の生ける炎』は、近世カトリック神秘思想の古典とされている(30)。いずれも初めに、旧約聖書の「雅歌」の伝統に基づく恋愛抒情詩の装いで、花婿に喩えられた神と花嫁に喩えられた人間の魂との霊的婚姻が歌われ、次に、その詩が意味するところを説明し解明するための長い叙述が続く。こうした独創的な書き方で人間の魂が神とどのようにして出会い、それと一致していくかという霊的歩みの階梯、つまり「霊魂の神との一致」に至る過程を描き出している。

「十字架のヨハネ研究」の副題をもつシュタインの『十字架の学問』は、一九四〇年一一月から着手され、一九四二年八月二日にゲシュタポによって逮捕、連行される直前までの僅か二年弱という短期間で集中的に執筆された。執筆の直接の動機は、十字架のヨハネの生誕四百周年を記念して、ナチスからの迫害を逃れて当時、身を寄せていたエヒトの女子カルメル会修道院の院長マザー・アントニオから依頼を受けたことによる。したがって本書は、十字架のヨハネの著作がそうであったように、元来カルメル会の修道女・修道士という特定の信仰共同体を対象として書かれたものであり、出版を意図していたわけではない。そもそも著者のシュタインがユダヤ人である以上、当時としては公刊が不可能であった。

シュタインの十字架のヨハネとの出会いは、早くも一九一八年頃に遡る。フライブルク大学の夏学期の講義にフッサールは、その前年に出版されたルドルフ・オットー（一八六九－一九三七）の『聖なるもの』[31]を取り上げた。フッサールは同書に強い印象を受け、また、弟子たちの中にもライナッハの宗教哲学やハイデガーの『宗教的生の現象学』（一九二〇－一九二一）に見られるように、ドグマからではなく生における根源的次元から宗教的理解を試みようとする宗教現象学的な関心が共有されていた。オットーは聖なる現象に直面した人間の感情を「ヌミノーゼ」と呼んだが、そうした自己を空無にする恐れと慄きの実例の一つとして『聖なるもの』の中で引用されているのが、十字架のヨハネの著作である。既にシュタインはフッサールの助手を辞していたが、頻繁に会う機会があり、「神」に対する問いを深めていく途上で、生の体験として意識の底に現れてくるものに傾聴する歴史的な根拠として、十字架のヨハネやアビラのテレジア、クレルヴォーのベルナルドゥスといった神秘思想家に目が開かれていった[32]。

受洗と同時にカルメル会への入会を考えていたシュタインにとって、十字架のヨハネはアビラのテレジアと並んで「宗教的人間の最も感銘深い証言」であり続けた。一九二七年一一月二〇日付けのローマン・インガルデン宛ての手紙には、「自分の経験が欠けているなら宗教的人間の証言で我慢しなければならないが、そのような証言には事欠かない。最も感銘深いのはスペインの神秘主義者、テレジアと十字架のヨハネである[33]」と書かれている。着衣前の黙想では次のような言葉を残している。「小柄で謙遜な十字架のヨハネは偉大な聖人で教会博士であり、聖霊に満ちている。彼は祈りの人、悔い改めの人であり、超自然的な光を灯す魂の導き手である[34]」。

執筆に当たりシュタインは、十字架のヨハネの著作として当時最新かつ最良であったシルベリオ版と共に、スペイン語原文が記載されたアロイジウスらによるドイツ語訳全集[35]を使用している。シュタイン自身の「前書き」によれば、フランスのカルメル会士イエズスのマリアのブルノによる『十字架の聖ヨハネ』（一九二九年）『十字架のヨハネの愛の生』（一九三六年[36]）ならびに、ジャン・バリュジによる『十字架の聖ヨハネと神秘体験の問題』一九三一年（第二版[37]）を主な参考文献として用いた[38]。

『十字架の学問』全体は、三部から構成されている。まず第一部「十字架の知らせ」では、十字架のヨハネがどのようにして十字架のメッセージに出会い、それを心に刻むようになったかが、シュタインがヨハネの「十字架経験」と理解したヨハネの「苦難」を中心に、聖人伝風な記述の仕方で描かれる。具体的には幼少期における生活苦の体験から始まり、改革派（跣足派）と緩和派（履足派）の軋轢により一五七七年十月、緩和派によって拉致され、トレドの修道院に九カ月間にわたって監禁された出来事と、跣足カルメル会内部での抗争により一五九一年六月、すべての職位を剥奪されてペニュエラに左遷され、必要な医療手当を受けることなく亡くなったことを中心とする。十字架のヨハネの生涯のエピソードに関しては、主に先のイエズスのマリアのブルノの著作に負うところが大きい。

続いて全体の多くを占める第二部「十字架の教え」では、ヨハネが「暗夜」と象徴的に表現したものを、まず自然的‐宇宙的な「夜」の理解から始め、苦難を通しての「十字架と暗夜」との神秘的結びつきが洞察されている。十字架のヨハネの諸著作に基づいて、「感覚の夜」「精神（霊）の夜」「精神（霊）と信仰」「死と復活」「復活の栄光」と論が進められる。ヨハネの著作から多くの引用がなされるが、新しい解釈が出てくるわけではなく、むしろヨハネの文章に息づくキリストへ追従する生き方を、シュタイン自身が十字架のヨハネに寄り添いながら再確認するかのように浮かび上がらせていく。

ところで、十字架のヨハネの霊性の中核を成す「暗夜」とは、「この地上において出来る限り、完全な神との愛の一致がもつ神的な光にまで達しようとする者が通るべき道[39]」を意味する。人間の魂が感覚的なものから離脱し、精神的なものからも引き剥がされて赤裸な状態となって神との合一に向かって浄化されていくこの行程は、出発・途上・終着のいずれにおいても「暗夜」のイメージで表象されている。まず、霊魂があらゆる現世的な欲求に対して背を向け、否定し、無味乾燥な状態に入っていくがゆえに、この出発点は人間の感覚にとって「暗夜」の始まり――宵――となる。次に、霊魂が合一するために通り過ぎなければならない信仰の過程は、精神の能力である知性も記憶も意志も信仰の光のもとでは眩まされ、無効であり、空虚で闇のように暗いという意味で「暗夜」――真夜中――に喩えられる。最後に、霊魂が向かう目標であり終着点である神自体が、自然本性的な理性による理解では把握し難く究め尽くせないために「暗夜」――黎明――と呼ばれる。ヨハネの言う「暗夜」には、「能動的暗夜」と「受動的暗夜」の二つの側面があることが知られている[40]。「能動的暗夜」とは、神との一致に向かうために人間が行う離脱への努力である。一方それとともに、人間の自然本性的な諸能力が潰えてしまい、すべてが剥ぎ取られて為すすべもなく置かれた全き受動性の中で、神が人間の魂に働きかける「受動的暗夜」と呼ばれる状態がある。「神の生きた力強い御手は、すべての被造物の桎梏から魂を解放し、ご自身のほうへと引き寄せる[41]」。人間の魂に「光の過剰ゆえに闇であるような暗闇が、少しずつそれ自体が光にほかならぬことを現していく[42]」。これが「暗い、秘密の観想」と言われるもので、『暗夜』では、偽ディオニュシオス・アレオパギテスの「闇の光線」という言葉が借用されている。この「受動的暗夜」なくして「能動的暗夜」が目的に達することはない。シュタインは、神との一致を成さしめる「受動的暗夜」の原型として、父である神の意志と一つであろうとして自分を無にして最低の状態にまで遜り、すべてを神に委ねた十字架上のイエスの徹底した愛の姿を見つめる。

キリストが十字架上で最低の状態に貶められ無にされることによって、神と人間との和解と一致という最も偉大なことが成し遂げられたのだと実感するならば、魂にとっても無とされること、つまり「感覚的なものにおいても精神的なものにおいても生きながらにして十字架上で死ぬこと」が神との一致に至るのだという理解が、魂のうちに目覚める。イエスが十字架上で見捨てられたまま、目に見えず把握しきれない神の御手にご自身を委ねたように、魂は信仰――それは把握しきれない神への永遠の道である――の真夜中の暗夜に入る。かくして魂に「秘密の観想」が与えられる。それは「闇の光線」であり、神秘的叡智、暗く普遍的な認識である。この「闇の光線」は把握しきれない神のみにふさわしく、理性をまぶしがらせて眩ませ、理性には闇のように見える。それは魂に射し込み、魂があらゆる他の印象から自由であるほど、いっそう純粋に流れ込むことができる。それは、自然本性的な精神による認識で知られるすべてよりもずっと純粋で繊細で霊的なもので、時間性を超越し、私たちのうちに始まる永遠の命の真の端緒となる[43]。

人間の生のさまざまな過程においても、暗闇としか呼べないような苦悩の体験があるが、この「暗夜」を受け取る、苦しみを受け入れるとき、この苦しみの中で魂が照らされ、向こうからの光によって動かされることがありうる。人間が神という存在を最も切実に感じ、神に内的に触れられる経験をするのは、このような瞬間ではないだろうか。

未完の第三部「十字架への追従」――後世の人による見出しである――はごく短く、十字架のヨハネの最期の場面で終わっているが、暗闇の中から昇り始める浄福に満ちた「復活の曙光」を静かな平安のうちに予感させている。シュタインは、ちょうど十字架のヨハネの帰天の場面を書き終えてから、ゲシュタポによって逮捕、連行された。全体に十分な校正が為されているとは言い難いうえに、構成のアンバランスも目立つ。しかし、十字架のヨハネとエディット・シュタインという二人の実人生が交叉するかのように描かれた本書は、シュタインのアウシュヴィッツにおける最期によって「十字架の学問」そのものとして完成を見たとも言いうるのである。

4 「十字架の学問」とは何か

それにしてもシュタインは、なぜ「十字架の学問（*Kreuzeswissenschaft*）」という題名をつけたのだろうか。「十字架の学問」という言葉に含意されているものは、何であるのか。

本書においてシュタインは、「ヨハネの生涯と著作に表れた彼の生き方を貫く根本的な統一性を捉え」、「その霊的な生き方のあるべき姿から自分が摑んだと信じるものを明らかにしていく[44]」ことを意図したと述べる。そして、ヨハネの生涯とその著作に表れた内的一貫性を「十字架」を主軸に解釈することにより、「現に活きて人間に働きかける真理[45]」を「十字架の学問」として浮き彫りにしようとする。シュタインによれば「十字架の学問」とは、「魂という土壌に宿り、成長し、魂に刻みつけられ（geprägt）、能動的行動と受容的態度（Tun und Lassen）を通して魂を規定していく[46]」ものである。「能動的行動」と「受容的態度」という表現には、「能動的暗夜」と「受動的暗夜」が木霊している。あるいは、かつてシュタインが「神のうちに安らう体験」として語った、回心と再生の体験を類比的に重ね合わせることもできよう。「魂を規定」するに至る内的な力動性と活動性に着目するならば、ここで言われる「学問（Wissenschaft）」とは、通常の意味での何らかの理論的・法則的・理念的な思惟の体系ではないことは明らかである。

　シュタインは、「十字架の学問」とは「十字架の神学というよく知られた真理を指している[47]」と明言し、その体験の表出を十字架のヨハネに見出す。そして、聖書学者でもあった十字架のヨハネが聖書のメッセージをどのように受け取ったかを念頭に置き、まず「十字架の言葉」「十字架の学問」の先駆者として、「最も内的な経験から生まれた『十字架の神学』を手にしていた」パウロに言及している。「コリントの信徒への手紙一」一章一七節以下のパウロの言葉[48]を踏まえ、シュタインは「学問」という言葉に「十字架につけられたキリスト」によって証しされた、「人間を罪から解放して救済へと導く」神の力であるところの「神の知恵（Weisheit）」を含意させている。

「十字架の言葉」こそパウロの福音であり、彼がユダヤ人と異邦人に宣べ伝えたものであった。……キリストは、神から遣わされた者、神の独り子であり神でさえあるのだが、それだけに尽きるものではなく、十字架にかけられた者であって、そのような者として神の力であり神の知恵なのである。……人間の力と知恵とでは救いに達することができないことを示すために、神は、人間的な尺度では弱く愚かに見える人、自分自身からは何も為さずただ神の力だけが自分の中で働くようにさせる人、そして自分自身を「無にして」、「十字架の死に至るまで」

「従順に」（フィリピ２・６－８）なった人たちに、救いの力を授ける。

人間を罪から解放して救済へと導くこの力は、罪によって神とともにある生が消えてしまった人たちを、命へと目覚めさせる。救いに導く十字架の力は、パウロの「十字架の言葉」の中に入り込み、奇跡的なしるしや人間的な知恵による根拠を要することなく、十字架の言葉を通じてそれを受け入れ、それに対して自分自身を開くすべての人のうえに及ぶ。そうした人たちの中では、十字架の救いの力は、命を授けて生を形成する原動力となる。それがわれわれの呼ぶ「十字架の学問」なのである。[49]

同時に、敢えて「学問（Wissenschaft）」と意識的に表現したのは、師であるフッサールが、ナチズムという時代の危機に臨んで『ヨーロッパ諸学の危機と超越論的現象学』（一九三六年）の中で表明した「学問（Wissenschaft）[50]が人間の生に対する意義を喪失した」という危機意識に対するシュタインなりの応答が反映されているとも考えられる。

> 学問の危機は、学問が生に対する意義を喪失したところにある。……単なる事実学は……われわれの生存の危機に際してわれわれに何も語ってくれない……この学問は、この不幸な時代にあって、運命的な転回に委ねられている人間にとっての焦眉の問題を原理的に排除してしまうのだ。その問題というのは、この人間の生存全体に意味があるのか、それともないのかという問いである。この問いこそ、……一般的に省察されるべきものであり、理性的な洞察からの答えを要求するものなのではあるまいか。[51]

回心への歩みと機を同じくするようにシュタインは、フッサールの超越論的主観性に限定された認識論に対して方向性を異にし始め、カトリックでの受洗後はエーリッヒ・プシワラ（一八八九－一九六九）との出会いをきっかけに、スコラ学やトマス・アクィナスの研究へと向かった。自然的理性にのみ基づく現代哲学の限界を指摘し、存在するものがそれによって存在し、またそれに基づいて認識される根拠としての存在そのもの、すなわち神的真理へと肉迫しようとすることが、「久遠の哲学」の再興を求めたシュタインの学的課題でもあった。

シュタインが「十字架の学問」の属性を表すものとして、魂に「刻みつけられる、刻印される（geprägt）」という表現をしばしば用いていることは重要であり、注目に値しよう。シュタインによれば、「十字架の学問」とは単なる知性や理性のレベルに留まるものではない。それはイエス・キリストの十字架が指し示す、罪と死から命をもたらす救いの神秘、神の生きた言葉である人格的な真理が人間の魂に「刻みつけられ」、人間の魂がその「刻印を受ける」ことによって、その人自身が内側から変容されていくことを伴うものである。

魂の動力が信仰の真理と一つになり、……十字架の神秘が魂を内的に形成するものになったとき、「十字架の学問」となる。(52)

そして、その前提となるのが「聖なる事象性」であり、それは「聖霊によって再生された魂の根源的で内的な受容性(53)」であると説明されている。シュタインは、十字架のヨハネのもつ「聖なる事象性」として、子ども・芸術家・聖人という三つの性質について指摘し、特に芸術家と「像」の関係について詳述している(54)。芸術家は内的に生まれたイメージ（Bild）によって像（Bild）を生み出し、それを形象（Gebild）にすることで作品を生み出す。だが、その芸術作品をいかに美しく見せるかばかりに囚われ、芸術家その人の生き方と無関係であるなら、どれほど十字架を像に刻んだとしてもそれは無意味である。十字架は確かにシンボル（Symbol）・象徴（Sinnbild）であるが、それが自分の中で内的に生きるものとなって初めて、芸術作品は創造者にとって真の意義（Sinn）を帯びてくる。ゆえに「芸術家自身が、十字架を背負って十字架につけられる者となり、そのような像に形づくられていくことが要求(55)」される。

つまり、「像の外的形成」が「内的な自己形成」に資するものとなって行為に反映され、「十字架につけられた人の後に従う」よう促されるのである。

ここで「像（Bild）」という語から思い出されるのは、旧約聖書「創世記」一章二六–二七節における人間の創造の場面であり、「神の似姿・似像（Bild）としての人間」という考え方である。すなわち、「神に似る者」として創造された人間は、この「像（Bild）」の源であり原型である神に向かう存在であり、神に招かれ、神と交わるように創造されているというユダヤ・キリスト教の最も基本的な人間観である。シュタインはこれを、「魂は永遠の神によって刻まれており、神の永遠の生命を分かち合うように呼ばれている」と表現する。人間の魂が神と交わることができるのは、魂の最深奥においてであり、この「霊（Geist）」の次元に「人格（ペルソナ）の核」が胚胎する。人間が神と深く交わり、神の永遠の命に豊かに与るほど、それが永遠に「刻み込まれた」魂は生かされ、その受容性において他者へと開かれ、「主と同じ姿（Bild）に造り変えられていく」（二コリント3・18）。『十字架の学問』の最後で、シュタインはこのことをキリスト者のうちに生じる「キリストの新しい受肉の完成」と表現している[56]。それは「十字架上での死からの復活と同等の意味をもつ」ものであり、この「新しい人間」は「罪の苦しみの記憶である傷痕」を帯びている[57]のである。

5　十字架と暗夜の指し示す彼方

『十字架の学問』を読む者は、シュタインがイエス・キリストのことを逐一、「十字架につけられた人（Gekreuzigten）」と表現していることに気づくだろう。シュタインにとってキリストとは、その最初の出会いからして「十字架のキリスト」であった。それは須沢かおり氏の指摘するように、単なる「志向対象」ではなく「原的所与」として人格的に出会い、「主の受難に与ることへと招く存在[58]」であった。そしてここから、シュタインが十字架のヨハネを理解する際の特徴的な点が見て取れるのである。
十字架のヨハネ自身は、著作の中で十字架や受難のキリストをそれほど強調しているわけではない[59]。十字架のヨハネの言う「暗夜」とは、神との一致に至る階梯であり、最後は神の愛のうちに包摂されていく。それに対してシュタインは、「暗夜」を「十字架」と結びつけて理解して、しかも終極的に行き着く地点、目指すべき的として捉えた[60]。シュタインはヨハネの諸著作に基づきながら、「十字架に従うこと」を「夜への能動的進入」として、「十字架につけられること」を「受動的暗夜」として解釈し、より前面に打ち出している。彼女にとって魂が神との一致へと向かっていく像の究極は、「十字架につけられたキリスト」であり、旧約聖書の「雅歌」の伝統的表現を借りて次のように記す。

魂が花嫁として神と一致することは、魂が創られた目的である。それは十字架を通してなされ、十字架にて成し遂げられ、十字架とともに永遠に刻印されている[61]。

主著『有限なる存在と永遠なる存在――存在の意味への登攀の試み』の中でシュタインは、神の愛の本質を「自分自身を分かち与え、愛する者と一つになること[62]」と定義している。キリストの受難とは、神が愛によって自らを全面的に被造物に渡されたことを意味する。「神に自分自身を与えること」は、同時に「神に愛されている自分自身とすべての被造物に対して、自らを与えること[63]」である。ここから、十字架への追従というかたちで具現化される「十字架の学問」とは、他者の地平に降り立ち、苦難の最中にいる者と連帯し、自己を他者へと全面的に譲り渡していくことで神の救いの業に参与する、愛による「献身（Hingabe>hin 向こうへ + geben 与える）」、すなわちケノーシスとなる。迫り来る死の危険を前にして、ユダヤの民の運命を自らの十字架として理解し、引き受けようとする実人生における「十字架の学問」の修錬に身を晒していく。すなわち、ホロコーストという人類の未曾有の悪と罪に対して、キリストと共に苦しみの最中にいるすべての人々と連帯し、キリストが十字架を担ったように人間の罪に対して自己を奉献するという、「全ての人々のための捧げもの」としての「死への自由な受諾」[64]となる。
一九四二年八月二日、エディット・シュタインは十字架のヨハネの最期の場面を書き終えた後、修道院にやって来たゲシュタポによって連行された。誰にも気づかれずに息を引き取った十字架のヨハネの死が、天上の光に包まれたものであったことを、シュタインの筆は最後に静かに伝えている。その前年の一九四一年六月一三日に、シュタインが書いた劇詩「二人の夜の会話」には次のような一節が残されている。

十字架は夜の暗闇に沈んでいく。その夜に、突然新しい光が貫く。／その光は想像を絶するような、優しく、祝福された光だった。／それは、十字架上で亡くなった、あの方の受けられた傷からもたらされたものだった。／いま、あの方は私たちのうちにおられる。彼自身が光だった。／私たちが太古から待ち望んでいた御父の鑑、人々の救いとなった方。／彼は両腕を大きく広げ、天上的な声でこう語った。／「御父に忠実に仕え、救い主への希望のうちに生きた人々は私のもとに来なさい。」／見てご覧なさい。彼はあなたと共にいる。／彼はあなたを御国へと導く。／そこで何が起こったか、語る言葉はもはやない。／祝福を待ち望んでいた私たちは皆、／今、最終目的地に辿り着いた。イエスの御心のうちに。[65]

エディット・シュタインに限らず、自己あるいは他者の苦しみを契機に十字架上のキリスト、受難のキリストを体験することで神と出会い、さらにその邂逅を幾度も深化させていく人たちがいる。例えば、パスカルやシモーヌ・ヴェイユ、ディートリッヒ・ボンヘッファーらの名前が思い浮かぶ。苦悩や苦難がなぜ人間を時に神との出会いにまで導くのだろうか。イエスの十字架上での受難が、どうしてある種の人々にとっては神との出会いのきっかけになりうるのであろうか。苦しみの最中にいる人に、苦しみの意義を強調することは危険であり、時に有害でさえありうる。

アウシュヴィッツ強制収容所から生還した精神科医V・E・フランクルの『夜と霧』には、凍てつく強制労働の最中に亡き妻の幻影が無限の愛をもって眼前に現れ、死に瀕した危機的状況の中で限りない浄福を与えられた瞬間のことが描写されている。[66]だが、フランクルが「態度価値」という「苦悩の意義」について積極的に述べるのは、この場面を語った後であることに注意を促したい。つまり、苦しみや苦悩の意義とは、その苦しみからの救いを体験した後になって初めて言いうることではないか。イエスの十字架上での死が、死で終わらなかったように。苦難からの再生、死から生への転換——受難と復活は、それが一つのものとなったときに初めて救いとなるのである。

誤解を恐れずに言えば、おそらく人は苦しみの中で見えない「神」に最も近づいているのではないか。イエスは十字架上で、「わが神、わが神、なぜ私をお見捨てになったのですか」（マタイ27・46）と叫んだ。悪の力が凌駕し、神の顔が見えなくなった絶望的な状況の中で、「神」がはるか遠くにしか感じられない、いやそれどころか「神」を不在としてしか感じることができないからこそ、人間は苦しみの中で最も切実に「誰か」に助けを願い求めようとする。その「誰か」が神であるとしたら、私たちは神の近さを求めていると言ってよい。神がこの私に関わってくれることを、私に近づいてくれることを最も切実に希求し、待ち望んでいるのである。そしてそのように呼び求めてよい、信頼をもって助けを求めてよい相手が「神」であり、神はどのような暗闇の中でも人間に働きかけているということ、それゆえ、「私」への関わりを「あなた」に求めてよいのだということを確信できたとき、苦しみは救いの待望と希望につながっていく。すなわち受難は、復活の光に照らされて初めて福音となりうるのである。『十字架の学問』の末尾は、十字架という暗夜の中に待望され、兆し始める浄福に満ちた「復活の曙光」と、神に最も近くされ信頼のうちにある静かなる平安を予感させている。それは「十字架につけられたキリスト」を仰ぎ見ながら、十字架のヨハネの最期に重ねてシュタインが摑んだ霊的生き方の到達点であり、アウシュヴィッツで抱いて逝った思いであったろう。

キリスト教神学において「十字架の神学」には、既にパウロやルターという先駆者のほか、現代では北森嘉蔵やユルゲン・モルトマン始め新しい神学的解釈が見られる。シュタインはカール・ラーナーのように、受難を神の愛による自己譲渡として捉えていると言えよう。それは贖罪論的解釈や従来の十字架の神学に対して、アウシュヴィッツ以後の新しい苦難をまた生きる現代の私たちに、神と人間との関わり、他者への開きと実践、人間相互の愛による交わりの再構築という点で新たな視座を提示しているのではないか。「十字架の学問」はそのような地平を指し示す。

【付記】本稿は、「白百合女子大学キリスト教文化研究論集　第一七号」（白百合女子大学キリスト教文化研究所、二〇一六年）所収の「エディット・シュタインの『十字架の学問』への道――精神的危機の時代からの歩み」に加筆・修正したものであり、二〇一六年六月二三日のオリエンス・セミナーでの発表原稿に基づく。

【注】

（1） Sylvie Courtine-Denamy, *Trois femmes dans de sombres temps: Edith Stein, Hannah Arendt, Simone Weil*, Paris 2002. シルヴィ・クルティーヌ＝ドゥナミ、庭田茂吉・沼田千恵・冨岡基子 他訳『暗い時代の三人の女性――エディット・シュタイン、ハンナ・アーレント、シモーヌ・ヴェイユ』晃洋書房、二〇一〇年。他に、類書として Rachel Feldhay Brenner, *Wraiting as Resistance: Four Women Confronting The Holocoast Edith Stein, Simone Weil, Anne Frank, Etty Hillesum*, The Pennsylvania State University Press 1997.

（2） Edith Steins Werke Bde.17, Herder 1950–1998.

（3） Edith Stein Gesamtausgabe Bde.27, Herder 2000–2014. 以下、エディット・シュタインの著作からの引用は断りの無い限り本著作全集に基づき、ESGA 巻番号で略記する。

（4） エディット・シュタインの著作の学術的翻訳としては、中山善樹編訳『現象学からスコラ学へ』九州大学出版会、一九八六年。同書には「フッサールの現象学と聖トマス・アクィナスの哲学、対決の試み」「現象学の世界観的意義」「エドムント・フッサールについての二つの考察」「マルティン・ハイデッガーの実存論的哲学」「神認識のさまざまな道――ディオニシウス・アレオパギータと彼の象徴神学――」の諸論文の翻訳と、ヘルプシュトリットによる「エディット・シュタインの歩んだ道」の翻訳が収録されている。他に道躰章弘訳『国家研究』水声社、一九九七年。

（5）須沢かおり『エディット・シュタイン――愛と真理の炎』新世社、一九九三年。同『エディット・シュタインの道程――真理への献身』知泉書館、二〇一四年。他に日本語による主要文献として、J・エスタライヒャー、稲垣良典訳『崩れゆく壁』春秋社、一九六九年。マリヤ・アマータ・ナイヤー、マリヤ・マグダレーナ・中松訳『エーディット・シュタイン――記録と写真に見えるその生涯』エンデルレ書店、一九九二年。

（6）エディット・シュタインの生涯については、自伝として ESGA 1, *Aus dem Leben einer Jüdischen Familie und weitere autobiographische Beiträge.* 評伝の基本文献として Hilda Graef, *The Scholar and the Cross: The Life and Works of Edith Stein,* Newman Press 1955; *Edith Stein: Zeugnis des VernichtetennLebens,* Herder 1979. Waltlaud Herbstrith, *Edith Stein: A Biography,* San Francisco 1983. Susanne M. Batzdorff, *Aunt Edith: The Jewish Heritage of a Catholic Saint,* Templegate Publisheres 1988. Teresia Renata Posselt, O.C.D eds., Susanne M. Batzdorff, Josephine Koeppel and John Sullivan trans. *Edith Stein: The Life of a Philosopher and Carmelite,* Washington,D.C. 2005.

（7）一般にシュタインの生涯については、哲学者（現象学者）・カルメル会修道女・アウシュヴィッツでの「殉教者」という三つの時期ないし局面でもって語られる。そして、特に宗教的回心を思想的転換――現象学からスコラ学へ、無神論から信仰へという――の分岐点として捉え、それ以前と以後に分けて論じられることが多い。このような見方に対して、須沢かおり著『エディット・シュタインの道程――真理への献身』（知泉書館、二〇〇四年）では「包括的なシュタイン像」を提示すべく、「生涯と思想を一体」のものとして捉え、シュタインの多面的な活動と思索の根底を貫く「一貫した内的動機」として、「真理への献身」を見て取っている。

（8）エディット・シュタインの列聖をめぐる日本語文献としては、ジョン・サリバン編、木鎌耕一郎訳『聖なる住まいにふさわしき人――エディット・シュタイン列聖のドキュメント』（聖母の騎士社、二〇〇二年）を参照のこと。

（9）ESGA 18, Herausgegeben im Auftrag des Internationalen Edith-Stein-Instituts Würzburg von Klaus Mass OCD, *Kreuzeswissenschaft: Studie über Johannes vom Kreuz,* Herder 2003.

（10）シュタインの霊的著作は主に以下の著作に収録されている。ESGA 19, *Geistliche Texte I.* ESGA 20, *Geistliche Texte II.* Dr.L.Gelber and Michael Linssen,O.C.D. eds., Waltraut Stein trans. *The Hidden Liffe: Essays Meditation Spiritual Texts,*

Washington, D.C. 1992（本書の日本語訳として非売品の山田浩子訳『隠れた生活』、男子跣足カルメル修道会、二〇〇六年）。本稿では言及できなかったが、カルメル会の聖人以外にテューリンゲンのエリザベトや聖心のマグダレタ、シエナのカタリナについての文章のほか、教会の祈りやクリスマスの神秘について述べた文章、またシュタイン自作の詩や劇詩が数多く残されている。

（11） 須沢、前掲書、二〇一四年、二〇八頁。

（12） ESGA 3, *Selbstbildnis in Briefen II (1933–1942)*, S.323.

（13） Angelika von Renteln, "Moments in Edith Stein's Years of Crisis, 1918–1922", in: ed. Joyce Avrech Berkman, *Contemplating Edith Stein,* Notre Dame, Indiana 2006.

（14） ESGA 5, *Zum Problem der Einfühlung.*

（15） クラウス・リーゼンフーバー「現象学とカトリック思想」、釘宮明美編『クラウス・リーゼンフーバー小著作集Ⅳ 思惟の歴史』知泉書館、二〇一五年、二〇九頁。

（16） 同右を参照のこと。例えば、マックス・シェーラー、コンラート・マルティウス、D・v・ヒルデブラント、イェーガーシュミットなど。

（17） Waltlaud Herbstrith, *Edith Stein: A Biography,* San Francisco 1983, p. 33. シュタインと「十字架の神学」との関係性に言及したものに、Antony Kavungvalappil, *Theology of Suffering and Cross in the Life and Works of Blessed Edith Stein,* Peter Lang 1988.

（18） Posselt, O.C.D. eds., *op. cit.,* pp.59–60.

（19） ESGA 6, *Beiträge zur philosophischen Begründung der Psychologie und der Geisteswissenschaften,* S.73.

（20） 須沢かおり氏は、当時シュタインが精読していたライナッハの哲学的著作にある思想の追体験でもあったことを指摘されている。須沢、前掲書、二〇一四年、六九頁。

（21） Saint Teresa of Avila, David Lewis ed. *Life of St.Teresa Jesus,* Nevada 2011. 東京女子カルメル会訳『イエズスの聖テレジア自叙伝』サンパウロ、一九九八年。

（22） Posselt, O.C.D. eds., *op. cit.,* p.63.

（23）ESGA 11/12. *Endliches und ewiges Sein: Versuch eines Aufstiegs zum Sinn des Seins*, S.35.

（24）Herbstrith, *op. cit*., p.34.

（25）『内村鑑三全集　第三二巻』「楕円形の話」岩波書店、一九八三年、二〇七頁。川中子義勝『散策の小径』「真理は楕円である」日本基督教団出版局、二〇〇〇年、一六五－一六六頁。

（26）ESGA 3. *Selbstbildnis in Briefen II（1933-1942）*, S.285.　共にフッサールに学んだ学友で、後にベネディクト会修道女となったイェーガーシュミット（Adeigundis Jaegerschmid）に宛てて一九三八年三月二三日に書いた手紙の中にある言葉である。

（27）須沢、前掲書、二〇一四年、二二九頁。

（28）須沢、前掲書、二〇一四年、xii頁。

（29）シモーヌ・ヴェイユ、田辺保訳『重力と恩寵』筑摩書房、一九九五年、二一〇頁。

（30）当時、十字架のヨハネは既にカトリック教会において聖人としての位置づけを与えられていたが、一九二六年に教皇ピウス一一世によって教会博士に定められた。これがきっかけとなり、その頃から写本の校訂を経た著作の近代語訳や伝記、研究書が出版され始める。

（31）Rudolf Otto, *Das Heilige*, Breisgau 1917. オットー、山谷省吾訳『聖なるもの』岩波書店、一九六八年、十字架のヨハネについての記述は一七四－一七五頁。

（32）ESGA 18, S.XII. シュタインはその後、シュライアマハーの全集を熟読している。

（33）ESGA 4, Selbstbildnis in Briefen Ⅲ: *Brief an Roman ingarden*, S.191.

（34）ESGA 18, S.XV.

（35）Johannes vom Kreuz, *Samätlich Werke 5Bde*., übers. Aloysius ab Immaclata Conceptione und Ambrosius a S.Teresia. München 1927-1938.

（36）P. Bruno de Jésus-Marie, *Saint Jean de la Croix*, Paris 1929; *Vie d'Amour de Saint Jean de la Croix*, Paris 1936.

（37）Jean Baruzi, *Saint Jean de la Croix et le probléme de l'expérience mystique*, Paris 1931.

（38）ESGA 18, S.3-4. ただし、ジャン・バリュジの著書については、本文校訂の問題からシュタインは引用をごく僅かに留めている。

（39） 十字架のヨハネ、奥村一郎訳『カルメル山登攀』ドン・ボスコ社、二〇一三年、三七頁。本書の原典の情報は記載がないため不明。
（40）「能動的暗夜」に関しては主に『カルメル山登攀』で扱われ、「受動的暗夜」に関しては主に『暗夜』で扱われている。
（41） ESGA 18, S.99.
（42） ルイ・コニェ、上智大学中世思想研究所翻訳・監修『キリスト教神秘思想史　近代の霊性』平凡社、一九九八年、一七四頁。
（43） ESGA 18, S.100.　十字架のヨハネ『暗夜』前掲書、二一〇頁を参照のこと。
（44） ESGA 18, S.3.
（45） ESGA 18, S.5.　ちなみに無教会主義のキリスト者、三谷隆正は『信仰の論理』の中で同じようなことを「活事実」という言葉で表現している。
（46） ESGA 18, S.5.
（47） ESGA 18, S.5.
（48）「キリストが私を遣わされたのは、……福音を告げ知らせるためであり、しかも、キリストの十字架が空しいものになってしまわぬように、言葉の智恵によらないで、告げ知らせるためなのです。十字架の言葉は、滅んでいく者にとっては愚かなものですが、私たち救われるものには神の力です」（一コリント1・17－18）。「ユダヤ人はしるしを求め、ギリシア人は知恵を探しますが、私たちは、十字架につけられたキリストを宣べ伝えています。すなわち、ユダヤ人にはつまずかせるもの、異邦人には愚かなものですが、ユダヤ人であろうがギリシア人であろうが、召された者には、神の力、神の知恵であるキリストを宣べ伝えているのです。神の愚かさは人よりも賢く、神の弱さは人よりも強いからです」（一コリント1・22－25）。
（49） ESGA 18, S.14-15.
（50） シュタインは本書に対する書評を『ルヴェ・トミスト』（Revue Thomiste, 1937）に寄稿している。中山善樹編訳『現象学からスコラ学へ』九州大学出版局、一九九六年、七五－八〇頁。
（51） E・フッサール、細谷恒夫・木田元訳『ヨーロッパ諸学の危機と超越論的現象学』中央公論社、二〇一一年、一九－二〇頁。
（52） ESGA 18, S.6.

(53) ESGA 18, S.6.
(54) 十字架のヨハネは芸術的感性に非常に恵まれていた人物であった。著作の詩の部分は、スペイン近世文学の叙情詩の傑作と言われる。また、十字架像のスケッチも残している。
(55) ESGA 18, S.8.
(56) ESGA 18, S.227.
(57) ESGA 18, S.227.
(58) 須沢、前掲書、二〇一四年、二三七頁。
(59) ESGA 18, S. XXIV. Ulrich Dobhan が示す十字架のヨハネの語彙研究によれば、十字架のヨハネの著作の中には「十字架」という言葉は四一回しか使われていないのに対して、「愛」やその関連語は実に二五〇〇回使われていると言う。
(60) Antony Kavunguvalappil, *Theology of Saffering and Crosss in the Life and Works of Blessed Edith Stein*, Peter Lang 1998.
(61) ESGA 18, S.227.
(62) ESGA 11/12, S.376.
(63) ESGA 11/12, S.385.
(64) 須沢、前掲書、一九九三年、三〇一頁ならびに二〇一四年、第七章「アウシュヴィッツでの死とキリストへの道行き」。また、Christina Kaori Suzawa, "Unterwegs ad orientem": Das lezte Zeugneis Edith Steins, in: Edith Stein, Themen-Kontexte-Materialien, Beae Beckmann-Zöller, Hanna-Barbara Gerl-Falkovitz(Hg.), Dresden 2015.
(65) ESGA 20, *Geistliche Texte II*, S.242. 「エステル記」の登場人物でユダヤ人王妃であったエステルと、女子修道院長との会話による劇詩で、エステルの口を通して語られる。翻訳は須沢、前掲書、二〇一四年、二八八頁に基づくが、一部表記と行を改めた。
(66) V・E・フランクル『夜と霧――ドイツ強制収容所の体験記録』霜山徳爾訳、みすず書房、一九六一年。妻のエピソードは第四章「非情の世界に抗して」（一二三－一二五頁）、苦悩の意義と態度価値については第七章「苦悩の冠」（一六六－一六八頁）で述べられる。

「あとがき」にかえて

桑原直己

二〇一一年三月一一日の東日本大震災は、平穏な日常を生きていた多くの日本人の意識を一変させたと言ってよい。特に被災した方々は、「日常」そのものの成立基盤を喪失し、直ちに自らが生きてゆくことの意味が問われる場面にさらされることとなった。しかしながら、昨今の日本、そして世界の状況を見るに、「人生の意味」が問われているのは震災で被災した方々のみではない。一見平穏に見える日常生活そのもののうちにも、厳しい社会的現実が進行している。特に「グローバル化」の名のもと、世界規模で進行しつつある経済格差の拡大は深刻な問題で、若い世代の人々を取り巻く状況は、しばしば「生きにくさ」という標語のもとに、彼らが生きてゆくことの意味を見えにくくしている。

本書の問題意識はまさにこの点にある。本書の書名を「生きる意味」としたのは、そのような時代状況のもとにあって、「私は何のために生きているのか」という「人生の意味への問い」があらわに問われるに至っているという認識に立つからである。多くの人々は、哲学や宗教こそが「人生の意味への問い」に直接答えてくれるものと期待している。そこで本書は、今日の時代状況のもとで哲学や宗教がいかなる灯明を示しうるのかを改めて「愚直に」問題としてきた。

アウシュヴィッツ強制収容所を生き抜いたユダヤ人精神医学者V・フランクルは、人間にとって「人生の意味への問い」が本質的であるとの洞察にもとづき、「生きる意味」そのものを主題的に論ずることをもって自らの理論の支柱とした思想家である。「アウシュヴィッツ」という「生きる意味」が極限的に問われる試練を生き抜き、また自身敬虔なユダヤ教徒であった彼の理論は、無神論者をも含めあらゆる宗教的立場をとる人に対しても宗教の意味について包括的な見通しを示してくれるものである。

本書はこの問題に様々な立場や視点から取り組んでいるが、筆者はこれらの諸章を、フランクルの理論的枠組みをもって統一的に読み解くことを試みた。フランクルの理論そのものについては、第Ⅲ部第10章において桑原自身が紹介している。

本書は全体で四部から構成されている。

第Ⅰ部は「問いかけとしての東日本大震災」と題している。繰り返すまでもなく、東日本大震災は多くの人々にとって「生きる意味」について考え直す契機となった。私たちは普通「人生の意味への問い」に対する何らかの「答え」——フランクルの言葉によれば「価値」への可能性——を持っているから生きてゆくことができる。しかしながら今回のような大きな災害は、人々が日常生活の中で見いだしてきた価値の基盤——愛する人、働き学び生活する場、そしてそこで喜びを与えてくれるあらゆる善きもの——を一挙に喪失させ、その結果フランクルが「態度価値」と呼ぶ極限的な価値が問われるような場面に直面することを強いられた人もいる。

東日本大震災から一定の時間を経た今、災害がもたらした喪失による「人生の意味」に対する問いかけについて、やや反省的に考察できる時期に来ていると思われる。ただし、第Ⅰ部を構成する諸章は、いまだ大震災の衝撃の中で行われたセミナーでの提題をもととしている。特に「東日本大震災と宗教」と題する第1章において、浄土真宗大谷派の僧侶である中下大樹氏は、震災直後に被災地に駆けつけた宗教者として体験された事実を生《なま》の形で分かち合ってくれている。このことに多くの解説は不要であり、読者諸氏にはまず氏の報告する「衝撃」と向き合ってほしい。

「宗教と社会と自治体の災害時協力」と題する第2章においては、宗教社会学者である稲場圭信氏が、「共感縁」という表現のもとに、災害が人々の心のうちに「宗教的利他主義」への心を呼び起こしている事実に注目している。本書を貫く一つのテーマは、人間が宗教を通じて利己性（エゴイズム）を超えてゆくことがいかにして可能なのかという問題である。稲葉氏が指摘する「共感縁」の事実は、人間の本質を「欲望の束」と捉える還元主義的な人間観を批判し、人間はむしろ他者のために生きることのうちに意味を見いだしていることを指摘するフランクルの人間観と共鳴するものがある。その上で、稲場氏は宗教を「ソーシャルキャピタル」として評価し、宗教施設を災害時の支えとして人々に貢献する可能性を開く実践活動をも紹介している。

ところで東日本大震災は、自然災害としての地震・津波のみならず、福島第一原子力発電所の事故という形で、原子力発電所が「生きる意味」の基盤そのものを脅かす危険性をも明らかにした。これは人間のエゴイズムの自己破壊作用と言ってよかろう。

「東日本大震災に思うこと」と題する第3章では、佐藤純一氏が、技術者としての立場から原発問題についての批判的コメントを寄せている。氏が強調する基本認識は、原子力発電所が環境に対して及ぼす影響は不可逆的であるという点にある。この事実の結果、コスト論的観点から見ても、リスク論的観点から見ても、原子力発電所は人間が生きる上での基盤を決定的に損なうものであることが指摘されている。

「脱原発の倫理――キリスト教の視点から考える」と題する第4章では、久保文彦氏が、キリスト教と人権とについて関心を寄せる聖書学者の立場から、原子力発電所という存在に対して神学的な根拠にもとづいて懐疑と批判とを寄せている。具体的には、「自然環境といのちへの責任」「原子力発電所がもたらす利益・不利益の分配（労働者、地域に対する）における不公平」「軍事利用との一体性」といった問題点が指摘されている。

第Ⅱ部は「社会への問い」と題しており、一見平穏に見える今日の日常生活そのものの陰に労働の意味を脅かす社会的現実が潜むことを見据えた上で、わたしたちが「生きる意味」について考えてゆく上での社会的基盤について検討してゆく。

「何のために働くのか」と題する第5章では、金融業界において国際的な「成功」を収めつつも、資本主義社会が要求する利己的な生き方の空しさを実感した結果、一切の営利活動から手を引き、「非営利目的投資銀行家」として実質的にはボランティア的活動に勤しんでいる神谷秀樹氏が、「働くことの意味」を論じている。氏の人生の軌跡そのものが「自己中心の小さな圏から出て、聖フランチェスコ的な自由さの中に立つと、そのことだけで、歓喜の対象となる」ことを証ししている。

「グローバル化する経済の中の人間――農の営みから労働の意味を探る」と題する第6章では、勝俣誠氏が経済学者の立場から、「土地も人間労働も貨幣も本来の商品でないと主張した」カール・ポランニーに依拠しつつ、「経済のグローバル化を絶えず拡大・深化し続ける市場原理の現代的性格」を明らかにし、「グローバル化という巨大化したこのシステムの中での生身の人間の条件」について考察を加えている。氏は「農の営み」の意義を再発見することのうちに、資本主義社会を超えた生き方の可能性を提唱している。

「私たちの社会に希望はあるか？――三・一一後に明らかになった日本社会の現実を踏まえて」と題する第7章では、宮台真司氏が、現代社会学が見据える社会への視座を概観した上で、現代社会において人々が「入れ替え可能」な存在とされてしまっていることを指摘する。このことはフランクルが重視する「独自性」「一回性」（宮台氏の言葉では「入れ替え不可能」であること）の感覚の喪失を意味する。氏は、そうした現状を打破するためには、「入れ替え可能」の世界の根底にある「損得勘定」（エゴイズム）を超えた「内発性」を重視することを説いている。

フランクルによれば、「人生の意味への問い」の答えとなる「価値」への可能性は、その人の人生におけるその時点において（状況の一回性）、その人以外の人には果たしえない（個人の独自性）「使命」の形で示されることによって、初めてその人に生きる力を与えるものとなる。社会の在り方について論じておられる各執筆者は、現代の社会的環境のもとでは、私たちが働くことの中にそうした「独自性」「一回性」の感覚が奪われつつあることに対して警鐘を鳴らし、それぞれの立場から問題の克服への可能性を示唆しているものとして理解することができる。

第Ⅲ部は「生への問い」と題しており、「生きる意味」を問うことそのものについて主題的に扱っている。「関係の倫理学――交わりへの内在と超越」と題する第8章において、清水正之氏は近代日本思想に焦点を当て、キリスト教が日本社会にいかなる「問いかけ」をしたのかを明らかにしている。伊藤整の『近代日本における愛の虚偽』の指摘するところによれば、キリスト教は日本社会に「エゴイズムを超える愛」を要求するという形でインパクトを与えた。清水氏はさらに、近代日本思想におけるエゴイズムと個人主義との関係を絡めつつ、夏目漱石、西田幾多郎、和辻哲郎、そしてキリスト教側からの森有正らの思想について分析を進めている。

第9章において、「宗教が医療・医学に果たした役割、果たすことが期待されている役割」と題して加藤敏氏は「病む」こと、あるいは「死」と向き合うことが「超越の次元」もしくは神との出会いをもたらしていることを指摘している。特に、病者に慰めを与えた「イーゼンハイム祭壇画」の中に、受苦者の連帯という次元における宗教性を示唆している。

第10章は、前述のとおり筆者桑原による「人生の意味についての基礎理論」としてのV・フランクルの「ロゴテラピー」の概要紹介である。ここで一点だけ、フランクルの「態度価値」は、これを証しする人によるいわば「受苦者の連帯」に支えられており、特にキリスト者にとってはその連帯の要にイエス・キリストが位置づくことを指摘している点に注意を喚起しておきたい。

この第Ⅲ部では第Ⅰ部、第Ⅱ部を受ける形で、「生きる意味」について私たちが現代社会から問いかけられているのは、いかにしたら何らかの意味で「エゴイズムを超える」視点が切り開かれてゆくのかという問いへと収斂しているように思われる。フランクルの理論を手がかりとしてその問いに答えようとするならば、私たちがエゴイズムを超えて人生の意味を見いだすことを支えるものは何らかの超越者（「神」）との出会いとしての霊性であり、特にそれは「苦悩」や「苦難」の中でしばしば見いだされることが示唆されたと思われる。

第Ⅳ部は「人生に意味を与える道としての霊性」と題しており、第Ⅲ部までに展開された「エゴイズムを超える視点」への要請という課題と「人生の意味への問い」に対する答えを与えるものとしての宗教の意味を「霊性」として示唆している。

「神の子となる──カルメルの霊性と共に」と題する第11章において、カルメル会司祭である九里彰氏は、人が「神の子」となることを妨げているのは「エゴイズム」ないしは「傲慢」である、との自覚に立ち、「神の子」となるための「愛の霊性」として、「謙遜」と「自己否定」の道を説いている。氏は、第8章において清水氏が示唆している「エゴイズムを超えることへの要求」を真正面から掲げる形でキリスト教の方向性を示していると言える。

第12章において、中野東禅氏は、「支配者としての神仏」という宗教観は賞罰モデルに根ざす利己性を前提としていることを指摘した上で、「人生の意味への問い」に対する禅宗の立場からの答えとして「現実に納得・得心」することであるとの回答を与えている。氏はそのことを「今・ここ・わたし」（「時・処・位」）という枠組みのなかでの私がいかに生きるのか、という「心の熟成度」としての霊性として敷衍している。

釘宮明美氏は、カルメル会の修道女エディット・シュタインによる十字架のヨハネ研究「十字架の学問」の中に、「苦悩や苦難がなぜ人間を時に神との出会いにまで導くのだろうか」という問いに対する答えを探っている。筆者は第10章において、キリスト教の意味をフランクルの「態度価値」を証しする受苦者の連帯の要としてのイエスのうちに示唆した。釘宮氏の論考はこの問題意識を正面から発展させていると言える。氏は、フランクルが「態度価値」という「苦悩の意義」について積極的に述べるのは、「その苦しみからの救いを体験した後になって初めて言いうることではないか」と述べる。「イエスの十字架上での死が、死で終わらなかったように。苦難からの再生、死から生への移行――受難と復活は、それが一つのものとなったときに初めて救いとなる」と示唆している。

第Ⅳ部では、「生きる意味」に対して第Ⅲ部の考察が宗教に要請した課題に対応していると言える。「生きる意味」についての問いかけとは、具体的には何らかの意味で「エゴイズムを超える」視点がいかに開かれてゆくのかという問いと結びついており、九里氏の論考に対応する。中野氏は禅仏教の立場に立っておられるが、奇しくも私が手がかりとしているフランクルの理論にほぼ対応する枠組みからその問いに答えようとしているものと理解することができる。そして、神との出会いとしての霊性が、特に「苦悩」や「苦難」の中で人が見いだされることについて釘宮氏が明らかにしていると思われる。

最後に、改めて本書全体の展開を概観することをもって締めくくりとしたい。東日本大震災および現代の社会状況が「生きる意味」に対して突きつけてきた問いかけは、人間がその根源的利己性をいかにして超える視点を持つことができるかという問いと結びついていた。筆者はその問いに対する答えを、人間の本質を「欲望の束」として、すなわち利己性のうちに見るのではなく、自己を超えた他者のために生きることにつながる「意味への意志」のうちに見るフランクルの理論的枠組みを手がかりに探し求めてきた。そして、その最終的な支えとなる究極の他者としての神へと開かれる「霊性」は、しばしば特に「苦悩」や「苦難」の中で見いだされる事実が指摘された。「キリスト教への問いかけ」という本書の副題に即してキリスト者の立場から見るならば、そうした「霊性」は「苦しむ者と共にある」イエス・キリストとの出会いを意味している。

九里　彰（くのり・あきら）
1949年生まれ。跣足カルメル修道会司祭。上野毛修道院院長、宇治修道院院長、管区長を経て、現在、宇治修道院に在籍。専攻は霊性神学。訳書、ハンス・U・フォン・バルタザール著『過越の神秘』（サンパウロ）。

中野東禅（なかの・とうぜん）
1939年生まれ。曹洞宗総合研究センター教化研修部門元講師。京都市・龍宝寺前住職。専攻、仏教学（関連として、生命倫理、死生学、伝道学）。著書『縁を生きる』（創元社）、『良寛詩歌集―「どんぞこ目線」で生きる』（NHK 出版）、『仏教の生き死に学』（NHK 出版）、『智の極み禅問答』（心交社）、『日曜日の正法眼蔵』（東京堂出版）他。

稲場圭信（いなば・けいしん）
1969年生まれ。東京大学文学部卒、ロンドン大学大学院卒、宗教社会学博士号。大阪大学大学院教授（人間科学研究科）、「宗教者災害支援連絡会」世話人、フェイスブック「宗教者災害救援ネットワーク」発起人、「未来共生災害救援マップ」運営者。著書『利他主義と宗教』（弘文堂）、『震災復興と宗教』（明石書店）、『災害支援ハンドブック』（春秋社）他。

佐藤純一（さとう・じゅんいち）
1939年生まれ。工学博士。金属・化学・エネルギー、自然環境、文化環境関連などの各専門分野において、学会・研究会・社会活動など多数。現在、東京大学人工物研究センター客員研究員、拓殖大学日本文化研究所客員教授、国際メタテクノロジー研究所所長。

久保文彦（くぼ・ふみひこ）
1965年生まれ。現在、上智大学神学部・常勤嘱託講師。専攻、聖書学、キリスト教人間学。日本カトリック司教協議会『今こそ原発の廃止を』（カトリック中央協議会）の編纂委員として、執筆・編集に従事。日本カトリック神学会、上智人間学会会員。

神谷秀樹（みたに・ひでき）
1953年生まれ。投資銀行家。ロバーツ・ミタニLLC創業者。東京大学生産技術研究所、同医科学研究所所長のシニアアドバイザー。著書『強欲資本主義ウォール街の自爆』（文春新書）他。『福音宣教』（オリエンス宗教研究所）、『文藝春秋』などに寄稿。

勝俣　誠（かつまた・まこと）
1946年生まれ。明治学院大学国際平和研究所研究員、同大学名誉教授。
専攻、国際政治経済学、アフリカ地域研究。著書『アフリカは本当に貧しいのか』（朝日新聞社）『新・現代アフリカ入門』（岩波書店）『娘と話す世界の貧困と格差ってなに？』（現代企画室）他。

宮台真司（みやだい・しんじ）
1959年生まれ。社会学博士。映画評論家。首都大学東京教授。国家論、宗教論、性愛論など幅広い分野で単著二十数冊、共著を含めると百冊の著書がある。共著『本田哲郎対談集——福音の実り』（オリエンス宗教研究所）他。

加藤　敏（かとう・さとし）
1949年生まれ。東京医科歯科大学医学部卒。自治医科大学精神医学教室教授を経て小山富士見台病院院長、自治医科大学名誉教授。主著『人の絆の病理と再生』（弘文堂）、『職場結合性うつ病』（金原出版）、『創造性の精神分析』（新曜社）。

執筆者紹介

編　者

清水正之（しみず・まさゆき）
1947年生まれ。三重大学、東京理科大学教授をへて、現在聖学院大学教授、学長。専攻、倫理学、日本倫理思想史。著書『日本思想全史』（ちくま新書）、『国学の他者像―誠実と虚偽』（ぺりかん社）、共編著『甦る和辻哲郎』（ナカニシヤ出版）。共著『岩波講座「日本の思想 第四巻」』（岩波書店）、『教会と学校での宗教教育再考』（オリエンス宗教研究所）。共訳『徳川イデオロギー』（ぺりかん社）他。

鶴岡賀雄（つるおか・よしお）
1952年生まれ。東京大学教授。専攻、宗教学。著書『十字架の聖ヨハネ研究』（創文社）。共編著『岩波講座　宗教』（岩波書店）、『スピリチュアリティの宗教史』（リトン）、『キリスト教と日本の深層』（オリエンス宗教研究所）他。

桑原直己（くわばら・なおき）
1954年生まれ。筑波大学人文社会系教授。専攻、西洋中世哲学、倫理学。主著『トマス・アクィナスにおける「愛」と「正義」』『東西修道霊性の歴史』『キリシタン時代の日本とイエズス会教育』（知泉書館）他。

釘宮明美（くぎみや・あけみ）
1968年生まれ。白百合女子大学教授。専攻、キリスト教思想、文学。共著『キリスト教をめぐる近代日本の諸相――響鳴と反撥』（オリエンス宗教研究所）、『文藝別冊　神谷美恵子』（河出書房新社）、編訳書『クラウス・リーゼンフーバー小著作集』（知泉書館）。

執筆者（執筆順）

中下大樹（なかした・だいき）
1975年生まれ。真宗大谷派祐光寺僧侶。明治大学非常勤講師。ホスピスや在宅での看取り、生活困窮者の葬送支援、被災地支援など、「いのち」の現場に積極的に関わっている。著書『悲しむ力』（朝日新聞出版）、『死ぬ時に後悔しないために、今から大切にしたいこと』（すばる舎）、『あなたならどうする孤独死』（三省堂）他。

生きる意味

キリスト教への問いかけ

●

2017年7月31日　初版発行

編　者　清水正之・鶴岡賀雄・桑原直己・釘宮明美

発行者　オリエンス宗教研究所

代　表　C・コンニ

〒 156-0043　東京都世田谷区松原 2-28-5

☎ 03-3322-7601　Fax 03-3325-5322

http://www.oriens.or.jp/

印刷者　有限会社　東光印刷

ISBN978-4-87232-100-5 Printed in Japan

東京大司教出版認可済